CIKD

全球发展报告 2023
处在历史十字路口的全球发展

中国国际发展知识中心

中国发展出版社
CHINA DEVELOPMENT PRESS

图书在版编目（CIP）数据

全球发展报告 . 2023：处在历史十字路口的全球发展 / 中国国际发展知识中心著 . —北京：中国发展出版社，2023.12（2024.4 重印）

ISBN 978-7-5177-1395-1

Ⅰ. ①全… Ⅱ. ①中… Ⅲ. ①世界经济 - 经济发展 - 研究报告 -2023 Ⅳ. ①F113

中国国家版本馆 CIP 数据核字（2023）第 224713 号

书 名：全球发展报告 2023：处在历史十字路口的全球发展
著作责任者：中国国际发展知识中心
责 任 编 辑：吴 佳 杜 君 王海燕
出 版 发 行：中国发展出版社
联 系 地 址：北京经济技术开发区荣华中路 22 号亦城财富中心 1 号楼 8 层（100176）
标 准 书 号：ISBN 978-7-5177-1395-1
经 销 者：各地新华书店
印 刷 者：北京华联印刷有限公司
开 本：889mm×1194mm 1/16
印 张：13
字 数：270 千字
版 次：2023 年 12 月第 1 版
印 次：2024 年 4 月第 2 次印刷
定 价：98.00 元

联 系 电 话：（010）68990625 68360970
购 书 热 线：（010）68990682 68990686
网 络 订 购：http://zgfzcbs.tmall.com
网 购 电 话：（010）88333349 68990639
本 社 网 址：http://www.develpress.com
电 子 邮 件：15210957065@163.com

前　言

处在历史十字路口的世界

合作还是分裂？发展还是停滞？世界又一次处在历史的十字路口。

当前，全球发展面临地缘政治矛盾加剧、保护主义上升、共识弱化、动能减弱等严峻挑战，国家安全概念泛化，全球产业链供应链稳定性受到人为干扰，技术扩散放缓，创新动力受到抑制。全球减贫没有受到应有重视，多年反贫困成果遭受逆转，既定的 2030 年消除极端贫困目标如期实现难度极大。全球发展融资缺口巨大，发达国家援助承诺迟迟未能兑现，粮食和农业、卫生健康、教育等与可持续发展相关的投资连年下降，发展鸿沟不断拉大。发达国家气候政策回摆，气候挑战更加严峻……这一切让全球发展遭遇历史性挑战。

如何应对这一历史性挑战，将决定世界的前途命运。经济全球化是走向资本与劳动、效率与安全更平衡的升级版，还是深受冷战思维困扰、继续下行？是更加普惠包容、推动各国共同发展，还是奉行本国至上、任由全球发展偏离航向并进一步失速失效失能？新兴市场和发展中经济体是延续追赶进程、推动全球发展持续走向平衡，还是经历"发展逆转"、加大全球发展失衡？全球经济是有力复苏并迈向长期可持续增长，还是进一步减速甚至陷入长期停滞？到了 2030 年，人类是欢庆可持续发展目标取得重大进展、迎来更加美好的未来，还是哀叹错失机会让美好停留在愿景上？

历史告诉我们，分裂只会带来灾难，合作才能续写繁荣。20 世纪 20 年代末 30 年代初"大萧条"和 2008 年国际金融危机，最终以不同的应对方式清楚地展示了全球分裂与合作带来的不同前途命运："大萧条"期间，主要大国"以邻为壑"，纷纷诉诸关税战、货币竞争性贬值等手段，全球化出现巨大倒退,经济持续衰退、贫困人口大幅增加、社会矛盾严重加剧,成为引发第二次世界大战的重要经济社会根源;面对 2008 年国际金融危机冲击,危机中心国与非中心国、发达经济体与新兴市场和发展中经济体总体上保持通力合作,推动全球经济较快复苏,主要经济体失业率快速回落,贫困人口数量持续下降,全球较快恢复发展势头。

面对当下的挑战,世界各国只有一个选择,就是齐心协力、同舟共济,共同应对多重危机冲击,用发展的办法来解决发展中的问题。2021 年 9 月,习近平主席在第七十六届联合国大会上提出全球发展倡议,为合力破解发展赤字、实现联合国 2030 年可持续发展议程贡献了中国智慧和中国方案。2022 年 6 月,习近平主席在全球发展高层对话会上指出,要共同凝聚促进发展的国际共识、共同营造有利于发展的国际环境、共同培育全球发展新动能、共同构建全球发展伙伴关系,共创普惠平衡、协调包容、合作共赢、共同繁荣的发展格局。

发布《全球发展报告》是全球发展高层对话会主席声明和成果清单明确列出的事项。报告的出发点和落脚点是,关注世界各国尤其是发展中国家遇到的发展难题和紧迫挑战,呈现中国智库的观点和建议,助力构建全球发展共同体、落实 2030 年可持续发展议程。

《全球发展报告 2023》以"处在历史十字路口的全球发展"为主题,分析了全球发展的基本特征和主要趋势并提出了若干建议。报告分总论和分论两大部分。总论第一章从人类(People)、地球(Planet)、繁荣(Prosperity)三个维度全面回顾 2030 年可持续发展议程落实的进展与挑战,指出在取得一定成绩的同时,多项指标遭遇逆转,脱离正轨。第二章分析当前全球发展的"6D"趋势,即世界经济增长面临减速风险(Deceleration),全球发展分化势头上升(Divergence),经济全球化在曲折中发展(Deglobalization),绿色低碳发展方兴未艾(Decarbonization),数字化转型孕育发展新动能(Digitalization),全球发展的不确定性和不稳定性上升(Destabilization)。第三章介绍了中国推动构建全球发展共同体的理念和实践,包括促进全球发展、弥合发展赤字,需要坚持发展优先、坚持以人民为中心、坚持普惠包容、坚持创新驱动、坚持人与自然和谐共生、坚持行动导向,以自身发展促进世界发展,并为全球发展合作增添动力等一系列重大认识。

　　分论从减贫、粮食安全、卫生健康、发展融资、能源转型、工业化、数字化七个方面分析当前全球发展面临的突出问题。报告提出,发达国家应发挥表率作用、加大支持力度,发展中国家应立足国情、作出力所能及的贡献,各尽所能、各尽其责,合力推动减贫进程重返正轨,合力提升全球粮食安全水平,合力构建人类卫生健康共同体,合力完善全球发展融资体系,合力加快全球能源绿色低碳发展,合力促进发展中国家工业化,合力推动全球数字化更加普惠包容。

　　世界已站在一个新的历史起点上,变乱交加的局势,既是挑战,也是机遇。我们愿同各方一道,为研究交流全球发展理论和实践、丰富人类发展知识、促进全球共同和可持续发展作出更大贡献。

目 录

分 论

总 论

第一章
2030 年可持续发展议程：进展与挑战

2015 年 9 月，全球 193 个国家的领导人怀着共同的期盼和美好的愿望一致通过了《变革我们的世界：2030 年可持续发展议程》（以下简称"2030 年可持续发展议程"），力争在 2030 年以前实现涵盖经济、社会、环境三方面的 17 个可持续发展目标（SDGs），为全人类提供更加富足的物质生活、更加和谐的社会文化和更加可持续的自然环境。在随后的数年，尽管面临重重困难，17 个可持续发展目标均取得一定进展，特别是在减贫、卫生健康、基础设施、经济增长、就业创造、数字经济、工业化、城镇化等领域成效显著，在应对气候变化、发展筹资等领域也迈出积极步伐。

过去 3 年多来，新冠大流行、大国博弈、地区冲突、全球金融市场动荡、极端天气频发等多重人类危机和自然危机相互交织、相互影响，叠加各类"黑天鹅""灰犀牛"事件加剧了全球发展的不确定性和不稳定性，2030 年可持续发展议程遭遇重创。2023 年 4 月，联合国秘书长古特雷斯在向联合国可持续发展高级别政治论坛提交的报告中指出，许多可持续发展目标都偏离甚至严重偏离了轨道，只有 12% 的具体目标正按预期进展，近一半具体目标进展不足，30% 左右的具体目标停滞甚至出现倒退（UN，2023a）。按照当前趋势，17 个可持续发展目标均无法如期实现，部分目标甚至在 21 世纪都无法实现（见图 1-1）。"除非我们现在就采取行动，否则 2030 年可持续发展议程将成为一个本可以建成美好世界的墓志铭。"（Guterres，2023）

为全面评估当前全球发展现状，明确未来加速实现可持续发展目标、推动全球

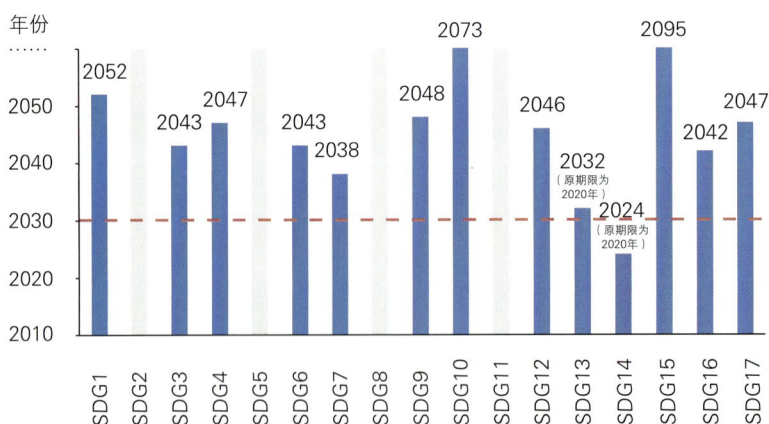

图 1-1　按照当前趋势预测的 17 个可持续发展目标实现时间

注：①本图选取 2030 年可持续发展议程中力争在 2030 年实现的 17 个可持续发展目标下可量化且有数据的指标，按照 2016 年至今的年均进展速度，测算不同目标下相关指标的最迟实现时间。②灰柱表示根据当前趋势，该目标在 21 世纪无法实现。

资料来源：作者根据联合国相关机构的数据测算所得。

共同和可持续发展的行动方向，本章主要从人类（People）、地球（Planet）、繁荣（Prosperity）三个维度全面回顾 2030 年可持续发展议程落实的进与退①。人类维度分析人类发展现状，地球维度记录全球生态环境保护进展情况，繁荣维度展示世界经济增长情况。三个维度既紧密相连又层层递进：人类维度关乎人最基本的权利和尊严，包括免于饥饿、贫困的基本生存权以及享有卫生、教育等的基本发展权；地球维度关乎人的可持续发展，在人的基本权利得到保障后，需要考虑人与自然如何和谐相处，以维护地球这一人类赖以生存的家园，确保人类世代永续发展；繁荣维度关乎人的全面发展，是更高的目标和追求，是在人类基本需求得到满足、人与自然总体和谐共生的基础上，持续推动经济社会高水平、高质量发展。

一、人类发展

2030 年可持续发展议程致力于消除一切形式和表现的贫困与饥饿，让所有人平等且有尊严地在一个健康的环境中充分发挥自己的潜能。为此，全人类需合力消除极端贫困，帮助弱势群体实现粮食安全，让人人平等地享有教育、卫生服务、身心健康以及社会福利。

（一）全球减贫面临停滞不前的考验

全球贫困率下降态势遭遇新冠疫情严重冲击。2030 年可持续发展议程通过后，全球极端贫困率从 2015 年的 10.8% 下降至 2019 年的 8.5%，贫困人口数量从 8 亿降至 6.59 亿。新冠疫情大暴发使全球减贫事业遭遇重创。根据世界银行估测，2020 年全球极端贫困率增至 9.3%，贫困人口数量达 7.19 亿，新增贫困人口数量约 6000 万。2021 年和 2022 年情况有所好转，贫困率（贫困人口数量）分别降至 8.8%（6.9 亿）和 8.4%（6.5 亿），但 2023 年 3 月又升至 8.5%（6.6 亿），回到新冠疫情前水平（见图 1-2）。

就业难、就业质量下降加深了全球减贫困境。就业是贫困人口脱贫的内生动力，在经济增长和消除贫困之间起着关键桥梁作用（UN，2005）。受短期因素如新冠疫情、生活成本危机、地缘政治危机等，中长期结构性因素如气候变化诱发自然灾害和极端天气频发、发达国家和许多新兴市场国家人口老龄化、人工智能等技术变革等影响，全球失业率近年持续处于较高水平，2020 年达到 6.9%，逆转了 2015—2019 年持续下跌的良好势头（见图 1-3）。2020 年至今，全球失业率虽呈下降趋势，但仍未恢复到新冠疫情前水平。15~24 岁青年的就业难问题尤为突出，

---

①《变革我们的世界：2030 年可持续发展议程》开篇即指出"本议程是为人类、地球与繁荣制订的行动计划"。

（亿）
（%）

图1-2　2015—2023年全球极端贫困人口数量及贫困率

注：极端贫困线为每人每天生活费低于 2.15 美元（按 2017 年购买力平价计算）；2022 年数据为 2022 年 9 月估测数据，2023 年数据为 2023 年 3 月估测数据。
资料来源：世界银行。

（%）

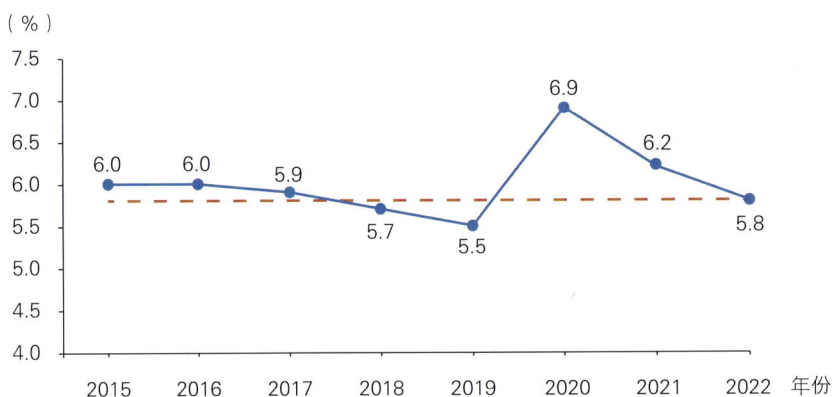

图1-3　2015—2022年全球失业人口占劳动力比重

注：从图中虚线可知，2022 年全球失业人口占劳动力比重仍未恢复到新冠疫情前水平。
资料来源：国际劳工组织数据库。

这一群体的失业率是 25 岁及以上劳动力失业率的 3 倍。23.5% 的青年处于不升学、不就业、不进修（NEET[①]）状态（ILO，2023）。

部分劳动人口即便处于就业状态也仍未摆脱贫困陷阱。全球工作贫困率从 2015 年的 7.8% 降至 2019 年的 6.7%，但 2020 年升至 7.2%，抵消了前 3 年的进展，2021 年之后又开始下降（见图 1-4）。低收入国家的工作贫困率尤其高，每 10 名就业人口中就有近 4 人处于极端贫困状态。社会保障覆盖率不足进一步加深了贫困人口困境。2020年，全球至少享有一项社会保障福利[②]的人

---

① Not in Employment，Education or Training。国际上称这类人群为"尼特族"。
② 例如儿童和产妇福利或对无业人员、残疾人、工伤受害者和老年人的资助等。

口比重为 46.9%，低收入国家这一比重仅为 24.9%，高收入国家则高达 85.4%（ILOSTAT，2023）。新冠疫情之后非正式就业率大幅提升（见图 1-5），更多劳动力进入质量更差、社会保障不足的非正式就业岗位。

（二）全球粮食安全问题恶化

全球中度或重度粮食不安全率持续攀升。2015—2022 年，全球粮食产量从 25.9 亿吨增至 27.9 亿吨（FAO，2023），年均增

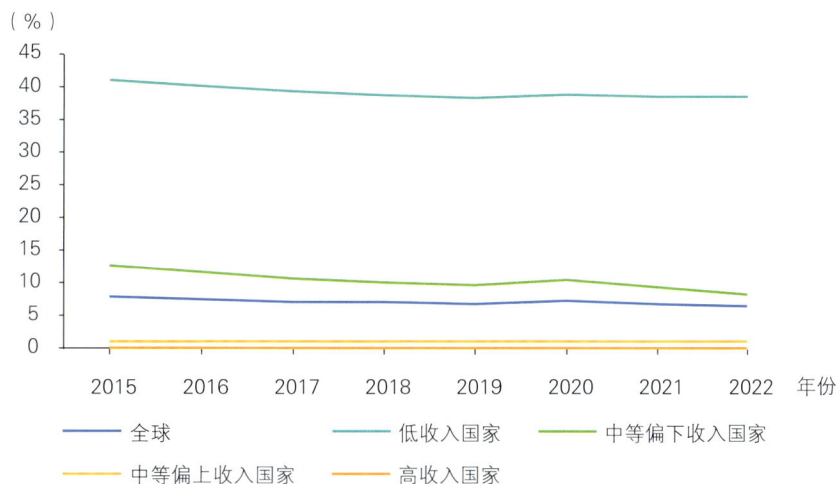

图 1-4 2015—2022 年工作贫困率

注：此处贫困线为按 2017 年购买力平价计算的每人每天 1.90 美元。
资料来源：国际劳工组织数据库。

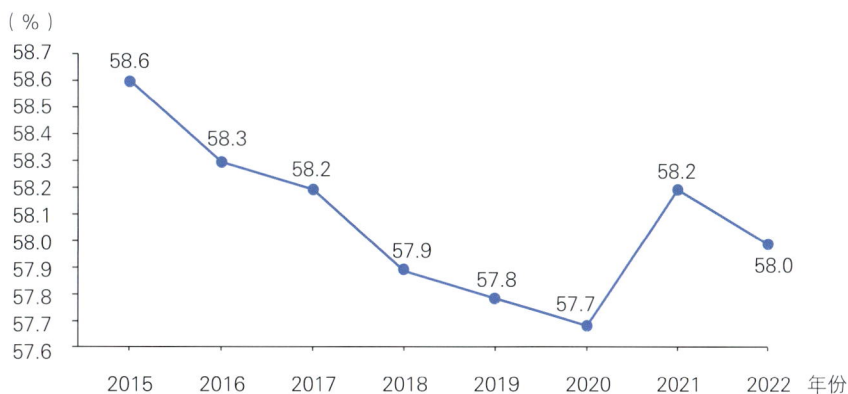

图 1-5 2015—2022 年非正式就业率

资料来源：国际劳工组织数据库。

速超过同期人口增速，但这一积极趋势并未阻止全球特别是部分发展中国家的粮食安全问题恶化。非洲地区中度或重度粮食不安全率[①]尤为高企，2021 年近 60% 的人口处于中度或重度粮食不安全状态。拉美和加勒比地区这一比重也高于全球平均水平，2021 年有超过 40% 的人口处于中度或重度粮食不安全状态（见图 1-6）。就绝对数量而言，处于中度或重度粮食不安全状态的人口主要集中在非洲和亚洲地区，2021 年全球处于粮食不安全状态的人口数量超过 23 亿，其中非洲近 8 亿，亚洲超过 11.5 亿（见图 1-7）。

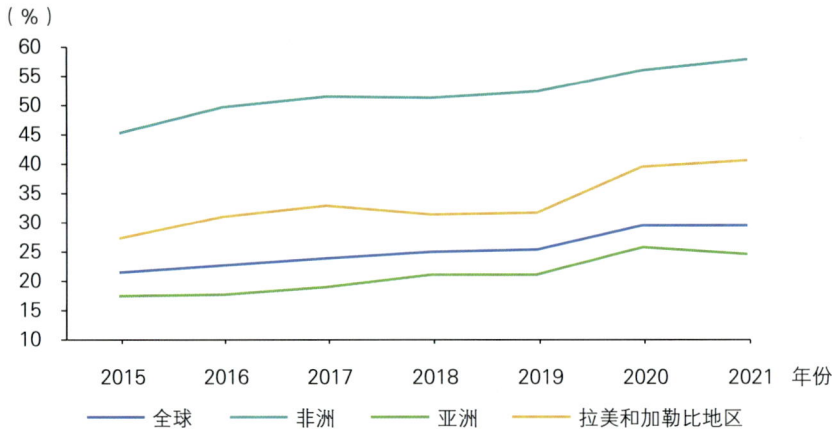

图 1-6 2015—2021 年中度或重度粮食不安全率

资料来源：联合国粮食及农业组织统计数据库。

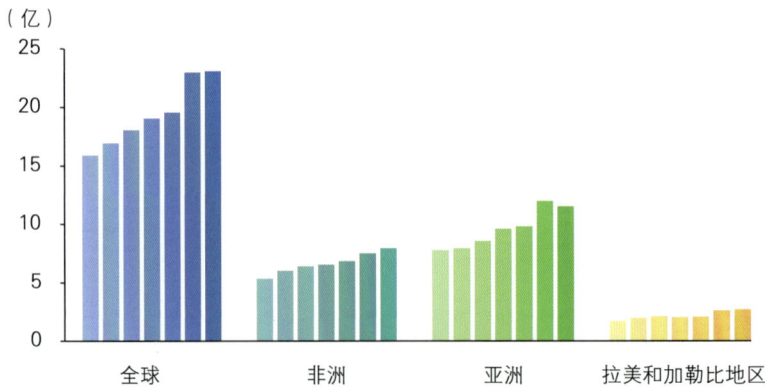

图 1-7 2015—2021 年中度或重度粮食不安全人口数量

注：同色系条状色块从左至右分别对应 2015—2021 年。
资料来源：联合国粮食及农业组织统计数据库。

---

① 中度或重度粮食不安全率是指在获取食物方面存在中度或严重困难的人口占总人口的比重。相关数据根据粮食不安全经历分级表收集。粮食不安全经历分级表通过直接面谈，对个人或家庭一级的粮食不安全经历严重程度作出估测。

供应链受阻等多重因素加剧全球粮食不安全状况。新冠疫情暴发后，粮食供应链先后受到防疫封控、需求下降、价格上升（见图 1-8）的冲击，同时地区冲突加剧、化肥等农资价格上升（见图 1-9）、极端天气频发、国际金融市场动荡等因素也给粮食的生产、贸易和消费等带来负面影响，危及粮食安全。全球气候变暖导致农业生产力增速放缓，对人们的生计和粮食安全产生严重负面影响（IPCC，2023）。在全球气候变化风险日益加大的背景下，全球粮食安全问题将更加凸显。

全球营养不足发生率[①]回升。2030 年可

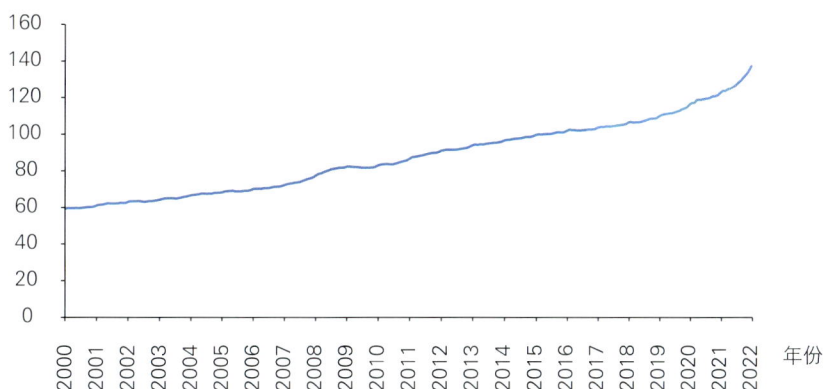

图 1-8　2000—2022 年食品消费价格指数（2015 年 =100）

资料来源：联合国粮食及农业组织统计数据库。

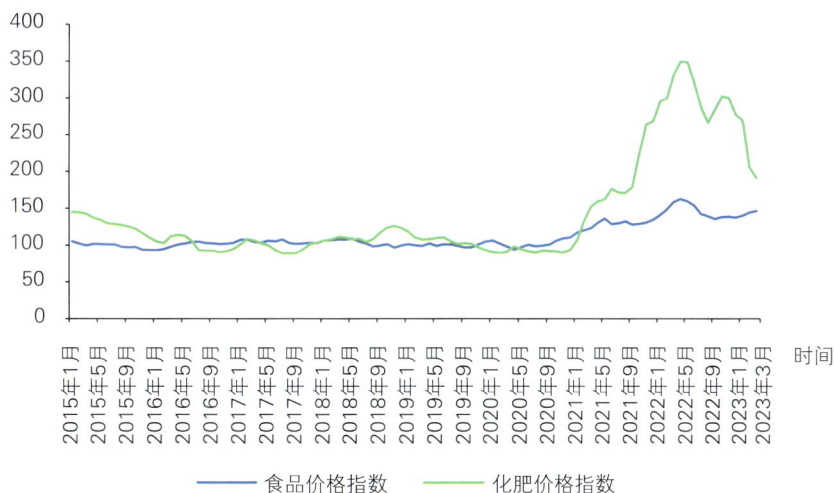

食品价格指数　　　化肥价格指数

图 1-9　2015 年 1 月—2023 年 3 月食品价格指数和化肥价格指数（2016 年 =100）

注：食品价格指数包括谷物、植物油、肉类、海鲜、糖和其他食品〔苹果（非柑橘类水果）、香蕉、蚕豆（豆类）、鱼粉、花生、牛奶（乳制品）、西红柿（蔬菜）〕价格指数。化肥价格指数包括磷酸二铵、钾肥、尿素价格指数。
资料来源：国际货币基金组织。

---

① 营养不足发生率是指习惯性食物消费不足以提供维持正常生活所需膳食能量水平的人口比例，是衡量可持续发展目标 2.1 的指标之一。可持续发展目标 2.1 即到 2030 年，消除饥饿，确保所有人特别是穷人和弱势群体，包括婴儿，全年都有安全、营养和充足的食物。

持续发展议程通过后，全球营养不足发生率略有下降，但在新冠疫情暴发后回升至 2020 年的 9.3% 和 2021 年的 9.8%（见图 1-10）。非洲和亚洲是营养不足最为集中的地区。2015 年以来，非洲营养不足发生率和营养不足人口数量均在持续上升，并且这一态势因新冠疫情的暴发和大流行而进一步恶化。2021 年，非洲营养不足人口达 2.78 亿人，意味着每 5 个人中就有 1 人营养不足。虽然亚洲地区营养不足发生率远低于非洲，但其营养不足人口数量却高于非洲，2021 年达 4.25 亿。根据联合国粮食及农业组织等机构估算，按照当前趋势，至 2030 年，全球仍将有近 6 亿人面临饥饿困境（FAO et al.，2023），与 2015 年水平大致相当。

（三）全球卫生受新冠疫情冲击

部分卫生相关指标明显改善。妇幼健康方面，全球孕产妇死亡率从 2015 年的每 10 万例活产死亡 227 例小幅下降到 2020 年的每 10 万例活产死亡 223 例，由熟练保健人员协助的分娩比例从 2015 年的 81% 上升至 2022 年的 86%，有统计数据的 200 个国家和地区中有 146 个已经或将要实现 5 岁以下儿童死亡率降至 25‰ 以下的可持续发展目标（UN，2023b）。传染性疾病防控方面，艾滋病防治取得积极成效，每 1000 名未感染者中艾滋病毒新感染病例数从 2015 年的 0.25 降至 2021 年的 0.18，死于艾滋病的人数从 2015 年的约 90 万降至 2022 年的约 63 万（WHO，2023b）。非传染性疾病防控方面，30~70 岁群体死于 4 种主要非传染性疾病（心血管疾病、癌症、糖尿病、慢性呼吸系统疾病）任何一种的概率，从 2015 年的 18.5% 降至 2019 年的 17.8%，但这一速度不足以达到 2030 年前将这一概率减少 1/3 的目

图 1-10　2015—2021 年营养不足发生率及营养不足人口

资料来源：联合国粮食及农业组织统计数据库。

标，并且新冠疫情期间的相关数据尚不可知（WHO，2023b）。

新冠疫情逆转了多项卫生相关指标的进展。截至2023年8月17日，全球新冠肺炎确诊人数达7.698亿，直接导致超过695.55万人死亡（WHO，2023a）。新冠疫情给多国基本卫生服务，包括常规免疫服务、非传染性疾病医疗服务、精神疾病医疗服务等带来影响。其中，美洲国家的卫生服务中断较为严重，27个国家约55%的卫生服务被中断（WHO，2022）。全球新生儿预期寿命大幅下降。2015—2019年，全球新生儿预期寿命从71.8岁增至72.8岁，但2021年比2019年下降了1.8岁，降至约2012年水平（见图1-11），吞噬了2030年可持续发展议程通过以来取得的成绩（UNDESA，2022）。儿童疫苗接种率[①]遭遇近30年来的最大降幅，2019—2021年降低

了5个百分点；结核病发生率从2015年的150/10万持续降至2020年的129/10万，但2021年升至134/10万；疟疾发生率从2019年的57.16‰增至2020年的59.45‰和2021年的59.25‰（WHO，2023b）（见图1-12）。另外，2020年全球焦虑症和抑郁症发生率提高了25%（联合国，2022）。

（四）全球教育整体水平有所提升

国家间"教育鸿沟"仍然较大。2015—2020年，全球小学教育完成率稳定在90%左右，低收入国家这一指标有明显提升，从2015年的63.5%增至2020年的68.4%，但与其他收入组的国家差距仍然较大（见图1-13）。低收入国家小学毛入学率自2015年以来不断提升，达到与其他收入组

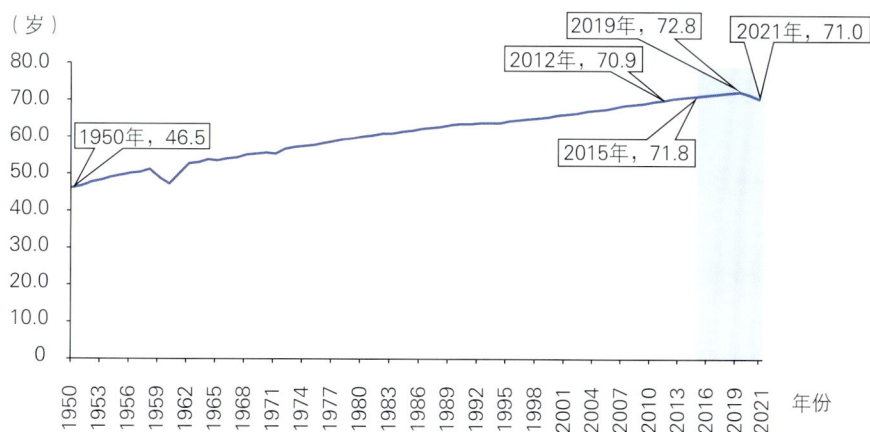

图1-11 1950—2021年全球新生儿预期寿命

注：色块部分体现了2030年可持续发展议程通过后全球新生儿预期寿命变化。

资料来源：联合国经济和社会事务部；中国国际发展知识中心。

---

① 指接种白喉、破伤风和百日咳三剂疫苗（DTP3）的儿童比例，这是衡量国家内部和国家间免疫覆盖率的一个指标。

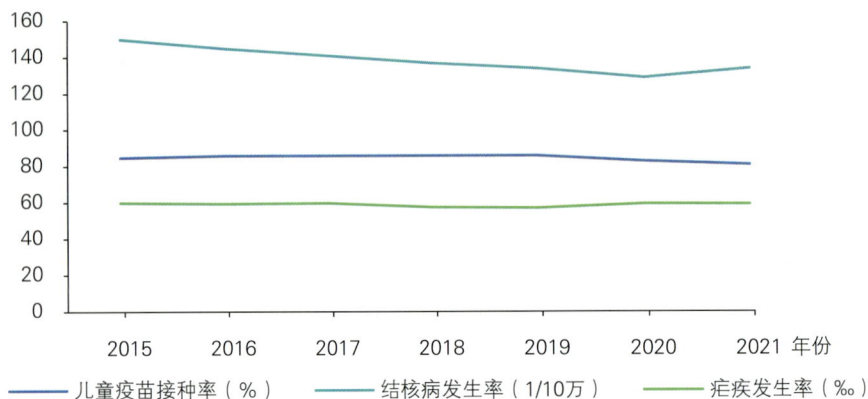

图1-12　2015—2021年部分卫生相关指标遭遇新冠疫情逆转情况

注：图中儿童疫苗接种率指每100名1岁儿童中白喉、破伤风和百日咳免疫接种覆盖率；结核病发生率指每100000人中的结核病发生率；疟疾发生率指每1000名高危人群中的估测疟疾发病率。
资料来源：世界卫生组织。

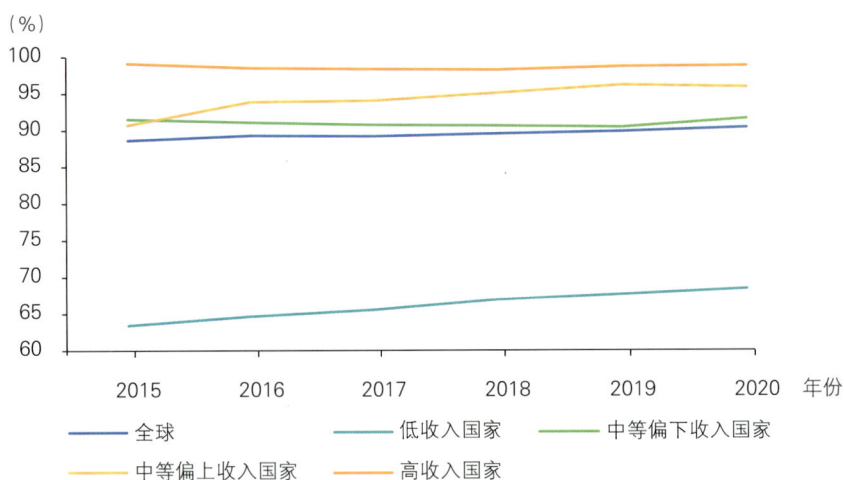

图1-13　2015—2020年小学教育完成率

资料来源：世界银行世界发展指标。

国家相当的水平；但在中学和高等教育毛入学率方面进展缓慢，显著低于高收入国家和中等偏上收入国家水平（见图1-14）。

新冠疫情对全球教育系统造成严重负面影响。学校停课不仅影响学生学习进度和效果，而且可能对其造成难以估量的终身损失。2020—2021年，全球1.47亿名儿童错过一半以上的课堂教学，数十亿名儿童严重失学，1亿多名儿童在阅读和其他学业方面的能力低于相应年龄段的最低熟练水平。按现值计算，这一代儿童终身可能会损失总共17万亿美元的收入（联合国，2022）。

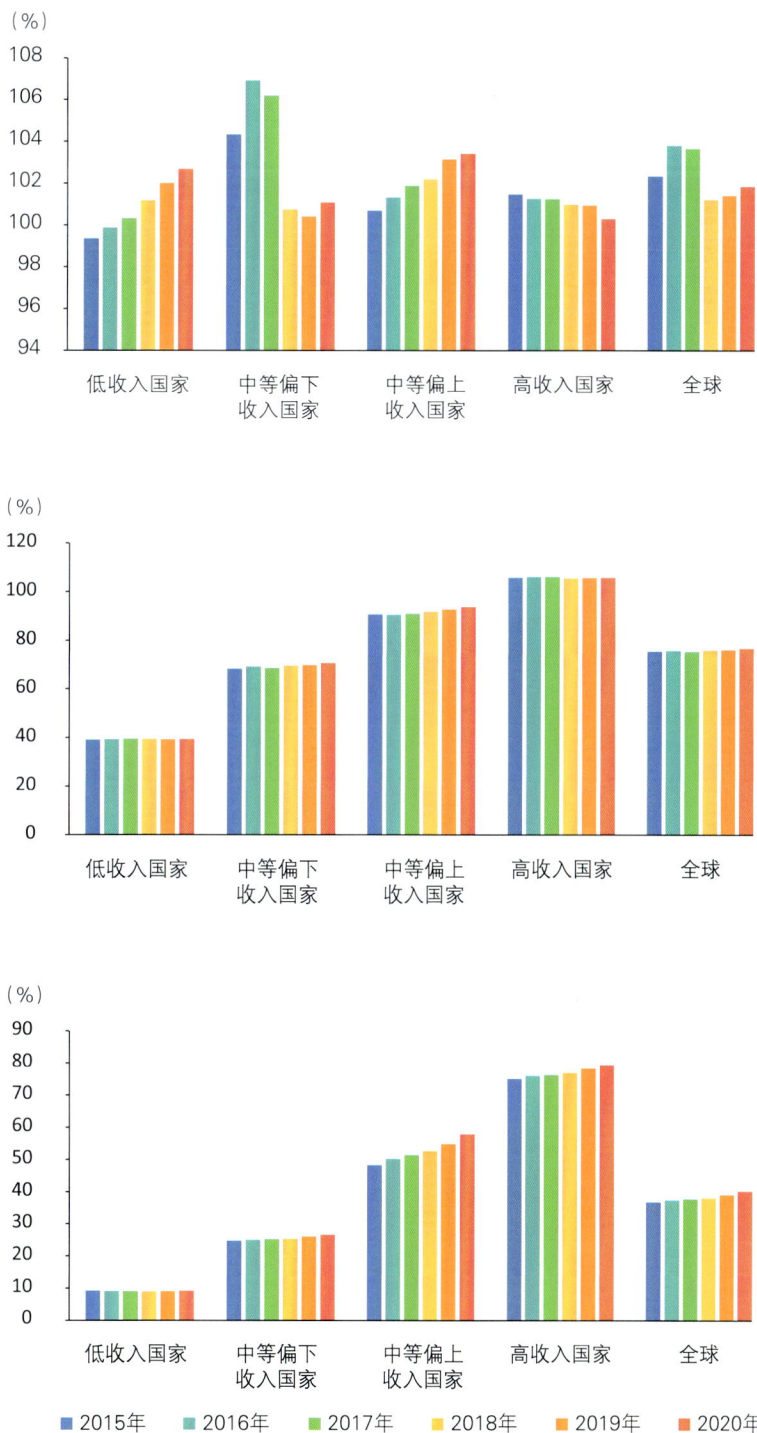

图 1-14　2015—2020 年小学（上）、中学（中）、高等教育（下）毛入学率

资料来源：世界银行世界发展指标。

二、生态环境

2030 年可持续发展议程致力于建设一个可持续地生产、消费和使用各种自然资源的世界，一个人类与大自然和谐共处、野生动植物和其他物种得到保护的世界。为此，全人类需合力应对气候变化及其系统性影响，遏制生物多样性丧失的趋势，阻止自然资源枯竭和环境退化，保护好地球这一人类唯一的家园。

（一）全球气候变化挑战严峻

全球日益重视气候变化问题，但应对行动却不足。全球层面应对气候变化已成为广泛共识，《联合国气候变化框架公约》自 1992 年通过以来已有 198 个缔约方，该公约的《京都议定书》和《巴黎协定》缔约方分别达到 192 个和 195 个。要实现《巴黎协定》2℃的温控目标仍面临巨大挑战。据测算，如果要将全球平均气温较前工业化时期上升幅度控制在 2℃之内，2030 年全球二氧化碳排放量需比 2010 年水平减少约 25%（IPCC，2018）。根据《联合国气候变化框架公约》缔约方通报的国家自主贡献、目标和承诺，从现在至 2030 年，全球二氧化碳排放量将增加近 14%（联合国，2022）。

全球二氧化碳排放量呈上升态势。全球二氧化碳排放量从 2015 年的 409.4 亿吨增至 2019 年的 416.4 亿吨。2020 年受新冠疫情影响，全球二氧化碳排放量下降 5.6%（约 23 亿吨），为"二战"结束以来最大降幅（见图 1-15）。2021 年全球二氧化碳排放量再次攀升，达到 410.6 亿吨。2015 年以来，土地利用变更导致的二氧化碳排放量显著下降，从 2015 年的 53.9 亿吨降至 2021 年的 39.4 亿吨，在总排放量中的比重也从 13.2% 降至 9.6%。而化石燃料产生的二氧化碳排放量却在明显增加，从 2015 年的 355.6 亿吨增至

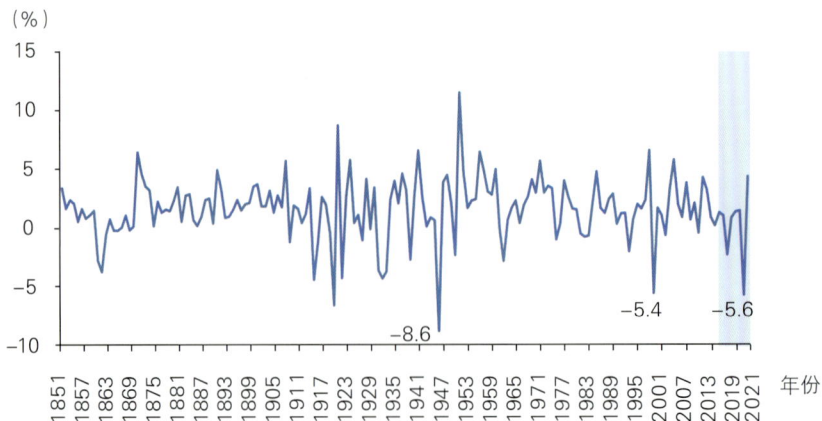

图 1-15　1851—2021 年全球二氧化碳排放量增速

注：色块部分折线走势体现了 2030 年可持续发展议程通过后全球二氧化碳排放量增速的变化情况。
资料来源：用数据看世界网站；中国国际发展知识中心。

2021 年的 371.2 亿吨，在总排放量中的比重从 86.8% 增至 90.4%[①]（见图 1-16）。

气候变化的不利影响日益显现，发展中国家尤为脆弱。气候变化引发的极端天气气候事件频率增高、强度增大，包括极端高温、强降水、干旱和火灾等，对生态系统、人类、住区和基础设施产生了广泛的影响。2011—2020 年，全球热浪影响范围总体呈扩大趋势，陆地区域暴露在 30 天热浪影响下的比例从 2011 年的 25.5% 上升到 2019 年的 31%，2020 年略回落至 29.7%。同期，全球平均每年有 4.7 亿人受一般危害程度热浪影响，近 9000 万人受较强危害程度热浪影响，170 万人受超强危害程度热浪影响[②]。1999—2021 年，全球上层 2000 米海洋热含量增加速率为 9.5×10^{22} 焦耳 /10 年，是 1955—1990 年增暖速率的 4 倍（可持续发展大数据国际研

究中心，2022）。发展中国家由于生态环境、产业结构和经济社会发展水平等方面原因，适应气候变化能力普遍较弱，较发达国家受气候变化不利影响更为严重，急需技术、资金、能力等方面的更大支持。

（二）全球生态环境继续恶化

全球生态环境保护力度有所加大。人类已经日益认识到保护生态环境和生物多样性的重要性，正在采取一系列补救措施，包括建立保护区、限制狩猎、控制外来物种入侵等，用以保护生态系统的保护区面积逐渐扩大。2000—2020 年，陆地保护区面积占土地总面积的比重从 10% 增至 15%，海洋保护区面积所占比重从约 3% 增至 7%，生物多样性保护区面积所占比重也从 29% 增至 44%。截

（亿吨）

图表数据：
- 2015：409.4
- 2016：400.5
- 2017：404.3
- 2018：410.1
- 2019：416.4
- 2020：393.2
- 2021：410.6

■ 化石燃料　■ 土地利用变更

图 1-16　2015—2021 年全球化石燃料和土地利用变更导致的二氧化碳排放量

资料来源：用数据看世界网站。

---

① 由于计算过程四舍五入，导致计算结果可能略有偏差。
② 采用高温日连续超过 3 天以上为 1 次热浪事件的判别标准，将统计区间年度热浪次数超过 10 次、15 次和 20 次分别定义热浪危害程度为一般、较强和超强。

至 2020 年，近 100 个国家已将生物多样性价值纳入国民经济核算体系（联合国《生物多样性公约》秘书处，2020）。2015—2020 年，全球森林砍伐率约为 1000 万公顷 / 年，较 2010—2015 年的 1200 万公顷 / 年有所下降（FAO，2020）。亚洲、大洋洲、欧洲的森林面积实现净增长，但非洲、南美洲的森林则持续消失（见图 1-17）。

当前的保护力度仍难以阻止海洋和陆地生态系统的持续恶化。海洋生态系统继续遭到酸化、富营养化和塑料污染的破坏。2022 年从 35 个国家 308 个站点收集的数据表明，全球海水 pH 值持续下降，将对海洋生态系统造成难以估量的不利影响。2016 年至今，卫星遥感富营养化指标呈上升趋势，2020—2021 年平均值的指标峰值较前几年增加了 23% 以上（联合国，2022）。全球塑料废弃物从 2000 年的 1.56 亿吨增至 2019 年的 3.53 亿吨，其中约 1/5 的废弃物未得到妥善处置进而排放至自然环境中；截至 2019 年，估计有 1.09 亿吨泄漏的塑料积聚在河流中，3000 万吨积聚在海洋中（OECD，2022）。新冠疫情暴发后，全球塑料废弃物中来自医疗废物的一次性塑料增加，估计有 25000 吨一次性塑料废弃物持续进入全球海洋（联合国，2022）。

陆地生态系统遭遇毁林、土地退化、生物多样性丧失等问题困扰。世界森林面积持续减少，占土地总面积的比重从 2000 年的 31.9% 降至 2020 年的 31.2%（联合国，2022）。全球约 20%~40% 的土地已经退化，直接影响全球近一半人口，约一半的全球 GDP（44 万亿美元）因依赖自然资本而受到威胁（UNCCD，2022）。世界各地物种灭绝风险持续加大，世界自然保护联盟的濒危物种红色名录指数从 2000 年的 0.80 降至 2022 年的 0.72（联合国，2022）。2022 年，在被列入红色名录的 150388 种物种中，超过 42100 种物种面临灭绝威胁（IUCN，2023）。

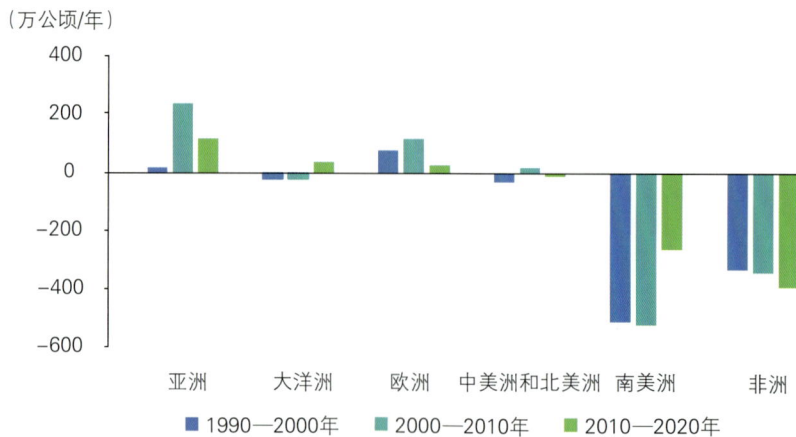

图 1-17　1990—2020 年各地区森林面积年度净变化（以 10 年为时间单位）

资料来源：联合国粮食及农业组织。

（三）全球资源浪费仍然严重

经济发展对环境的压力有所减缓。尽管2015年后全球物质足迹[①]持续扩张，但其增速有所放缓。2015—2019年，全球物质足迹年均增长1.1%，低于2000—2014年的2.8%，表明经济发展对环境造成的压力在增长速度方面有所放缓（联合国，2022）。2000—2014年，全球人均物质足迹持续增长，仅有2008年和2009年出现零增长和负增长。2015—2019年，这一指标持续负增长或几乎零增长，意味着人均消耗的物质材料减少（见图1-18）。

全球可再生能源发展势头强劲。全球可再生能源装机容量迅速扩张，从2015年的1852.8吉瓦增至2022年底的3371.8吉瓦，占全球电力装机容量的四成（IRENA，2023）。2022年全球可再生能源发电量达到8538.5太瓦时，较2015年增长了54.9%；全球可再生能源消费量达到20848.7太瓦时，较2015年增长了18.9%（见图1-19）。可再生能源发电单位成本持续下降，2010—2019年，太阳能发电单位成本下降了85%，风能发电单位成本下降了55%，锂离子电池的成本也下降了85%（IPCC，2022）。同时，电动汽车市场呈现快速扩张趋势。2015—2022年，全球电动汽车保有量从130万辆快速增加至2620万辆，增长了19倍多（见图1-20），其中大部分增长来自中国、欧美等市场。

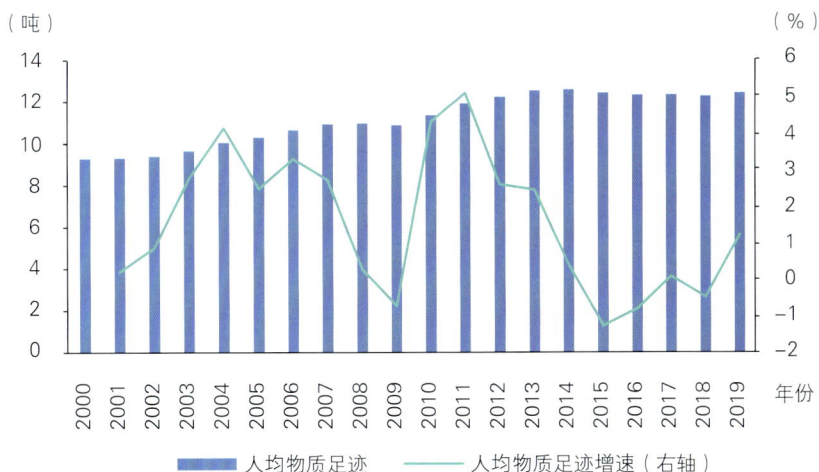

图1-18 2000—2019年人均物质足迹及其增速

资料来源：联合国环境规划署；中国国际发展知识中心。

---

① 物质足迹是指为满足最终消费需求而提取的原材料总量，是可持续发展目标8中衡量资源使用效率和目标12中衡量自然资源可持续管理的重要指标。全球物质足迹是指生物质、化石燃料、金属矿石和非金属矿石的物质足迹的总和。

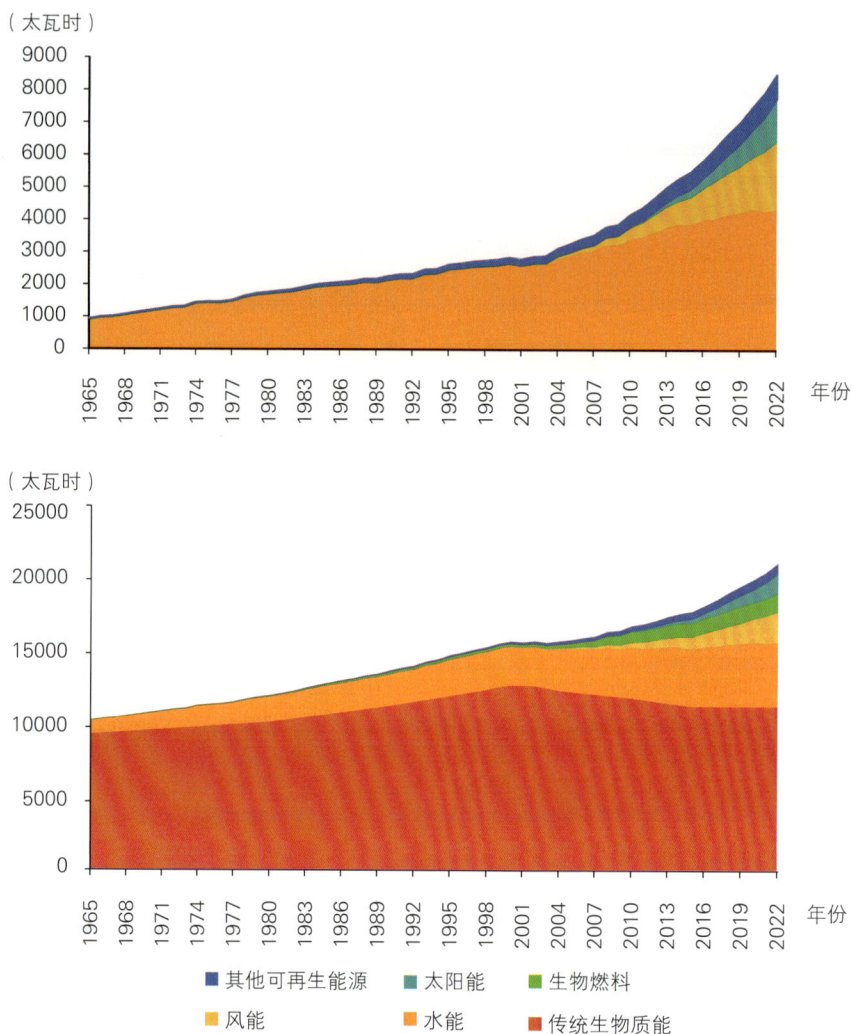

（太瓦时）

（太瓦时）

■ 其他可再生能源　■ 太阳能　■ 生物燃料
■ 风能　■ 水能　■ 传统生物质能

图1-19　1965—2022年全球可再生能源发电量（上）和可再生能源消费量（下）

资料来源：用数据看世界网站。

废旧物资循环利用成效明显。以废钢为例，近年来全球废钢用于再炼钢的数量持续攀升（见图1-21）。2011—2015年，主要产钢国家和地区使用废钢炼钢的数量徘徊在3.5亿吨上下（BIR，2016），到2020年这一数量突破4.5亿吨（BIR，2021）。此外，截至2022年，全球城市平均固体废物收集率为82%，城市受控设施管理的平均城市固体废物收集率为55%（可持续发展大数据国际研究中心，2022）。塑料回收再利用方面也有所进步。全球二次塑料产量在2000—2019年翻了两番多，从670万吨增至2910万吨，增速超过初次塑料产量增速。不过二次塑料产量仍远低于初次塑料产量，2019年前者产量仅占后者的6.8%（OECD，2022）。

（万辆）

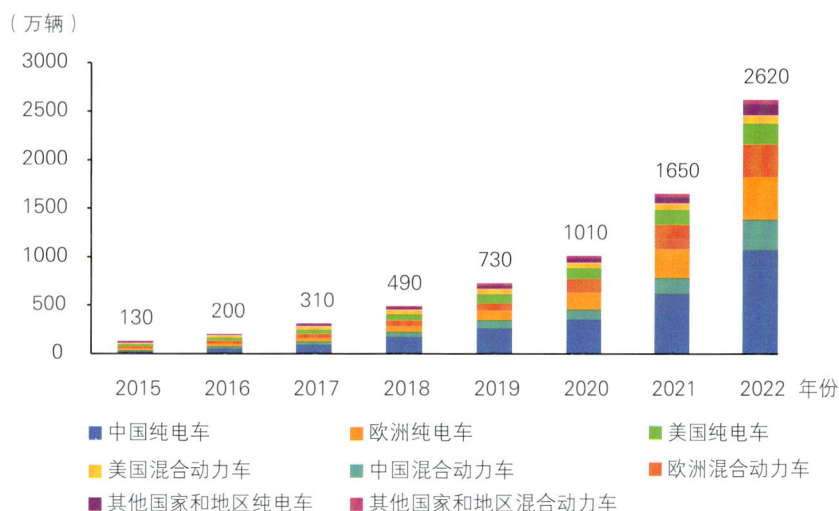

图 1-20　2015—2022 年全球电动汽车保有量

资料来源：国际能源署。

（亿吨）

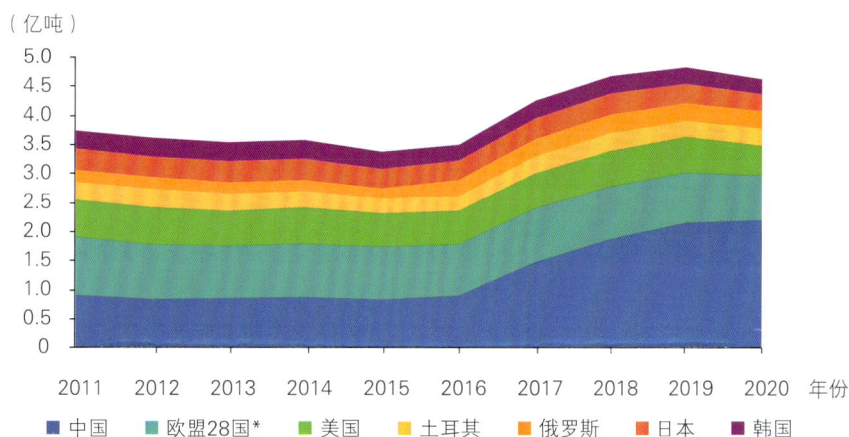

图 1-21　2011—2020 年主要产钢国家和地区使用废钢再炼钢的数量

注：* 国际回收再生组织的报告中此处为 "EU-28"。本书此处也不考虑英国脱欧和克罗地亚加入欧盟等事件导致的欧盟国家数量变动，笼统称其为欧盟 28 国。

资料来源：国际回收再生组织；中国国际发展知识中心。

　　粮食损耗和浪费规模依然较大。减少粮食损耗和浪费是实现可持续生产消费的重要举措①。目前，全球约有 17% 的食物在零售或消费环节被浪费，每年损耗和浪费的粮食可以养活 12.6 亿饥饿人口；粮食损耗和浪费排放的温室气体约占全球总排放量的 8%~10%（FAO and UNEP，2022）。2016—2021 年，全球平均粮食损耗指数变化

①　减少粮食损耗和浪费一般由两个指数衡量。一个是从供应端反映粮食收获后作业、运输、存储、加工等环节损失状况的粮食损耗指数（Food Loss Index, FLI）；另一个是从消费端反映零售、食品服务供应、家庭消费等环节浪费状况的粮食浪费指数（Food Waste Index, FWI）（FAO, 2019）。这两个指数是可持续发展目标 12.3 的衡量指标。

较小，北美洲和欧洲、西亚和北非、撒哈拉以南非洲、大洋洲等地区 2020 年粮食损耗指数较 2016 年显著上升，2021 年有所回落（见图 1-22）。同期，粮食损耗率[①]有所上升，撒哈拉以南非洲粮食损耗率较高，但 2021 年有所回落，拉美和加勒比地区、西亚和北非、大洋洲等地区的这一比重有所上升（见图 1-23）。从粮食浪费指数来看，据估测全球每人每年浪费约 121 千克粮食，2019 年全球共浪费 9.31 亿吨粮食（UNEP，2021）。

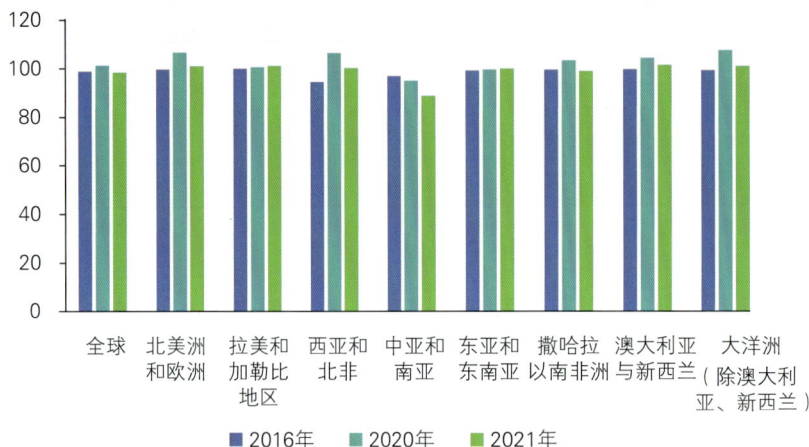

图 1-22 2016 年、2020 年、2021 年粮食损耗指数（2015 年 =100）

资料来源：联合国粮食及农业组织。

图 1-23 2016 年、2020 年、2021 年粮食损耗率

资料来源：联合国粮食及农业组织。

---

① 粮食损耗率指粮食损耗量占粮食生产总量的比重。

三、经济增长

2030 年可持续发展议程致力于让所有人类过上充实繁荣的生活，在与自然和谐相处的同时实现经济、社会和技术进步。为此，全人类需合力实现持久、包容和可持续的经济增长，实现可持续工业发展，利用信息和通信技术加快发展进程，让所有人获得价廉、可靠、可持续的现代能源服务，建设质量高、韧性强和包容普惠的基础设施。

（一）全球经济整体复苏乏力

受新冠疫情冲击的全球经济增速有所回升。2015—2019 年，全球 GDP 增长率保持在 3% 左右，全球人均 GDP 增长率保持在 2% 左右。2016—2019 年，最不发达国家 GDP 增长率保持在 4% 以上，高于全球平均水平，人均 GDP 增长率与全球平均水平相当，但两个指标均远低于可持续发展目标 8.1 中设

定的至少维持在 7% 的目标水平。在新冠疫情冲击下，2020 年全球 GDP 增长率和人均 GDP 增长率分别降至 -3% 和 -4%，2021 年这两个指标分别迅速反弹至 6% 和 5%，但这两年的平均增长率仅分别为 1.4% 和 0.4%。2022 年，全球 GDP 增长率和人均 GDP 增长率跌至新冠疫情前水平（见图 1-24）。

全球经济增长正在经历结构性减速。受投资及全要素生产率增速下降、人口老龄化、地缘政治冲突、国际贸易碎片化等因素影响，当前至 2030 年全球潜在增速可能降至 30 年来最低水平，从而严重损害新兴市场和发展中经济体实现可持续发展目标的能力（Kose and Ohnsorge，2023）。对于步入人口老龄化的欧洲、北美洲、东亚等地区而言，人口增速下降甚至出现负增长，将导致经济增长潜力和前景大打折扣。对生育率仍远高于更替水平的地区来说，如撒哈拉以南非洲、中东和北非，为新生的劳动力创造稳定的就业机会将是其实现持续经济增长的关键。

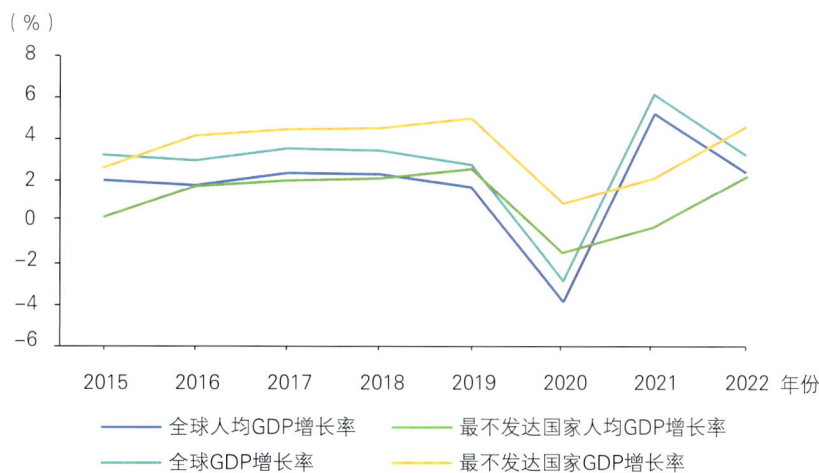

图 1-24　2015—2022 年全球和最不发达国家经济增长情况

资料来源：世界银行世界发展指标。

（二）发展中国家工业化整体缓慢

小部分发展中国家工业化发展较快。亚洲的孟加拉国、中国、伊朗、马来西亚、泰国、土耳其、越南，非洲的阿尔及利亚等，工业增加值占 GDP 的比重均超过 20%，其中部分国家甚至超过 30%（见图 1-25）。2016—2022 年，孟加拉国、中国、越南等国的工业增加值均保持较快增速（见图 1-26）。

最不发达国家工业化面临严峻挑战。最不发达国家制造业增加值占 GDP 的比重仅从 2015 年的 12.1% 升至 2022 年的 14.0%，

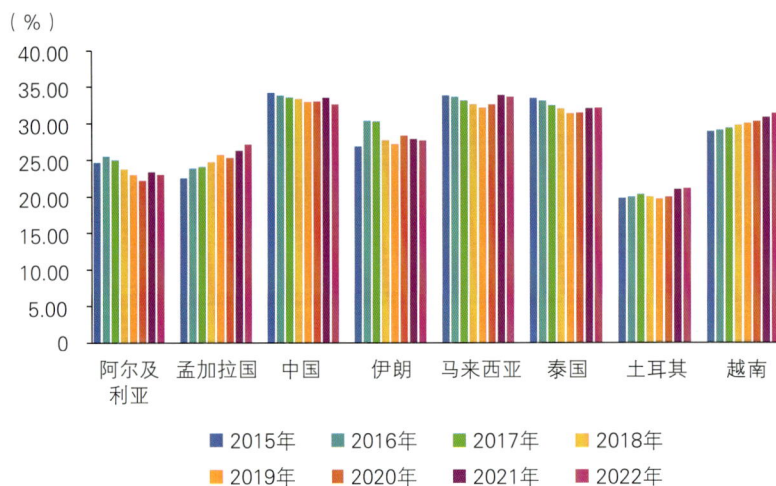

图 1-25　2015—2022 年部分发展中国家工业增加值占 GDP 的比重

资料来源：联合国工业发展组织国民核算数据库；中国国际发展知识中心。

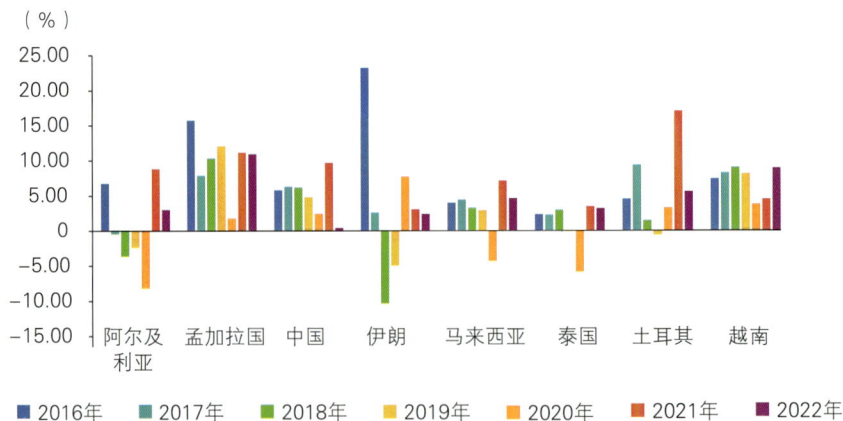

图 1-26　2016—2022 年部分发展中国家工业增加值增速

资料来源：联合国工业发展组织国民核算数据库；中国国际发展知识中心。

远不足以实现使该指标在 2030 年前翻番的目标。其中，非洲最不发达国家进展尤为缓慢，2015—2022 年仅增长 0.45 个百分点（见图 1-27）。就人均制造业增加值而言，最不发达国家远低于发达国家，2022 年欧洲和北美洲人均制造业增加值达到 5093 美元的历史最高水平，而最不发达国家仅为 159 美元（UN，2023b）。

发展中国家短期内无法实现使制造业就业人数占总就业人数的比重翻番的目标[①]。全球制造业就业人数占总就业人数的比重从 2015 年的 14.3% 降至 2021 年的 13.6%（见图 1-28）。其中，中等偏上收入国家的这一比重降幅明显，下降了 1.18 个百分点，中等偏下收入国家保持不变，低收入国家仅略微上升了 0.3 个百分点，按照这一速度难以实

图 1-27　2015—2022 年制造业增加值占 GDP 的比重

资料来源：联合国工业发展组织国民核算数据库；中国国际发展知识中心。

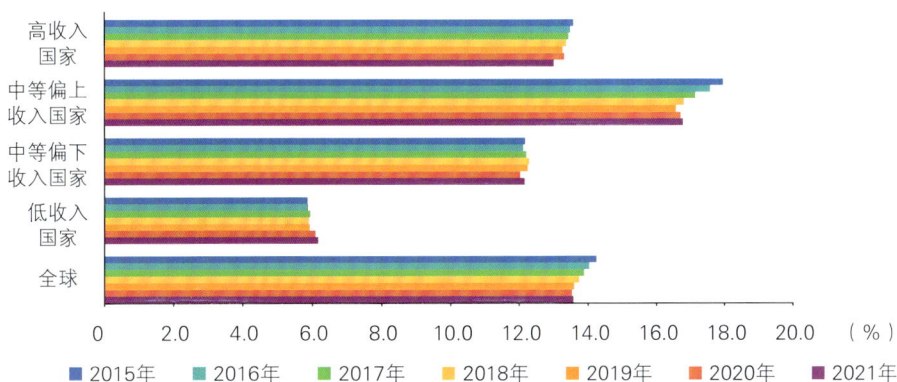

图 1-28　2015—2021 年制造业就业人数占总就业人数的比重

资料来源：国际劳工组织数据库。

---

① 使最不发达国家工业就业人数占总就业人数比重翻番是可持续发展目标 9 的子目标之一，制造业就业人数占总就业人数的比重是衡量这一子目标的指标。

现可持续发展目标 9 设定的翻番目标。

（三）全球数字技术鸿沟依然较大

数字技术近年来取得快速发展。人工智能、大数据、区块链等数字技术被越来越多地用于工业生产、公共卫生、教育、公共服务等领域。互联网覆盖范围迅速扩张。全球使用互联网的人口自 2015 年以来持续攀升，特别是新冠疫情暴发的 3 年增速尤为明显。2015 年全球约 30 亿人使用互联网，占全球人口的 41%，2022 年这两个数字分别增至 53 亿和 66%。2022 年，4G 网络覆盖率较 2015 年提高了一倍，覆盖全球 88% 的人口（ITU，2022）。尽管进步迅速，但目前全球仍有约 27 亿人无法使用互联网，主要分布在低收入国家和中等偏下收入国家，亚洲和太平洋国家及非洲（见图 1-29）。

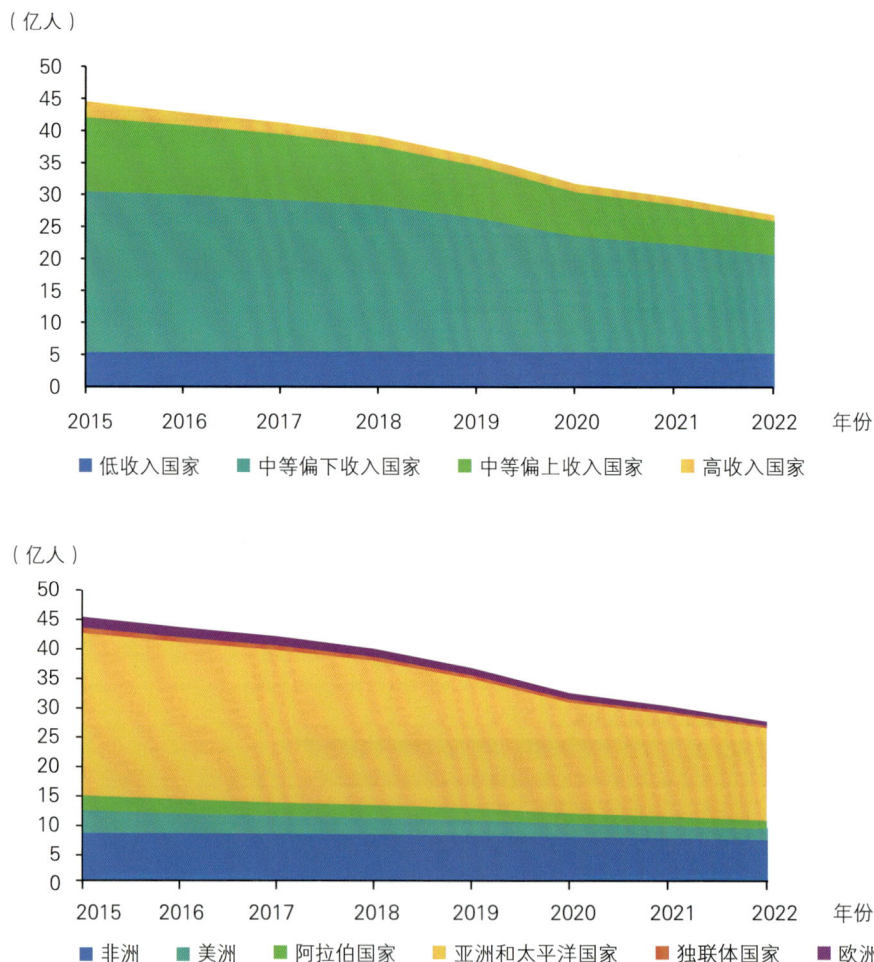

图 1-29　2015—2022 年按收入（上）和按地区（下）划分无法使用互联网的人口分布情况

资料来源：国际电信联盟。

发展中国家使用互联网成本依然高企。2022 年，全球 103 个经济体的移动宽带服务价格和 71 个经济体的固定宽带服务价格高于人均月国民总收入 2% 的标准[①]（ITU，2022）。全球固定宽带服务价格从 2021 年的占人均月国民总收入的 3.5% 降至 2022 年的 3.2%，仍高于 2% 的目标（见图 1-30）。其中，低收入国家、中等偏下收入国家这一指标远高于可负担水平，严重抑制了互联网覆盖率的提升，影响了利用互联网促进经济发展的潜力。

（四）全球基础设施缺口仍较大

全球电网覆盖范围扩大趋势遭遇逆转。得益于亚洲国家和部分非洲国家的电力基础设施的增加和改善，全球能够用上电的人口比重从 2015 年的 86.5% 上升至 2020 年的 90.4%。全球通电建筑面积占比由 2014 年的 96.95% 增加至 2020 年的 98.68%（可持续发展大数据国际研究中心，2022）。2020 年后，受新冠疫情、能源价格上涨等多重因素影响，电网的扩张速度放缓甚至出现逆转。2022 年，全球缺乏供电的人口预计增加约 2000 万人，总数达 7.74 亿人（见图 1-31），为 20 年来的首次上升。为实现 2030 年全人类都用上电的目标，2023—2030 年平均每年需要将约 1.1 亿人纳入电网覆盖范围。但根据国际能源署估计，按照当前政策和承诺估算，2030 年全球仍将有 6.72 亿人用不上电，其中 85% 生活在非洲（IEA，2023a）。

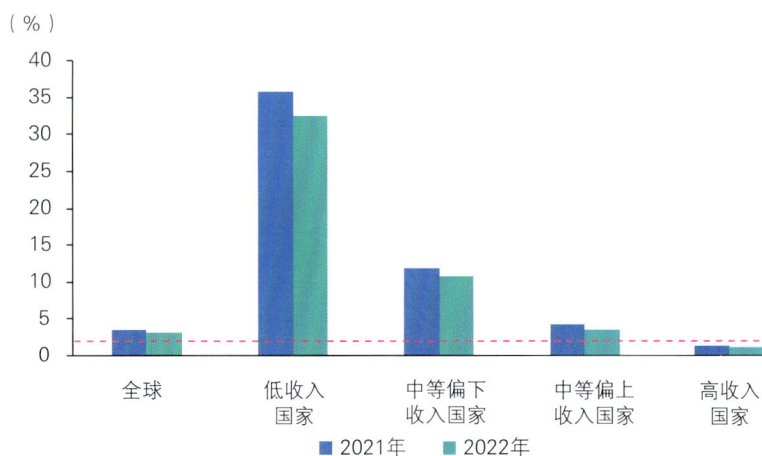

图 1-30　2021—2022 年固定宽带服务价格占人均月国民总收入的比重

注：虚线表示人均月国民总收入的 2% 水平。
资料来源：国际电信联盟。

[①] 联合国宽带可持续发展委员会将宽带费低于人均月国民总收入的 2% 作为负担得起的标准。

全球交通基础设施需求缺口仍然巨大。2015—2019 年，交通运输量持续攀升，但 2020 年新冠疫情对运输量造成较大影响（见图 1-32）。当前，全球仍有超过 10 亿人无法使用全天候道路，仅有约一半的城市人口可以方便地乘坐公共交通工具（UN，2021）。在非洲，估计仍有 4.5 亿人（农村人口总数的 70% 以上）尚生活在未被交通基础设施和系统覆盖的地区。

2030 年可持续发展议程通过以来，世界各国采取行动推动人类发展、地球保护和经济繁荣等多方面的目标向前迈进，特别是广大发展中国家为探索符合自身国情的发展道路、实现经济社会发展作出了不懈努力，取得令人瞩目的成果。许多国家在减贫、粮食安全、公共卫生、基础教育等方面取得了长足进步，为人类的生存和发展创造了更好的条件。新冠疫情的冲击吞噬了全球多年的发

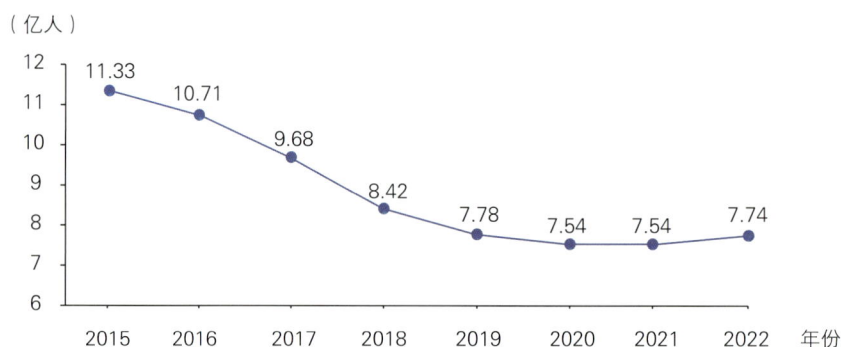

图 1-31　2015—2022 年全球缺乏供电人口

资料来源：Cozzi et al.，2022。

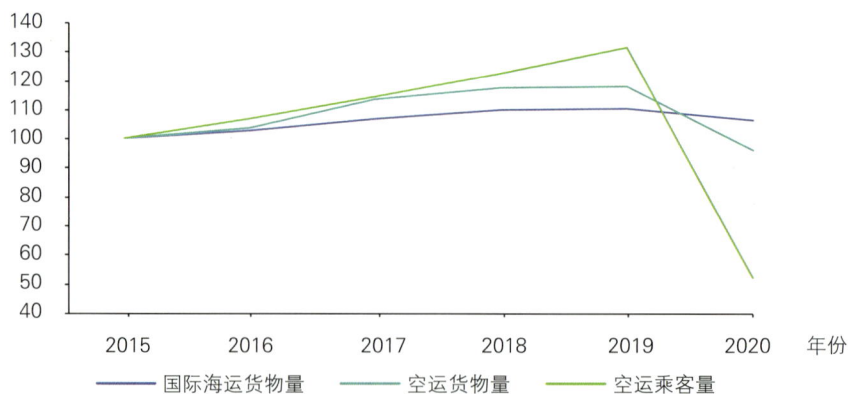

图 1-32　2015—2020 年全球交通运输量（2015 年 =100）

资料来源：联合国贸易和发展会议；世界发展指数数据库；中国国际发展知识中心。

展成果，过去几年的进步势头严重受挫，带来了难以估量的长期负面影响。与此同时，气候变化、生物多样性持续丧失、自然资源过度消耗等问题日益严峻，人类社会的行动速度、力度和效果远不足以遏制环境恶化态势，不同国家、群体间的协调合作和责任分担困境进一步阻碍了相关行动。经济社会的繁荣发展也面临经济增长动力不足、工业化进程放缓、基础设施缺乏等挑战。新兴数字技术突飞猛进，在带来新质生产力的同时也造成以数字鸿沟为代表的新型不平等。处在历史十字路口的世界该何去何从，是当前全人类共同面临的紧迫课题。

参考文献

[1] 可持续发展大数据国际研究中心 . 地球大数据支撑可持续发展目标报告 [R]. 2022.

[2] 联合国 . 实现可持续发展目标进展情况：秘书长的报告 [R]. 2022.

[3] 联合国《生物多样性公约》秘书处 . 全球生物多样性展望（第五版）[R]. 2020.

[4] Aguilar, R. Andres Castaneda, Carolina Diaz-Bonilla, Tony H. M. J. Fujs, et al. September 2022 Update to the Poverty and Inequality Platform (PIP): What's New[R]. World Bank Group. 2023.

[5] Baah, Samuel Kofi Tetteh, R. Andres Castaneda Aguilar, Carolina Diaz-Bonilla, et al. 2023. March 2023 global poverty update from the World Bank: the challenge of estimating poverty in the pandemic[EB/OL]. [2023-03-29].https://blogs.worldbank.org/opendata/march-2023-global-poverty-update-world-bank-challenge-estimating-poverty-pandemic.

[6] BIR (Bureau of International Recycling). World Steel Recycling in Figures 2011-2015: Steel Scrap—a Raw Material for Steelmaking[R]. 2016.

[7] BIR (Bureau of International Recycling). World Steel Recycling in Figures 2016-2020: Steel Scrap—a Raw Material for Steelmaking[R]. 2021.

[8] Cozzi, Laura, Daniel Wetzel, et al. 2022. For the first time in decades, the number of people without access to electricity is set to increase in 2022[EB/OL]. [2022-11-03].https://www.iea.org/commentaries/for-the-first-time-in-decades-the-number-of-people-without-access-to-electricity-is-set-to-increase-in-2022.

[9] FAO (Food and Agriculture Organization). The State of Food and Agriculture 2019: Moving Forward on Food Loss and Waste Reduction[R]. 2019.

[10] FAO (Food and Agriculture Organization). Global Forest Resources Assessment[R]. 2020.

[11] FAO (Food and Agriculture Organization), UNEP (United Nations Environment Programme). 2022. Tackling food loss and waste: A triple win opportunity[EB/OL]. [2022-09-29].https://www.fao.org/newsroom/detail/FAO-UNEP-agriculture-environment-food-loss-waste-day-2022/en.

[12] FAO (Food and Agriculture Organization), IFAD (International Fund for Agricultural Development), UNICEF (United Nations International Children's Emergency Fund), et al. The State of Food Security and Nutrition in the World 2023[R]. 2023.

[13] FAO (Food and Agriculture Organization). 2023. FAO Cereal Supply and Demand Brief[EB/OL]. [2023-07-07].https://www.fao.org/worldfoodsituation/csdb/en/.

[14] Guterres, António. 2023. Secretary-General's remarks to launch the Special Edition of the Sustainable Development Goals Progress Report[EB/OL]. [2023-04-25].https://www.un.org/sg/en/content/sg/speeches/2023-04-25/secretary-generals-remarks-launch-the-special-edition-of-the-sustainable-development-goals-progress-report.

[15] IEA (International Energy Agency). 2023a. Access to electricity[EB/OL]. [2023-05-06]. https://www.iea.org/reports/sdg7-data-and-projections/access-to-electricity.

[16] IEA (International Energy Agency). Global EV Outlook 2023: Catching up with Climate Ambitions[R]. 2023b.

[17] ILO (International Labor Organization). World Employment and Social Outlook: Trends 2023[R]. 2023.

[18] ILOSTAT (International Labor Organization Statistics Database). 2023. Labour Statistics for the Sustainable Development Goals (SDGs)[EB/OL]. [2023-02-24].https://ilostat.ilo.org/topics/sdg/.

[19] IPCC (Intergovernmental Panel on Climate Change). Global Warming of 1.5°C[R]. 2018.

[20] IPCC (Intergovernmental Panel on Climate Change). Climate Change 2022: Mitigation of Climate Change, Summary for Policymakers[R]. 2022.

[21] IPCC (Intergovernmental Panel on Climate Change). Climate Change 2023: Synthesis Report[R]. 2023.

[22] IRENA (International Renewable Energy Agency). Renewable Energy Capacity Statistics 2023[R]. 2023.

[23] ITU (International Telecommunication Union). Measuring Digital Development: Facts and Figures 2022[R]. 2022.

[24] IUCN (International Union for Conservation of Nature). 2023. Summary Statistics[EB/OL]. [2023-08-23]. https://www.iucnredlist.org/resources/summary-statistics#Summary%20Tables.

[25] Kose, Ayhan & Franziska Ohnsorge. Falling Long-Term Growth Prospects: Trends, Expectations, and Policies[R]. World Bank Group, 2023.

[26] OECD (Organization for Economic Cooperation and Development). Global Plastics Outlook: Economic Drivers, Environmental Impacts and Policy Options[R]. 2022.

[27] UN (United Nations). The centrality of employment to poverty eradication: report of the Secretary-General[R]. 2005.

[28] UN (United Nations). Sustainable Transport, Sustainable Development: Interagency Report for Second Global Sustainable Transport Conference[R]. 2021.

[29] UN (United Nations). Progress towards the Sustainable Development Goals: towards a rescue plan for people and planet. report of the Secretary-General (special edition)[R]. 2023a.

[30] UN (United Nations). The Sustainable Development Goals Report 2023 (Special Edition)[R]. 2023b.

[31] UNCCD (United Nations Convention to Combat Desertification). Global Land Outlook (Second Edition). Summary for Decision Makers[R]. 2022.

[32] UNCTAD (United Nations Conference on Trade and Development). Review of Maritime Transport 2022: Navigating Stormy Waters[R]. 2022.

[33] UNDESA (United Nations Department of Economic and Social Affairs). World Population Prospects 2022[R]. 2022.

[34] UNEP (United Nations Environment Programme). Food Waste Index Report 2021[R]. 2021.

[35] UNIDO (United Nations Industrial Development Organization). International Yearbook of Industrial Statistics 2022[R]. 2022.

[36] WHO (World Health Organization). World Health Statistics 2022[R]. 2022.

[37] WHO (World Health Organization). 2023a. Coronavirus disease (COVID-19) pandemic[EB/OL]. [2023-04-17]. https://www.who.int/emergencies/diseases/novel-coronavirus-2019?adgroupsurvey=%7badgroupsurvey%7d&gclid=Cjw KCAjwiOCgBhAgEiwAjv5whPgErppjqtNffizD90rkyskTBgrbd5tl2ZIJpB5b_s-JNT00evjugxoCAHMQAvD_BwE.

[38] WHO (World Health Organization). 2023b. The Global Health Observatory[EB/OL]. [2023-07-14] https://www.who.int/data/gho/data/indicators.

[39] World Bank. Poverty and Shared Prosperity 2022[R]. 2022.

[40] World Bank. Global Economic Prospects[R]. 2023.

第二章
全球发展趋势和展望

当前，全球发展正呈现"6D"趋势，即世界经济增长面临减速风险（Deceleration）、全球发展分化势头上升（Divergence）、经济全球化在曲折中发展（Deglobalization）、绿色低碳发展方兴未艾（Decarbonization）、数字化转型孕育发展新动能（Digitalization）、全球发展的不确定性和不稳定性上升（Destabilization）。只有顺应时代趋势，抓住机遇、迎接挑战，才能为全球稳定、经济复苏与增长奠定坚实基础。

一、世界经济增长面临减速风险

（一）经济增速将大概率放缓

20 世纪 80 年代以来，世界经济迎来了长达 30 年的"大稳健"（Great Moderation）时期，全球经济整体上实现了低通胀的中高速增长。"大稳健"不仅仅是全球主要经济体

在需求侧宏观调控的结果，其内在动力还主要源于供给侧的全球化进展。以中国为代表的新兴经济体融入全球供应链，为世界提供更高性价比的原材料、产品和服务，提高了全球经济潜在增长率，并在世界范围内特别是发达国家中有效抑制了通货膨胀。2008 年国际金融危机是"大稳健"渐趋结束的开端；近年来，受贸易保护主义、新冠疫情和地缘政治冲突等多重因素冲击，世界经济增速出现进一步下滑的态势（见图 2-1）。

世界经济增速面临持续下降的压力。20 世纪 80 年代到 90 年代，世界经济平均增速从不足 2% 一度增至超过 4%，并在多数时间维持在 3% 以上。21 世纪以来，世界经济年均增速已从 2018 年国际金融危机爆发之前 10 年的 3.6% 下降到新冠疫情暴发之前 10 年的 3.2%（Goldman Sachs，2022）。根据世界银行的研究，若各国不采取强有力的政策措施，2022—2030 年，全球年均潜在 GDP

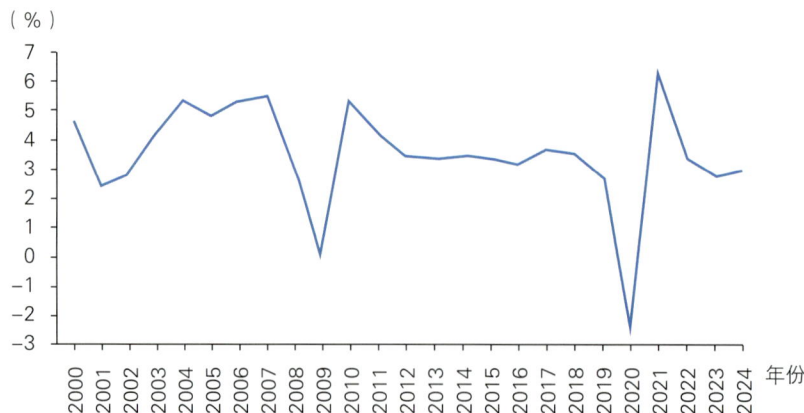

图 2-1 2000—2024 年世界经济增速

注：2023 年和 2024 年数据为预测值。
资料来源：国际货币基金组织。

增速将下降至 2.2%（World Bank，2023a）。国际货币基金组织的压力测试显示，在信贷投放收紧、美元持续升值等风险情景交叠作用下，2023 年和 2024 年全球经济增速进一步放缓的概率较大（IMF，2023）。

（二）技术进步是提升经济增速的关键因素

从生产函数的视角看，在影响全球经济增长的中长期因素中，人口老龄化和物质资本积累放缓将制约经济增速的抬升，提高全球经济潜在增长率的关键在于由技术进步带来的创新动能。

人口老龄化问题从发达国家向发展中国家蔓延。过去 50 年，全球人口从之前年均增长 2% 左右下降至目前的不足 1%，引发全球潜在经济增速下降（Goldman Sachs，2022）。全球生育率已从 20 世纪中叶的平均每个妇女生育 5 个孩子降至 2021 年的 2.3 个，预计到 2050 年将降至 2.1 的人口世代更替率的临界点（UN，2022）。绝大多数发达国家的人口生育率已经下降多年，包括非洲和拉丁美洲在内的不少发展中国家和地区也开始出现出生率下降的趋势。人口增长放缓更深远的影响是老龄化，更少的年轻人承担更高比例退休人员的养老成本，拖累了经济增长（World Bank，2023a）。人力资本红利本是对冲人口增长放缓不利因素影响的关键，然而新冠疫情让低收入国家的儿童和青少年受教育的机会中断，对全球人力资本增长产生了不可忽视的负面影响。

物质资本积累对全球经济增长的贡献放缓。从生产函数来看，持续投入的物质资本是对经济增长贡献率最大的因素。物质资本的增长主要取决于市场主体的财务状况、投资预期和融资环境。除了电子消费品、生物医药、数字科技等个别行业的企业之外，新冠疫情导致全球很多企业的盈利能力下降，进入了资产负债表修复期，投资能力和投资意愿不足，对新增投资项目持谨慎态度。与此同时，从 2022 年开始的紧缩性货币政策抬高了发达经济体金融市场的融资利率，企业特别是科技企业的融资能力受到影响，不利于创新型项目的投融资活动。

技术创新及其扩散效应将成为全球经济增长新动能。技术创新不断拓展人类的知识边界，让各类生产要素和资源能以更高的效率和更有价值的方式实现配置，从而持续扩大经济增长的边界。在人口增长和物质资本积累放缓的背景下，前沿领域的技术创新及其扩散效应是全球经济增速回升的关键。当前，全球发展正处在新一轮科技革命和产业变革的关键节点，新能源、生成式人工智能、自动驾驶、量子技术、未来生物工程等前沿技术正在涌入各行各业，具有扩展商品和服务范围、创新资源要素组合方式、颠覆产业组织模式等特点，是全球潜在增长率提升的重要源泉。与此同时，现代通信和交通基础设施网络在全球的覆盖面不断扩大，加快了创新资源流动和整合带来的技术溢出速度。那些已被市场验证的新兴技术通过全球生产网络向发展中国家扩散，也能产生可观的创新规模效应，支撑全球经济的持续增长。

二、全球发展分化势头上升

（一）全球发展鸿沟在拉大

发展中国家和发达国家"收入趋同"趋势放缓。21 世纪的头 20 年里，发展中国家的经济增速要明显快于发达国家，出现发展经济学所描述的"收入趋同"现象。2000—2019 年，发达国家年均经济增速为 1.97%，而发展中国家为 5.72%。2000 年发展中国家经济总量占全球的比重只有 17.59%，到 2019 年该比重已达 36.60%。但从 2020 年开始，发展中国家年均经济增速仅为 2.83%，比 2010—2019 年的平均水平低了 2.89 个百分点。其中，中东和北非及撒哈拉以南非洲 2021 年的增长率仍低于发达国家平均水平。2017—2021 年，衡量国家间不平等程度的指标值上升了 1.2%，是近一代人中第一次上升（UN，2022），发展中国家和发达国家"收入趋同"的进程被按下了"慢进键"。

全球不同阶层间收入差距扩大。新冠疫情对劳动密集型制造业和服务业的就业冲击较大，金融、信息等中高端生产性服务业的就业得以通过线上办公系统延续，中低技能劳动者的收入受到了更大影响。新冠疫情期间，全球最贫穷人口的收入损失百分比是最富有人口的两倍（World Bank，2022）。低收入者在食品和能源方面的支出比重更高，近年来的物价上涨也降低了其财富积累速度。而受益于各国政府的宏观刺激性政策，高收入者在通信、医药、金融等领域所持有的资产增值明显，全球财富差距较收入差距更加显著。2021 年，全球最富裕的前 10% 人口占有全球财富的 76%，而最贫穷的一半人口只占有全球财富的 2%（见图 2-2）。

（二）发展中国家经济复苏难度更大

多重外部冲击对全球所有国家和地区都产生负面影响，但相较而言，发达国家具有更丰厚的物力财力，财政和货币政策空间更大，拥有更多更具活力的市场主体，市场更具广度和深度，经济复苏的韧性更强。发展中国家的经济增长轨迹被外部冲击干扰后，面临增长动力减弱、政府债务高企、资本外流压力加大、粮食价格波动等多重风险挑战，经济复苏难度明显高于发达国家。未来两年，新兴市场和发展中经济体的人均收入年均增长率预计仅为 2.8%，比 2010—2019 年的平均水平低了一个百分点（World Bank，2023a）。

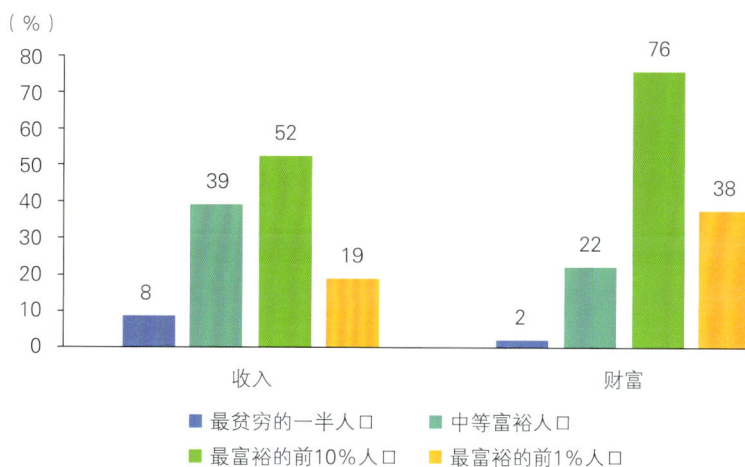

图 2-2 2021 年全球各群体收入（财富）在总收入（财富）中的占比

资料来源：世界不平等实验室数据库。

"疤痕效应"削弱发展中国家的增长动力。新冠疫情对全球经济不仅产生了短期冲击，还形成了"疤痕效应"，导致生产力下降、投资不足、创新受抑制等中长期问题（G20 Framework Working Group，2022）。由于以下三方面原因，"疤痕效应"对发展中国家的影响将更加深远。一是投资的内源不足。发展中国家的经济增长更依赖于外部投资，而全球资金有回流至发达国家的趋势。2022—2024 年，新兴市场国家的总投资年平均增长率预计为 3.5%，不足过去 20 年平均水平的一半（World Bank，2023a）。二是发展中国家政府依靠自身政策干预的空间和有效性不足。当前发达国家宏观经济政策从宽松转向紧缩，对发展中国家有负面的溢出效应，增加了后者运用财政和货币政策工具的成本。三是发展中国家人口结构相对年轻化，新冠疫情中断教育活动对其人力资本的负面影响更大，发展中国家释放潜在人口红利的难度加大。

高负债率束缚了发展中国家的发展能力。2021 年发展中国家的外债存量（11.1 万亿美元）是 2000 年的近 5 倍，外债与 GDP 的比率从 2008 年的 22.8% 升至 2021 年的 30.6%（UNCTAD，2023a）。融资条件收紧、增长疲软和债务水平上升给新兴市场和发展中国家带来了巨大的财政挑战。当前，约 15% 的低收入国家处于债务困境中，另有 45% 的低收入国家和约 25% 的新兴市场经济体面临债务困境的高风险（World Bank，2023b）。部分新兴市场和发展中国家还出现较大幅度的本币贬值，提高了主权债务违约风险。高负债率不仅会迫使发展中国家政府降低在经济和民生方面的支出，还会削弱其应对外部冲击的能力。

汇率波动和资本外流增加了发展中国家经济复苏的难度。当前发达国家货币政策的收紧引发国际资本波动，对新兴市场和发展中国家产生资本外流、货币贬值和资产价格调整压力，增加了发展中国家的金融不稳定性和经济下行风险。为了应对更严重的资本外流和货币贬值压力，许多发展中国家的货币当局延长了国内紧缩周期，或利用外汇储备来抵御汇率波动。这会推高发展中国家融资成本，加大其偿债压力，使其陷入"汇率震荡—资本外流—融资成本升高—偿债困难"的困境。

发展中国家在粮食安全方面首先受到冲击。新冠疫情、极端气候和地缘政治冲突增加了粮食安全的脆弱性，全球粮食供需状况有所恶化。全世界约有 1/10 的人在遭受饥饿的折磨，近 1/3 的人无法正常获得充足的食物（UN，2022），79 个国家的共 3.49 亿人处于严重粮食不安全状态（WFP，2022）。虽然 2022 年联合国粮食及农业组织食品价格指数有所下降，但仍高于 2021 年和 2020 年的水平（见图 2-3）。由于发展中国家恩格尔系数更高，因此粮食成本上涨会直接冲击

其规模庞大的中低收入家庭，成为影响社会稳定的重要因素。

（三）南南合作是全球发展的重要力量

以金砖国家为代表的新兴市场和发展中国家要携手合作。发展承载着人民对美好生活的向往，是发展中国家的第一要务。金砖国家是发展振兴道路上的同行者。国际货币基金组织数据显示，金砖国家的 GDP 之和占全球 GDP 的比重从 2001 年的 8.4% 上升至 2022 年的 25.8%。金砖国家在不断推动自身发展的同时，也为新兴市场和发展中国家共同发展作出积极贡献。金砖国家倡议设立的新开发银行已批准 98 个项目，贷款总额超过 330 亿美元，为弥补全球发展融资缺口发挥了重要作用，推动了发展中国家在基础设施建设、绿色发展、新型工业化、数字经济等

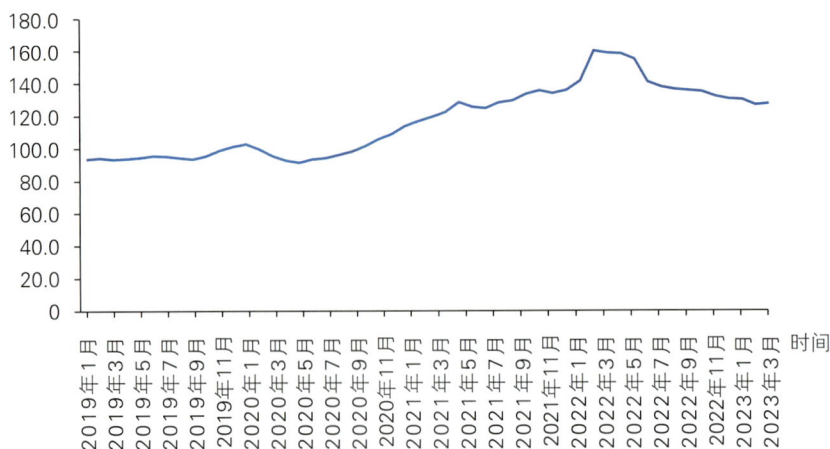

图 2-3　2019 年 1 月—2023 年 3 月联合国粮食及农业组织食品价格指数

资料来源：联合国粮食及农业组织。

重点领域的进展。2023 年 8 月，金砖国家实现历史性扩员，体现了金砖国家同其他发展中国家团结合作的决心，符合新兴市场和发展中国家共同利益。

要推动全球经济治理机制朝着更有利于新兴市场和发展中国家的方向改变。发展中国家同呼吸、共命运，要坚定维护发展中国家共同利益，提升其在全球经济治理中的代表性和发言权。2020—2025 年，二十国集团轮值主席国除 2021 年由意大利担任外，其他年份均由发展中国家担任。发展中国家在推动二十国集团重视 2030 年可持续发展议程、支持发展中国家的发展上具有高度共识，促进了各方关注粮食和能源安全、公共卫生、经济金融稳定等发展中国家面临的迫切风险挑战，加大对发展中国家的支持。例如，2022 年轮值主席国印度尼西亚推动设立疫情大流行基金，为有关发展中国家渡过难关提供了支持。

三、经济全球化在曲折中发展

（一）泛安全化抬高全球发展成本

泛安全化降低全球经济发展效率。在上一轮全球化中，"效率"是决定全球分工的主导因素，关税及非关税贸易壁垒是全球化的主要障碍。近年来，单边主义和保护主义有上升的趋势，地缘政治成为影响新一轮全球化的重要因素。一些国家以"安全"为名，把经贸问题政治化、工具化、武器化，使用

投资限制、歧视性补贴、单边制裁等手段，破坏市场规则和公平竞争原则。跨国公司在全球布局调整时，不得不增加对地缘政治因素的考量权重，在有些产业领域甚至将其作为决定性因素，这导致全球价值链持续扩张趋势放缓（OECD，2023a）。相比于贸易数据，对外直接投资是全球化的风向性指标，在全球贸易绝对规模增长尚可的情况下，全球外国直接投资增长明显放缓。根据国际货币基金组织测算，全球外国直接投资占全球 GDP 的比重从 2000 年前后的 4%~5.5% 下降到 2018—2022 年的 1.5%~2%。

泛安全化削弱发展中国家共享全球化红利的能力。效率导向的全球化根植于专业分工、产业集聚和规模效应。相对于发达国家，经济全球化遭遇逆流对新兴市场和发展中国家特别是中小型经济体将产生更大的冲击。在全球生产网络的分工体系之下，生产体系和技术能力并不完备的发展中国家也可以参与全球供应链。中小型发展中国家不需要在一国之内建立完整的全产业链，可以专注于商品的某一生产环节并形成规模效应。在一个泛安全化的全球经济体系中，这些国家则可能失去全球价值链规模效应形成的机会，扩大生产和产业升级的道路都更加艰难。

泛安全化反而降低了全球发展的安全性。在新冠疫情冲击和地缘政治冲突风险下，全球生产网络仍能表现出较强的韧性，正是由于以效率为导向的分工体系能够高效、灵活、

迅速地调整。而在泛安全化的全球经济中，效率的降低和成本的提升已是必然趋势，但这种代价并不能换来长远的安全。在一个泛安全化的全球经济体系中，全球供应链的分工必然会出现局部关键环节的分割。当未来再次出现全球健康危机或者全球性极端气候灾害时，建立在更低效率和更高成本基础上的全球生产网络调配资源的能力下降，其应对冲击时的调整余地、缓冲空间和协作能力都会变小，全球发展的稳健性和持续性都将减弱。

（二）经济全球化是不可逆转的历史大势

全球贸易网络仍然富有活力。虽然全球贸易强度（全球贸易额占全球经济总量的比重）有所下降，但从绝对量上看，全球进出口贸易总额仍在波动中呈现上升趋势。在新

冠疫情暴发之后的 2020—2022 年，全球贸易仍保持年均 3% 的小幅度上涨。新冠疫情屡次冲击全球产业链供应链，但深度分工的全球生产网络仍然表现出较好的抗压性和自我调整能力。虽然全球供应链出现过如汽车芯片或其他零部件紧缺的情况，但主要产业未遭遇长时间的供应链断裂。2019—2021 年，全球货物贸易的出口额保持了年均 10.3% 的增长，较好地满足了全球快速增长的医药物资、电子产品的需求（见图 2-4）。

服务贸易成为经济全球化的新亮点。即使受新冠疫情影响，服务贸易总量也仅在 2020 年有所下降，2021 年就迅速回升至接近疫情前的水平，2022 年则增长了 15% 至 6.8 万亿美元。服务贸易占全球 GDP 的比重从 1975 年的 6% 升至 2019 年的 14%，新冠疫情后略有下滑（2021 年为 12%）。2019—2022 年，在国际旅游服务业和交通服务业贸易出现明显萎缩的情况下，其他商业服务贸易量

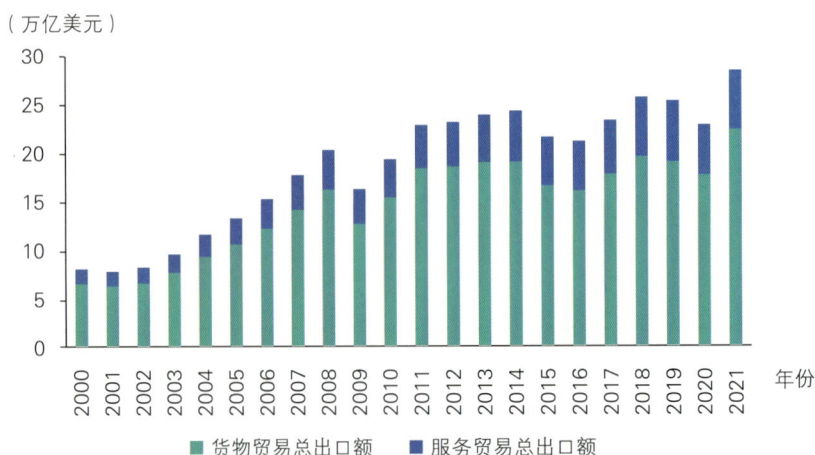

（万亿美元）

图 2-4　2000—2021 年世界货物及服务贸易出口额

资料来源：作者根据世界贸易组织数据库整理计算。

保持了年均5%的较快增长（WTO，2023）。得益于通信技术的发展和远程协同办公场景的拓展，软件会员订阅、客服电话外包服务等生活性服务业贸易和软件开发外包、影视传媒外包、创新协同外包等生产性服务贸易成为全球贸易重要的增长点和新的推动力。

推动更完善的经济全球化是大势所趋。经济全球化是时代潮流，没有哪个国家能够承受逆全球化的代价。从长期来看，效率和成本导向的国际分工底层逻辑不会发生根本转变。不可否认，经济全球化的红利并未惠及各国内部的所有群体，在新冠疫情和地缘政治冲突的冲击下，各国也更重视供应链的安全性。但泛安全化概念并不能解决全球化既有的缺陷。当前全球化的调整，既要重视各国对合理安全的关切，更应坚持共同、综合、合作、可持续的新安全观，寻求全球分工合作的最大公约数，将"安全"界定在极其有限的范围内。只有在相互信任、相互尊重、团结合作的基础上寻求更好的全球化，才能不断推动建设开放型世界经济，让各国在安全稳定的全球产业链供应链上分享发展红利。

四、绿色低碳发展方兴未艾

（一）全球绿色产业发展提速

可再生能源发展势头强劲。过去5年，可再生能源发电装机容量在全球新增发电装机容量中约占70%，可再生能源在全球新增发电量中约占60%（IEA，2021）。全球可再生能源发电装机容量在2022年达到3372吉瓦，较2021年增加了295吉瓦，同比增加了约9.6%，增速远高于同期化石燃料消费量增速（IRENA，2023）。国际能源署预测，全球清洁能源发电比例到2025年将升至33%。2023年能源转型委员会（ETC）指出，从现在起到2050年，平均每年需要约3.5万亿美元的资本投资才能构建净零全球经济，远高于目前需要的每年1万亿美元，相当于未来30年潜在全球年均GDP的1.3%。从商业可行性来看，绿色能源也已步入了"技术创新—规模运营—成本下降"的良性循环，2010—2021年，太阳能和风能发电成本下降的幅度在60%~88%（IRENA，2023）。

新能源汽车产业实现指数级发展。提高新能源汽车的比重，是公路交通运输脱碳最有效且最具商业可行性的发展路径。近年来，随着新能源汽车在世界范围内被接受程度的逐渐提高，其市场正呈现指数级增长，2022年全球新能源汽车销售已超过1000万辆。国际能源署2023年预计，随着全球新能源汽车渗透率提高，全球道路运输的石油需求将在2025年前后达到峰值。当前，许多国家都将新能源汽车和动力电池作为核心产业之一，在电池、电机、电控以及充电配套等方面的技术创新层出不穷。自2018年以来，新能源汽车续航里程平均每年增长10%（BNEF，2023），未来"车电互联技术"①将推动新能源汽车进一步发挥减碳作用。

发展中国家在全球绿色转型中的作用日益凸显。在新能源设备制造端，新兴大国推动新能源相关产业的大规模商业化和产业化，对加快全球绿色低碳转型形成明显的溢出效应。在新能源生产运营端，发展中国家拥有丰富且成本较低的"绿色经济"和"蓝色经济"的生产要素（戈壁土地和海岸线），具备大规模的太阳能、风能和氢能生产潜力。2022 年，中国可再生能源发电装机总量达 1210 吉瓦，首次超过煤电装机总量（国家能源局，2022）；巴西光伏总装机容量新增 9.0 吉瓦，同比增长 73.3%；印度光伏总装机容量新增 13.96 吉瓦，同比增长近 40%。

（二）严峻形势呼唤加大绿色低碳发展力度

发展中国家受气候变化影响尤为严重。2015—2022 年是人类有记录以来温度最高的 8 年，冰川融化和海平面上升在 2022 年再次达到了创纪录的水平（WMO，2022）。2022 年，非洲的持续干旱、巴基斯坦的破纪录降雨等影响了发展中国家的数千万人，造成了数十亿美元的损失，并推高了粮食安全风险。由于生态环境、产业结构和社会经济发展水平等方面的原因，广大发展中国家

比发达国家更易受到气候变化的不利影响。同时，由于适应气候变化的能力普遍较弱，发展中国家也更易因气候灾害而深陷贫困之中。

加快全球发展的绿色低碳转型势在必行。近年来，已发生的极端天气灾害事件尚属于局部的阶段性风险，但若温度升高 1.5℃~3℃，全球 34 个生物多样性热点地区的物种灭绝风险会增加 10 倍；若温度升高 3℃以上，则直接的洪涝灾害风险要比当前多 2.5~3.9 倍（IPCC，2023）。为避免全球气候变暖对环境产生不可逆的影响，以更大的力度加快全球发展的绿色低碳转型势在必行。

五、数字化转型孕育发展新动能

（一）数字技术为全球发展提供了新动力

新冠疫情客观上加快了全球数字化进程。新冠疫情阻碍了物理空间中的人员流动和物流运输，但也推动了数字技术为各类要素赋能，加速了各行业的数字化转型。2022 年，世界 80 亿人口中有约 53 亿人（占世界人口的 66%）使用互联网，比 2021 年增加 4 亿人，明显高于新冠疫情前的水平（见图 2-5）。数字化渗透率的提高，拓展了要素配置的范围，

---

① 即由光伏、风能等新能源发电，给新能源汽车提供电力，其核心思想是将大量电动汽车的动力电池视作储能源，当电网负荷过高时由电动汽车储能源向电网馈电，当电网负荷过低时用电动汽车储能源来存储电网过剩的发电量，避免造成浪费。

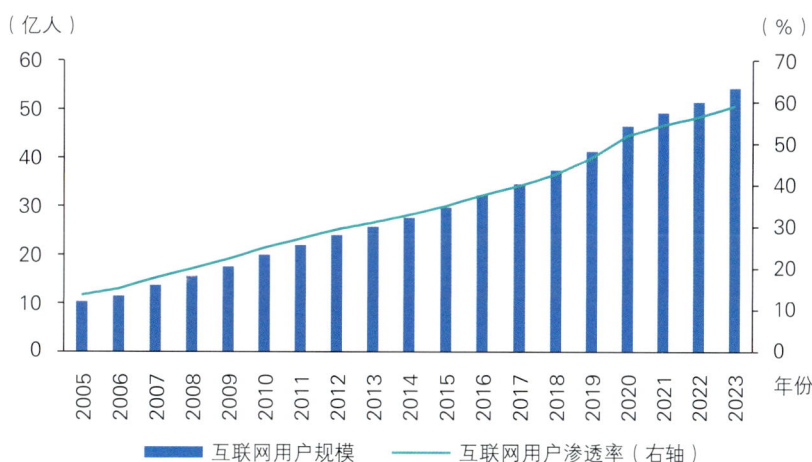

图 2-5　2005—2023 年全球互联网用户情况

资料来源：国际电信联盟。

提升了资源利用效率，提高了商品和服务的可及性，极大弥补了全球发展在物理空间中的损失。2021 年，全球 47 个国家数字经济增加值规模为 38.1 万亿美元，同比名义增长 15.6%，占 GDP 比重为 45.0%（中国信息通信研究院，2022）。全球发展的数字化转型加速，在生产、消费和流通这三个领域都有反映。

数字化提高了生产端的效率和韧性。数字化技术推动了生产流程的自动化和智能化。全球工业自动化和控制系统市场规模预计在 2030 年达到 3772.5 亿美元，2023—2030 年的复合年增长率预计将达到 10.5%（Grand View Research，2023）。数字化技术加速了全球产业链分工的深化，产业组织由传统的以链式结构为主演变为多主体协同的开放式分工合作网络，众多中小企业以众包、众设的方式参与协同研发、协同设计和协同制造。数字化技术还强化了全球生产

网络的韧性。随着数据获取、数据存储、数据建模和数据可视化技术愈发成熟，当全球生产网络中出现一个链条端点断裂时，数字化生产平台可通过智能化手段自动匹配可能的供应商或需求商，来恢复产业链的稳定性。

数字化加速催生消费新模式。新冠大流行培育了居民"无接触"消费的习惯，加快了全球零售商和消费品企业的新零售布局。更多企业依托电子商务和数字支付技术精准触达并获取消费者。2017—2021 年，全球网上购物人数从约 13 亿增至 23 亿，占 15 岁及以上人口的 39%（UNCTAD，2021）。消费互联网和工业互联网平台的对接，还提高了从消费端到生产端的匹配效率。企业从电子商务平台的交易数据中获得实时反馈，消费者依托"C2M"的模式参与设计制造，消费者、贸易商和供应商的供需信息传递更为通畅，消费环节与设计、生产环节的连接更

为紧密。同时，"小单快返"的生产组织模式满足了全球消费者的尾部需求，出现了规模可观的新型生产者和消费者群体。

物流数字化提高现实世界的互联互通性。新冠疫情期间，各国企业加快采用数字技术优化物流供应链，推动了"万物互联"的物联网建设，在物理空间和数字空间中打造出"数字孪生"系统，形成了更加安全和高效的智能化物流体系。2021 年，全球物联网企业级投资规模约为 6812.8 亿美元，有望在 2026 年增至 1.1 万亿美元（IDC，2023）。在物联网平台上，企业以人工智能和云计算为基础，通过无人车、无人机、无人货柜等技术设施，提升配送速度和仓储效能，加快了从供给端到需求端的经济循环速度。

新一轮数字技术创新有较大的发展潜力。据有关机构预测，到 2026 年全球数字化转型支出将达到 3.4 万亿美元，未来几年复合年增长率为 16.3%（IDC，2023）。其中，智能制造、金融科技、数字诊疗、教育科技等较为成熟的领域的投资增长较快。2022 年以来，ChatGPT 等通用预训练模型应用工具的问世，使得人工智能技术的发展前景更受世人瞩目。以大语言模型为基础的通用人工智能可以理解自然语言、图像、音频和视频并做出响应，其应用领域并不仅限于文字处理，还将改变人类与计算机、知识之间的关系（Berkeley and Berlin，2023）。它既可帮助人类加速开发新药、设计新材料，也可通过传感器数据和文本训练来控制机器人。作为

一种通用的技术，人工智能将提高既有产业的效率，并有望创设新产业、新赛道，是全球未来增长的重要潜在动力。

（二）数字鸿沟制约发展中国家共享数字红利

数字技术有助于推动发展中国家的发展。总体而言，数字技术赋能低技能劳动者，扩大了全球市场专业化分工范围，在促进相关产业发展的同时，也增加了新的就业机会。特别是对新兴市场和发展中国家而言，数字技术的可复制性和可移植性有利于这些国家在数字化赛道上加快实现工业化和城镇化。例如，数字技术加快了技术扩散和知识溢出速度，让后发国家的企业更容易通过从事全球价值链的特定生产任务而进入全球市场；数字教育扩大了高质量教育在发展中国家的传播范围，让更广范围的人参与技能提升和收入提高的良性过程；数字支付工具提高了现代金融在落后地区的可及性；人工智能标识工作让更多低技能劳动力进入现代生产部门。

数字鸿沟有可能削弱发展中国家的比较优势。发展中国家与发达国家之间仍存在巨大的数字鸿沟。直至 2021 年，发展中国家使用互联网的人口比例才首次超过一半（57%），远低于发达国家比例（90%）（UNCTAD，2023b）；在最不发达国家和内陆发展中国家，仅 36% 的人口使用互联

网（国际电信联盟，2022）。数字鸿沟的存在，让数字技术创新对各国产生非均质的影响。以人工智能为代表的新一轮数字技术创新，是知识密集型、资本密集型和算力密集型的创新，会引发全球人才、资金和能源等要素与资源向这一领域倾斜，实现的是对劳动力密集型比较优势的替代。高盛使用美国和欧洲的职业任务数据发现，生成式人工智能最多可能替代当前工作的1/4，可能使全球3亿人的工作岗位面临被自动化取代的风险（Goldman Sachs，2022）。不同国家在数字领域的资源禀赋和比较优势存在较大差异。发达国家在技术、资本和算力上的比较优势将进一步增强其通过数字技术掌控产业链和价值链从而实现"再工业化"的能力。对于一些工业化水平较低的发展中国家而言，人工智能的发展有可能使其失去低成本劳动力的比较优势。

六、全球发展的不确定性和不稳定性上升

（一）世界进入新的动荡变革期

全球性的非预期风险频发。当今世界形势风云变幻，百年未有之大变局加速演进，全球发展正在经历大调整、大分化、大重组，不确定、不稳定、难预料因素增多。近年来，全球地缘政治形势严峻，一些国家仍存在冷战思维，引发了一些具有全球影响力的非预期风险事件。这些非预期尾部风险所合成的"多重危机"已不只是一个个独立的"黑天鹅"事件，在风险概率分布图上表现出"肥尾风险"的特征（见图2-6）。各个国家和地区通过全球生产、物流、贸易等网络，越来越紧密地联结在一起，这也使得非预期风险更容易出现跨领域和跨地区的传播、扩散和

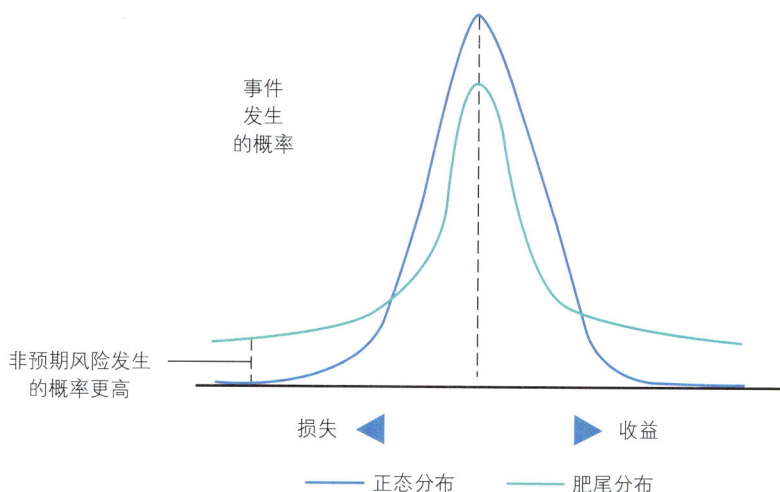

图2-6　非预期风险的肥尾特征与传统正态分布特征对比

资料来源：作者自制。

放大，成为具有全球影响力的风险，对全球发展造成深远冲击。

人工智能等新技术可能带来新的风险。技术进步并不只为全球发展带来新动力，当技术层面的创新超越了制度层面的创新，也有可能引发意料之外的技术失控风险。例如，以ChatGPT为代表的生成式人工智能所涉及的参数已经达到千亿级，且仍在不断增加，连其缔造者都无法完全洞察其内部运作方式，这种以机器学习模型为基础的"黑匣子"，有可能产生人类无法理解、无法预测和无法控制的输出结果。如果相应的治理体系和监管制度没有建立，人工智能技术会降低传播虚假信息、煽动社会偏见、操作股票价格、实施金融诈骗、冲击网络安全、合成生物病毒等行为的技术门槛，让这些具有破坏性的风险行为更加"有效率"。当前，以人工智能为代表的新技术领域是各国竞争的焦点。在全球技术创新协同治理体系尚未建立的情况下，国家之间的竞争固然会加速新技术的指数级发展，但其中因技术失控引发的安全问题容易被忽略，可能会对全球发展产生不可控且不可逆的系统性风险。

（二）加强国际合作和全球治理更为必要和紧迫

风险和危机中孕育着变革和发展的力量。风险是全球发展过程中必然会存在的，化危为机恰是人类社会发展的重要动力之一。事实上，人类正是通过应对各种自然风险、经济金融风险、健康疾病风险等挑战，才逐渐形成更强大的生存技能、技术水平和制度保障，并在有效管理风险的同时达到更高的发展水平。在全球发展过程中，风险管理的政策目标并不是消灭风险，而是提升发展韧性，避免多种风险在同一时间内急速爆发为系统性风险，特别是要避免可能对人类社会造成不可逆转的伤害的系统性风险。

全球风险敞口的扩大呼唤更有效的治理体系。在现代社会中，风险治理能力的高低直接影响着发展机会的大小。要成功应对风险，必须具备主动、系统、综合的风险治理能力，提前进行物资储备、知识储备、资金储备和制度储备，才能避免局部风险传递蔓延为全局危机。然而，现有各国的风险治理体系主要是为预期性风险做准备，而当前已发生和未来潜在的非预期风险规模大、范围广、影响深，已经超出了单一国家的风险治理能力。特别是那些生态环境、物质基础和技术能力都更为脆弱的国家（主要是发展中国家），其自身风险治理能力有限，更容易受到非预期风险的巨大冲击。人类过往应对全球性风险事件的经验表明，风险的传播和演化具有"木桶效应"。只有建立全球风险治理协作体系、提高发展中国家在全球治理中的代表性和发言权、在主要国家之间达成共识并建立共同行动机制，才能有效弥补发达国家和发展中国家之间、大国和小国之间风险治理能力的不均衡，提高在全球范围内资源调配的效率，提高全球应对危机和风险的韧性，避免以邻为壑的风险规避行为，保障人类社会的可持续发展。

总体而言，人类在预测未来发展趋势和前景时，倾向于高估冲击的短期影响，低估长期影响。我们正处于全球发展的十字路口，历史的钟摆朝向何方，取决于我们的抉择。

多重外部冲击是一把双刃剑，当外部风险以非线性的方式冲击人类社会时，全球也通过加速技术迭代、重塑动力和治理机制等方式应对，这不仅有助于提高人类社会应对冲击时的韧性，为全球稳定、复苏与增长奠定坚实基础，也孕育着更加包容、更加普惠、更有韧性的全球发展格局。

参考文献

[1] 国际电信联盟 . 2022 年全球连通性报告 [R]. 2022.

[2] 国家能源局 . 2022 年我国可再生能源发展情况 [R]. 2022.

[3] 中国信息通信研究院 . 全球数字经济白皮书（2022 年）[R]. 2022.

[4] Berkeley and Berlin. How AI Could Change Computing, Culture and the Course of History[J]. The Economist, 2023(16):55-65.

[5] BNEF (Bloomberg New Energy Finance). Electric Vehicle Outlook 2023[R]. 2023.

[6] CDP (Carbon Disclosure Project). Missing the Mark: CDP temperature ratings-2022 analysis[R]. 2023.

[7] ETC (Energy Transition Commission). Financing the Transition: How to Make the Money Flow for a Net-Zero Economy[R]. 2023.

[8] G20 Framework Working Group. Internal Document on Scarring Effects of G20 Members[R]. 2023.

[9] GCP (Global Carbon Project). Global Carbon Budget 2022[R]. 2022.

[10] Goldman Sachs. The Path to 2075—Slower Global Growth, But Convergence Remains Intact[R]. 2022.

[11] Goldman Sachs. The Potentially Large Effects of Artificial Intelligence on Economic Growth[R]. 2023.

[12] Grand View Research. Industrial Automation And Control Systems Market Growth & Trends[R]. 2023.

[13] IDC (International Data Corporation). Worldwide Digital Transformation Spending Guide (V1 2022)[R]. 2022.

[14] IDC (International Data Corporation). Worldwide Artificial Intelligence Spending Guide[R]. 2023.

[15] IEA (International Energy Agency). Global Energy Review 2021[R]. 2021.

[16] IEA (International Energy Agency). How to Avoid Gas Shortages in the European Union in 2023[R]. 2022.

[17] IMF (International Monetary Fund). World Economic Outlook: A Rocky Recovery[R]. 2023.

[18] IPCC (Intergovernmental Panel on Climate Change). Climate Change 2021: The Physical Science Basis[R]. 2021.

[19] IPCC (Intergovernmental Panel on Climate Change). AR6 Synthesis Report: Climate Change 2023 (longer report)[R]. 2023.

[20] IRENA (International Renewable Energy Agency). Renewable Capacity Statistics 2023[R]. 2023.

[21] ITU (International Telecommunication Union). Measuring Digital Development Facts and Figures 2022[R]. 2023.

[22] Michael Spence. Secular Inflation[N]. Project Syndicate, 2022-10-14.

[23] OECD (Organization for Economic Cooperation and Development). Deglobalisation? The Reorganisation of GVCs in a Changing World[R]. 2023a.

[24] OECD (Organization for Economic Cooperation and Development). Raw Materials for the Green Transition: Production, International Trade and Export Restrictions[R]. 2023b.

[25] Thomas Philippon. Additive Growth (working paper series of National Bureau of Economic Research)[R]. 2022.

[26] UN (United Nations). Policy Brief: Education during COVID-19 and beyond[R]. 2020.

[27] UN (United Nations). The Sustainable Development Goals Report 2022[R]. 2022.

[28] UNCTAD (United Nations Conference on Trade and Development). Digital Economy Report 2021[R]. 2021.

[29] UNCTAD (United Nations Conference on Trade and Development). Escalating debt challenges are inhibiting achievement of the SDGs[R]. 2023a.

[30] UNCTAD (United Nations Conference on Trade and Development). SDG Pulse 2022—UNCTAD takes the pulse of the Sustainable Development Goals[R]. 2023b.

[31] UNEP (United Nations Environment Programme). Emissions Gap Report 2019[R]. 2019.

[32] UNDP (United Nations Development Programme). COVID-19 and Human Development: Assessing the Crisis，Envisioning the Recovery[R]. 2020.

[33] United Nations Department of Economic and Social Affairs, Population Divisio. World Population Prospects 2022: Summary of Results[R]. 2022.

[34] Will Horner. China's Demand for Oil Hits Record as IEA Raises Global Forecasts[N]. The Wall Street Journal, 2023-05-16.

[35] WMO (World Meteorological Organization). The State of the Global Climate 2022[R]. 2022.

[36] World Inequality Lab. World Inequality Report 2022[R]. 2022.

[37] World Bank. Poverty and Shared Prosperity 2022: Correcting Course[R]. 2022.

[38] World Bank. Falling Long-Term Growth Prospects: Trends, Expectations, and Policies[R]. 2023a.

[39] World Bank. Global Economic Prospects[R]. 2023b.

[40] WEF (World Economic Forum). The Global Risks Report 2023 (18th Edition)[R]. 2023.

[41] WTO (World Trade Organization). Global Trade Outlook and Statistics[R]. 2023.

[42] WFP (World Food Programme).WFP Global Operational Response Plan 2022[R].2022.

[43] WMO (World Meteorological Organization). WMO Greenhouse Gas Bulletin (GHG Bulletin)—No.17: The State of Greenhouse Gases in the Atmosphere Based on Global Observations through 2020[R]. 2021.

[44] WMO (World Meteorological Organization). The State of the Global Climate 2022[R]. 2022.

第三章
构建全球发展共同体

当前，全球面临气候变化、环境污染、生物多样性持续丧失、粮食和能源安全风险加大、发展鸿沟进一步拉大等多重挑战，地缘政治局势紧张、全球治理混乱失序状况未得到有效缓解，原有的全球发展共识消减、发展动能趋弱、发展进程受阻、发展成果低于预期，落实 2030 年可持续发展议程遇阻，全球发展处在历史的十字路口。在更加不稳定、不确定的世界形势下，中国提出全球发展倡议，发出了聚焦发展、重振合作的时代强音，为破解发展难题、推进全球发展事业贡献力量。全球发展倡议以加快落实 2030 年可持续发展议程为目标，倡导共建团结、平等、均衡、普惠的全球发展伙伴关系，推动实现更加强劲、绿色、健康的全球发展，共建全球发展共同体。

一、以正确的理念推进全球发展

发展承载着人民对美好生活的向往，是人类社会永恒的主题，是解决诸多重大问题的关键。发展对于发展中国家来说尤为重要，是发展中国家的第一要务。促进全球发展，弥合发展赤字，需要坚持发展优先、坚持以人民为中心、坚持普惠包容、坚持创新驱动、坚持人与自然和谐共生、坚持行动导向，在合作共赢的基础上推动各国共同合作和可持续发展，构建全球发展共同体。

（一）坚持发展优先

发展中出现的问题只能通过发展解决，只能在发展中解决。当务之急是全世界共同做大发展蛋糕、凝聚促进发展的国际共识，特别是将发展议题置于国际议程中心位置，共同营造有利于发展的国际环境、共同培育全球发展新动能、共同构建全球发展伙伴关系，更快、更有效地回应发展中国家的急迫诉求，帮助其解决发展中的难题，共享全球发展的机遇和成果。

坚持发展优先，有以下重点行动方向：要坚持经济全球化正确方向，推动贸易和投资自由化便利化，推进双边、区域和多边合作；要把发展置于全球宏观政策框架的突出位置，充分利用已有机制和平台促进国际宏观经济政策协调；要树立发展共同体意识，强化系统观念，加强政策信息的透明、共享和协调，保持政策的连续性、稳定性、可持续性；要推动国际货币金融体系改革，强化发达国家与发展中国家的政策沟通、金融合作，把控好货币政策外溢效应，减少对发展中国家的冲击；要构建可持续、可信任的全球和区域金融安全网，为新兴市场和发展中国家提供更加系统的保护；要扩大数字技术的使用，提升金融普惠性和跨境支付的效率。

（二）坚持以人民为中心

以人民为中心，就是把生存权和发展权作为首要的基本人权，协调增进全体人民的经济、政治、社会、文化、环境等各方面权利，呵护人的生命、价值和尊严。坚持以人民为中心的全球发展，就是将增进人民福祉、实现人的全面发展作为出发点和落脚点，把各国人民对美好生活的向往作为努力目标，努力实现不让任何一国、任何一人掉队。

坚持以人民为中心，有以下重点行动方向：要在发展中保障和改善民生，保护和促进人权，做到发展为了人民、发展依靠人民、发展成果由人民共享，不断增强民众的幸福感、获得感、安全感；要让发展更加平衡、发展机会更加均等、发展成果人人共享，提升发展公平性、有效性、协同性；坚持以人民为中心的发展观，使发展目标更加具体、更加现实、更具可操作性，有助于让发展带来看得见、摸得着的实惠；当前粮食和能源安全是全球发展面临的紧迫挑战，应将粮食和能源的可及性作为坚持以人民为中心的全球发展的优先事项。

（三）坚持普惠包容

人类是一个一荣俱荣、一损俱损的命运共同体，各国一起发展、共同繁荣才是真发展、好发展。针对当前发展中出现的南北鸿沟、数字鸿沟、技术鸿沟等不平衡不充分问题，各国应更加重视发展的普惠性、协调性和包容性。

坚持普惠包容，有以下重点行动方向：要坚持个人利益与集体利益、国家利益与全人类共同利益的有机统一；要关注发展中国家的特殊需求，加强国际发展合作，为发展中国家营造更多发展机遇和空间，实现自主和可持续发展；要构建更加平等均衡的全球发展伙伴关系，推动多边发展合作进程协同增效，着力解决国家间和各国内部发展不平衡不充分问题；发达国家应尽快兑现官方发展援助和气候资金承诺，多边开发银行应继续坚持减贫和发展定位，加大对发展中国家的支持力度。

（四）坚持创新驱动

创新是引领发展的第一动力。新技术、新产业的不断涌现，为提高劳动生产率、减少资源消耗、优化经济结构、实现可持续发展创造了条件、提供了动力。

坚持创新驱动，有以下重点行动方向：要加强知识产权保护、优化科研机构管理，建立技术创新生态系统、培育创新创业人才，打造更有利于创新的环境；要抓住新一轮科技革命和产业变革的历史性机遇，加速科技成果向现实生产力转化，打造开放、公平、公正、非歧视的科技创新环境，挖掘经济增长新动能，携手实现跨越式发展；要加强在科技和创新领域的南北合作、南南合作、三方合作，促进有利于普惠发展及环境保护的信息通信技术和环境友好型技术向发展中国家传播，增强发展中国家自主研发能力，推动现代产业发展，弥合数字鸿沟，加快低碳转型，推动发展中国家实现跨越式发展。

（五）坚持人与自然和谐共生

人与自然是生命共同体。人类在利用自然、改造自然的同时，应当尊重自然、顺应自然、保护自然，必须站在人与自然和谐共生的高度谋划发展。生态环境保护和经济发展是辩证统一、相辅相成的，保护生态环境、推动绿色低碳循环发展，既可以创造优美生态环境，也可以推动实现更高质量、更有效率、更加公平、更可持续、更为安全的发展。

坚持人与自然和谐共生，有以下重点行动方向：要处理好"无限扩张的生产""缺乏节制的消费"与"有限储藏的资源"三者之间的结构性矛盾，处理好当前经济发展目标与未来经济增长潜能、当下人民福祉与造福子孙后代等关系；要积极应对气候变化，全面有效落实《联合国气候变化框架公约》及其《巴黎协定》，推动生产和消费绿色低碳转型，加强气候融资，促进绿色技术研发和转移分享，发达国家应加快履行气候变化资金承诺，全球气候基金、全球环境基金应更有效地利用资源，助力发展中国家可持续转型，按照共同但有区别的责任和各自能力原则推动气候适应和变化减缓，实现可持续发展；要持续推进

环境污染防治和生态系统保护，建设全球生态文明，强化空气、水、土壤等污染控制，加强陆地和海洋重要生态系统保护和修复，按照生态系统内在运行规律，发展和保护并重，统筹利用和修复，努力让良好生态环境成为全球经济社会可持续发展的支撑。

（六）坚持行动导向

依托现有多边机制和平台，加强国际发展政策沟通协调，将全球发展共识转化为国际发展合作的务实行动，对加快落实2030年可持续发展议程意义重大。要多种渠道多种方式加大发展资源投入、创新合作机制，推进减贫、粮食、公共卫生、气候变化与绿色发展、工业化、数字化等重点领域的合作。

坚持行动导向，有以下重点行动方向：一是以援助、发展合作部门为基础，明确提供全球公共产品的预算和相应机制，与联合国、国际金融机构等进行协调和衔接；二是通过创新国际税收工具、增加资金来源，同时稳慎推进二十国集团和经济组织国际税收"双支柱"方案，确保跨国企业在全球范围内缴纳公平份额的税款；三是创新融资工具，如发行气候债、农业债，用于支持相应领域的项目、机构和机制；四是基于自愿原则，在数据统计条件允许的情况下，对各国完成可持续发展目标的总体情况进行评估和跟踪，对提前完成的国家和地区予以鼓励，对实现

难度较大的国家提供精准帮扶；五是将增强发展中国家危机应对能力纳入重点合作领域。为减轻大流行病、极端天气等全球性公共危机对发展中国家的冲击，可扩大由二十国集团倡议，设立于世界银行的疫情大流行基金的规模，增加自然灾害、流行疾病等方面的预测、预警和防控投资，建立多元化的专家应对团队，及时给在这些领域发展薄弱的地区提供支持。

二、以实实在在的行动推进全球发展

新中国成立以来，中国发生了巨大的变化，创造了人类历史上前所未有的发展奇迹，经济总量跃居世界第二，14 亿多人民摆脱物质短缺，全面建成小康社会，为人类走向现代化探索了新路径。中国式现代化是人口规模巨大的现代化，是全体人民共同富裕的现代化，是物质文明和精神文明相协调的现代化，是人与自然和谐共生的现代化，是走和平发展道路的现代化。中国全面建成小康社会，为全球发展作出重要贡献，为世界上那些既希望加快发展又希望保持自身独立性的国家和民族提供了全新选择，为解决人类发展问题贡献了中国智慧和中国方案。

（一）坚持以自身发展促进世界发展

坚决打赢脱贫攻坚战。实施精准扶贫方略，做到扶持对象、项目安排、资金使用、措施到户、因村派人、脱贫成效"六个精准"，实施发展生产、易地搬迁、生态补偿、发展教育、社会保障兜底"五个一批"。2020 年底，中国如期完成脱贫攻坚目标任务，现行标准下 9899 万农村贫困人口全部脱贫，832 个贫困县全部摘帽，12.8 万个贫困村全部出列，提前 10 年实现 2030 年可持续发展议程减贫目标，为全球减贫事业作出重大贡献。坚持男女平等基本国策，将妇女作为重点扶贫对象，把缓解妇女贫困程度、减少贫困妇女数量放在优先位置，通过扶贫政策、资金、措施予以支持，帮助贫困妇女解决最困难最忧虑最急迫的问题，实现脱贫的近 1 亿人口中妇女约占一半，贫困妇女生存发展状况显著改善。过去 40 多年来，按照世界银行每人每天 1.9 美元的全球绝对贫困标准衡量，中国的贫困人口减少了近 8 亿，占 1980 年以来全球减贫人口的近 75%（国务院发展研究中心、世界银行，2022）。2021 年起，中国对脱贫地区设立 5 年过渡期，巩固拓展脱贫攻坚成果，接续推进乡村振兴。2022 年，脱贫县农村居民人均可支配收入同比增长 7.5%，脱贫人口人均纯收入同比增长 14.3%；脱贫地区就业和产业支撑能力不断增强，乡村建设和乡村治理更加深入，中国全面推进乡村振兴实现良好开局。

维持经济持续健康发展。从 1978 年改革开放至今，中国经济高速增长。1978—2022 年，中国国内生产总值年均增速高达

9.1%；即使是 21 世纪第二个十年的国内生产总值年均增速降到 7.6%（2010—2019年），中国在该阶段的绝大部分年份对全球经济增长的年均贡献率仍然超过了 30%，是全球经济增长的主要引擎。目前，中国是世界上唯一拥有联合国产业分类目录中所有工业门类的国家，多项工业品产量居世界第一。中国有超过 4 亿并不断扩大的中等收入群体，是全球最具成长性的超大规模市场，具有巨大潜力和充足后劲。面对国内外多重超预期因素冲击，中国完整准确全面贯彻新发展理念，构建新发展格局，推动经济高质量发展。2020 年新冠疫情暴发期间，中国是全球唯一实现正增长的主要经济体；2022 年，中国国内生产总值为 121.02 万亿元，比上年增长 3%。2022 年，中国全社会研究与试验发展经费投入强度提高到 2.5% 以上；中国在世界知识产权组织发布的《2022 年全球创新指数报告》中的排名上升到第 11 位，成功进入创新型国家行列。面对逆全球化思潮，中国坚定不移奉行互利共赢的开放战略，坚持发展更高层次的开放型经济，推动形成全面开放新格局，为各国提供更广阔的市场、更宝贵的合作契机和更大的发展空间。

民生福祉显著提升。中国始终坚持以人民为中心的发展思想，把改善人民生活、增进人民福祉作为出发点和落脚点，不断解决关系人民切身利益的突出问题，不断提升人民的获得感、幸福感、安全感。全国居民人均可支配收入从 1978 年的 171 元增加到

2022 年的 36883 元。城乡居民恩格尔系数分别从 1978 年的 57.5%、67.7% 下降到 2022 年的 29.5%、33%，城乡居民生活质量不断提升。中国医疗卫生体系逐步健全，医疗资源配置进一步优化。中国孕产妇死亡率、5 岁以下儿童死亡率、婴儿死亡率持续下降，人均预期寿命 2021 年达到 78.2 岁，全人群主要健康指标位于中高收入国家前列。中国已建成包括学前教育、初等教育、中等教育、高等教育等在内的当代世界规模最大的教育体系，教育现代化发展总体水平跨入世界中上国家行列。2022 年，小学学龄儿童净入学率和初中阶段毛入学率分别保持在 99.9% 和 100% 以上，九年义务教育巩固率达到 95.5%，学前教育毛入园率达到 89.7%，高中阶段毛入学率达到 91.6%，高等教育毛入学率达到 59.6%。

生态文明建设取得显著成效。中国制定实施严格的生态文明制度，制修订一系列法律法规，基本形成生态环境法律法规框架体系，全面落实河湖长制、林长制。环境保护公众参与制度进一步完善，环境信息公开力度持续加大，公众参与环境决策和监督、投诉和举报环境违法行为的机制更加完善，民众环保意识不断增强，形成全民参与生态环境保护的新局面。2022 年，全国地级及以上城市空气质量优良天数比例为 86.5%；重污染天数比例首次降到 1% 以内，达到 0.9%。2022 年中国的细颗粒物（PM2.5）浓度有监测数据以来首次降到 30 微克／立方米以内，为 29 微

克／立方米，同比下降 3.3%；全国水质优良（Ⅰ～Ⅲ类）断面比例为 87.9%，同比上升 3 个百分点；近岸海域优良（一、二类）海水水质比例为 81.9%，同比上升 0.6 个百分点。2022 年，中国森林面积达 2.31 亿公顷，森林覆盖率达 24.02%，草地面积达 2.65 亿公顷，草原综合植被盖率达 50.32%。中国是全球森林资源增长最多和人工造林面积最大的国家，贡献了 21 世纪以来全球 25% 的新增绿化面积。同时，中国建成了世界最大的清洁发电网络，成为全球水电、风电、太阳能发电装机容量最大的国家，以年均 3% 的能源消费增速支撑了年均超过 6% 的经济增长。2022 年，中国非化石能源生产和消费占比分别提升至 18.6% 和 17.4%；风电、光伏发电新增装机容量突破 1.2 亿千瓦，全国可再生能源装机容量突破 12 亿千瓦，稳居世界第一。2022 年，中国万元国内生产总值能耗较 2015 年下降 15.5%，是全球能耗强度降低最快的国家之一。

（二）为推动全球发展注入中国动力

中国始终把自身发展置于人类发展的坐标系中，始终把中国人民利益同各国人民共同利益结合起来，始终做世界和平的建设者、全球发展的贡献者、国际秩序的维护者、公共产品的提供者。全球发展倡议提出以来，中国政府联合各方合作伙伴，稳步务实推进各项合作，取得积极成果（中国国际发展知识中心，2023）。

不断丰富倡议内涵。全球发展倡议（以下简称"倡议"）是中国政府提出的、面向全世界开放的重要公共产品和合作平台。倡议秉持开放透明包容原则，广泛吸收各方意见建议，围绕加快落实 2030 年可持续发展议程，与时俱进完善合作理念和方案。2021 年 9 月，中方在联合国散发倡议概念文件，提出八个坚持的核心理念和八大重点合作领域。2022 年 5 月，"全球发展倡议之友小组"（以下简称"之友小组"）高级别视频会议与会各方一致支持倡议八大重点领域总体合作方向，强调倡议作为 2030 年可持续发展议程的"加速器"，将在充分协商基础上根据发展形势变化适时调整合作内容，认为发展是保护和促进人权的前提，推进倡议要特别关注性别平等，满足老人、儿童、残疾人等特殊群体发展需求，增强发展的平衡性、协调性、包容性，不让任何一国、任何一人掉队。2022 年 6 月，全球发展高层对话会发布主席声明，进一步阐释了落实倡议的核心理念和原则，充实细化了倡议八大重点领域合作方向和切入点，宣布了中方同各方一道落实倡议的 32 项务实举措，丰富完善了倡议理念和行动架构。

不断健全落实机制。2022 年 1 月，中国在联合国发起成立"之友小组"。"之友小组"是共商、共建、共享倡议合作的重要平台，是倡议合作机制建设的重要一步。"之友小组"已有近 70 个国家加入，并举办了高级别视频会议、部长级会议等活动，就深化倡议务实合作、加快落实 2030 年可持续发展议程、推进小组机制建设、加强同联合国发展系统／机构的合作对接等问题深入交流，达成了广泛共识。"之友小组"倡议成立由联合国发展机构负责人和相关领域专家组成的倡议推进工作组，该工作组将成为加强联合国发展机构同"之友小组"政策对话和战略对接、推进倡议合作的又一机制平台。2022 年 9 月，中国设立全球发展倡议项目库并公布首批项目清单。2022 年 11 月，全球发展促进中心揭牌。2023 年 1 月，全球发展促进中心网络成立，30 多个国家和区域组织对口部门正式加入，为发展合作理念交流、规划对接、资源统筹等提供平台和支持。全球发展知识网络构建迈出重要步伐，中国—东盟发展知识网络开展了多项联合研究和交流活动，中方还将与更多伙伴一道，以区域网络和专题网络为支撑，推进治国理政经验交流，促进互学互鉴。同时，各重点合作领域也建立了相关的全球或区域性合作机制平台。

不断明确推进路径。2022 年 9 月举行的"之友小组"部长级会议明确了倡议推进的路径，即"围绕中心、项目引领、各方参与、加大投入、全面推进、突出重点"，为落实倡议绘制了清晰的路线图。"围绕中心"即坚持发展优先，紧扣落实 2030 年可持续发展议程这个中心任务深化合作；"项目引领"即坚持行动导向，以具体项目推进政策对话、

经验分享、能力建设及各领域务实合作；"各方参与"即以联合国发展机构为重要合作伙伴，以"之友小组"国家为主体，打造合作样本，发挥示范作用，以点带面带动其他国家和机构参与；"加大投入"即用好"全球发展和南南合作基金"及"中国—联合国和平与发展基金"，同时汇聚发展资源，鼓励各方在感兴趣的领域带资参与合作项目；"全面推进"即通过加强倡议各领域合作，全面服务 2030 年可持续发展议程所有 17 项可持续发展目标落实；"突出重点"即在全面推进的同时，聚焦当前紧迫挑战，共同应对粮食安全、减贫、能源安全、产业链供应链不稳等突出问题。

不断推动务实合作落地。2022 年 6 月发布的全球发展高层对话会成果清单中的 32 项务实举措已有一半实施完成或取得早期成果。2022 年 9 月"之友小组"部长级会议期间发布的全球发展倡议项目库首批 50 个务实合作项目清单，涉及减贫、粮食安全、工业化等多个领域，其中 10 多个项目已经实施完毕，其余项目正积极推进。截至 2023 年 9 月，全球发展倡议项目库已经纳入近 200 个务实合作项目，覆盖了 60 多个发展中国家。同时，2022 年中国政府立项安排 1000 期人力资源开发合作项目，已提供 2 万个培训名额，基本覆盖全部"之友小组"国家。同时，中方发布《全球发展报告》，推动建立全球发展知识网络，为破解发展难题贡献了中国智慧。

中国还力所能及地为其他发展中国家提供援助。作为世界上最大的发展中国家和"全球南方"的一员，中国积极开展国际发展合作，帮助受援国提高发展能力。中国同世界粮食计划署、联合国开发计划署、联合国儿童基金会、联合国难民署、世界卫生组织、红十字国际委员会等近20个国际组织开展合作，在埃塞俄比亚、巴基斯坦、尼日利亚等近60个国家实施了130多个项目，聚焦"小而美、惠民生"，涵盖减贫、粮食安全、抗疫、气候变化等领域，受益人数超过3000万。中国尽己所能帮助发展中国家提高应对气候变化的能力，大力支持发展中国家能源绿色低碳发展，与39个发展中国家签署46份应对气候变化南南合作谅解备忘录，为120多个发展中国家培训约2300名气候变化领域的官员和技术人员。

中国还积极参与重大议题的全球治理。在气候变化领域，中国积极促成《巴黎协定》的签署，建设性参与《联合国气候变化框架公约》下的历次大会和谈判，在坚持"共同但有区别的责任原则"基础上力争2030年前实现碳达峰、2060年前实现碳中和，意味着中国将完成全球最大碳排放强度降幅，用全球历史上最短的时间实现从碳达峰到碳中和。中国大力支持发展中国家能源绿色低碳转型，实施更多绿色技术和清洁能源项目，宣布不再新建境外煤电项目。作为《生物多样性公约》第十五次缔约方大会主席国，中国全力推动会议成功举行，率先出资成立昆明生物多样性基金，推动达成"昆明—蒙特利尔全球生物多样性框架"。在粮农领域，中国积极参与世界贸易组织农业谈判，推动达成《内罗毕部长宣言》中关于取消农业出口补贴的决定，积极促成世界贸易组织第12届部长级会议达成《关于紧急应对粮食安全问题的部长宣言》《关于世界粮食计划署购粮免除出口禁止或限制的部长决定》。与其他发展中国家共同呼吁削减少数发达成员拥有的综合支持量特权。在全球公共卫生领域，中国是最早承诺将新冠疫苗作为全球公共产品、最早支持疫苗知识产权豁免、对外提供疫苗最多的国家，是疫情大流行基金的创始捐资方和最大的发展中国家捐资方之一，为增大广大发展中国家疫苗和药物的可及性、防范和应对新冠疫情作出积极贡献。在发展筹资领域，中国积极推动并全面落实二十国集团缓债倡议，在该倡议中贡献最大，同19个非洲国家签署缓债协议或达成缓债共识，帮助非洲减缓还债压力。

发展赤字是由诸多全球性问题造成的，但同时又是诸多全球性问题的原发性因素，发展问题的解决，有助于其他方面突出矛盾的化解。当前的全球发展理念和治理体系，难以满足世界各国疫后经济复苏的现实需要，难以弥合不同国家之间已经存在的贫富差距，更难以实现人类社会的团结与合作。此起彼伏的各种全球性挑战，任何国家都无法单独应对和解决，只有在更大范围内广泛凝聚共识，统筹发展资源，才能形成强大的力量。

2023 年 9 月，联合国召开可持续发展目标峰会，为各方凝聚发展共识、汇集发展资源提供了重要机遇。各方应以人民对美好生活的向往为根本追求，加大力度应对减贫、粮食安全、公共卫生等最紧迫的全球性挑战，同时加大对工业化、气候变化和绿色发展、数字化以及人的能力建设的投入，为重振可持续发展的全球伙伴关系、推动构建全球发展共同体和实现可持续发展目标这一全球共识提供保障。

参考文献

[1] 国务院发展研究中心，世界银行 . 中国减贫四十年：驱动力量、借鉴意义和未来政策方向 [M]. 北京：中国发展出版社，2022.

[2] 中国国际发展知识中心 . 全球发展倡议落实进展报告 [R]. 2023.

分 论

第四章
共同推动全球减贫事业

新冠疫情等多重危机冲击下，2020年全球贫困人口数量出现近20年来首次增长，全球减贫成果遭遇重大逆转，2030年可持续发展议程的消除贫困目标基本无法实现。全球减贫成果遭遇逆转具有多重原因：全球经济复苏不均衡，导致用于减贫的国内和国际资源减少；贫困人口收支双向遇阻，劳动力市场复苏缓慢削弱了收入增长潜力，食品和能源价格上升大幅提高了基本生活支出；极端天气频发，低收入国家和贫困人口的人力资本与物质资产遭遇重大损失。全球应共同推动减贫重返正轨：将减贫置于世界经济复苏进程的核心地位，坚持共同发展；重视低收入国家和贫困人口农业发展及包容性产业转型；加快人力资本积累，以高质量就业作为摆脱贫困的重要手段；在减贫资源有限的情况下，进一步提高资源使用效率和政策精准度；发达国家积极兑现发展援助承诺，各方持续完善全球减贫治理体系。

一、全球多年减贫成果遭遇逆转

（一）全球贫困人口数量近20年首次增长

以极端贫困标准衡量，全球消除贫困进程倒退4年。多项研究对2020年后的全球贫困状况进行估算[①]，揭示了全球减贫进展（Mahler et al.，2022；Yonzan et al.，2022）。世界银行将经济增长、不平等以及通货膨胀等因素纳入模型[②]开展预测，认为按照每人每天2.15美元（2017年购买力平价）的极端贫困标准测算，2020年全球极端贫困人口将达到7.19亿人，较2019年增加7070.49万人，增幅为10.91%。极端贫困人口净增加9000万人（Yonzan et al.，2022）[③]。实际上2020年全球贫困发生率为9.3%，较2019年增加0.865个百分点。根据预测，2021年起全球贫困人口数量开始下降，直到2023年才会降至2019年水平，这意味着全球减贫进程倒退了4年。

以中等收入国家贫困标准衡量，贫困人口逆势增长。按照世界银行中等偏下收入国家和中等偏上收入国家的贫困标准测算，全球贫困人口数量也逆势增长。按照中等偏下收入国家每人每天3.65美元贫困标准测算，2020年全球贫困人口数量较2019年增加8176.03万人，贫困发生率增长0.83个百分点。按照中等偏上收入国家每人每天6.85美元贫困标准衡量，2020年贫困人口数量和贫困发生率分别较2019年增加1.34亿人和1.20个百分点（见图4-1）。当前，危机不仅对最底层的极端贫困人口产生冲击，而且对全球低收入人口也产生巨大的负面影响。

[①] 由于家户调查数据的滞后性，目前有确切证据支持的贫困人口数据仅到2019年。
[②] 模型设定食品价格上涨对收入最低的40%群体的福利影响比对剩余群体的影响高3个百分点。
[③] 净增加是指考虑当前冲击下预测的贫困人口数量与没有危机情况下预测的贫困人口数量之间的差异。

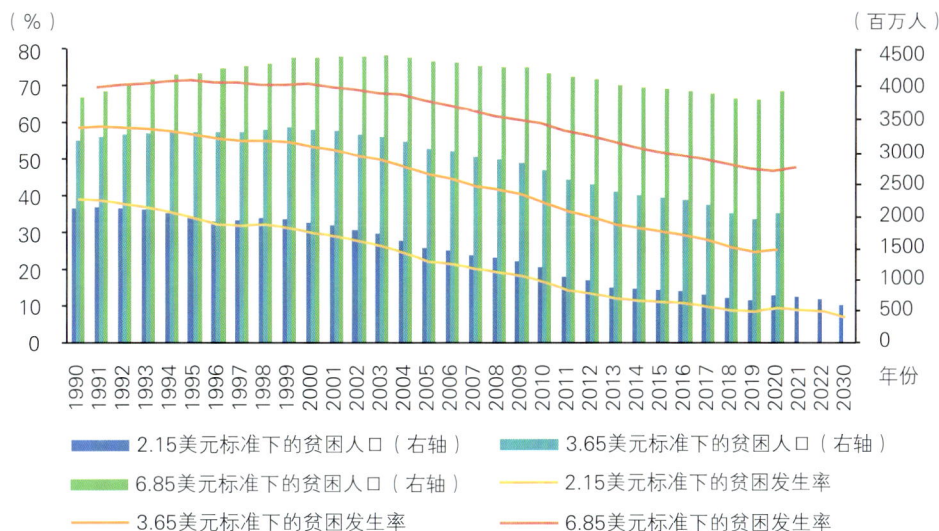

图 4-1　1990—2030 年全球贫困人口和贫困发生率

资料来源：世界银行。

2030 年可持续发展议程的消除贫困目标基本无法实现。新冠疫情、地缘政治冲突、通货膨胀、经济增速放缓等危机交织叠加所产生的冲击使得全球减贫进程受阻，波及全球各个国家和地区。虽然 1997 年亚洲金融危机也曾导致全球减贫成果出现逆转，但其危机来源单一、波及区域有限、区域合作应对有效，较好地限制了其对全球减贫工作的影响。根据世界银行统计数据，1997—1998 年全球极端贫困人口累计增加 5137.80 万人，增幅为 2.84%，其中超过六成来自东亚和太平洋地区。亚洲金融危机发生两年后，全球极端贫困人

口数量就降至 1996 年的水平。根据世界银行 2022 年预测，在目前全球不平等扩大、经济增长迟滞、通货膨胀高企的背景下，2030 年全球贫困发生率为 6.8%，贫困人口总数为 5.74 亿人，消除贫困目标基本确定无法实现（World Bank，2022）。

（二）多维贫困人口增幅远高于极端贫困人口增幅

根据 Alkire 等（2021）使用学校停课和粮食不安全等数据测算，2020 年全球多维贫困人口[①]将增加 1.52 亿~5.47 亿人，远高

① 联合国开发计划署与牛津大学贫困与人类发展倡议联合制定的全球多维贫困指数（MPI）覆盖健康、教育和生活水平三个维度。MPI 包括 70 岁以下人群营养情况、18 岁以下儿童死亡率、是否有家庭成员受教育年限超过 6 年、适龄儿童入学率、是否使用固体燃料烹饪、是否有卫生设施、是否有安全饮用水、家庭是否有电、家庭住房情况以及家庭资产水平 10 个指标。前四项每项赋分为 1/6，其他各项每项赋分为 1/18。"被剥夺"指标分数超过 1/3 的群体被认为是多维贫困人口。

于新增极端贫困人口数量，导致减少多维贫困的成效倒退 3.6~9.9 年。此外，还有多项研究表明全球非货币贫困状况恶化。例如，《2022 年世界能源展望》指出，2022 年全球没有接入电网的人口数量将达到 7.74 亿，较 2021 年增加 2 亿人。新增无电人口主要集中在撒哈拉以南非洲，逆转了自 2013 年以来非洲电力覆盖率持续上升的趋势（Cozzi et al.，2020）；2022 年联合国粮食计划署估计，53 个国家和地区约有 1.93 亿人陷入粮食危机，与 2020 年已经创纪录的人数相比又增加了近 4000 万人（WFP，FAO，2022）；新冠疫情导致的学校停课或关闭可能降低中等教育学生毕业率，学习贫困（Learning Poverty）发生率在低收入和中等收入国家将上升 1/3，大约 70% 的 10 岁儿童无法理解简单的书面文字（Olaberria and Reinhart，2022；冯慧兰，2022）。

即便在发展程度较高的欧洲国家，相对贫困发生率也出现逆转。能源和食品价格飙升严重影响欧洲大宗商品进口国的民生，造成了巨大的经济、社会和政治压力。根据欧盟统计局数据，以收入中位数的 60% 作为相对贫困标准，2015—2019 年欧洲国家缓解相对贫困进展显著，相对贫困发生率持续下降。但 2020—2021 年欧洲相对贫困发生率逆势上升。在具备 2021 年统计数据的 31 个国家中有 11 个国家的相对贫困发生率较上年增加。

（三）全球贫困人口分布进一步集中

新增贫困人口集中在 2019 年多重危机发生前贫困发生率较高的地区。根据世界银行预测，新冠疫情导致的新增贫困人口主要集中在南亚、东亚和太平洋以及撒哈拉以南非洲（见表 4-1）。考虑各区域人口基数，

表 4-1　2020—2022 年全球新增贫困人口：分地区　　　　　　　　　　　　单位：万人

年份	贫困线标准	东亚和太平洋	欧洲和中亚	拉美和加勒比地区	中东和北非	南亚	撒哈拉以南非洲
2020	每人每天 2.15 美元	900	100	−140	130	7300	800
2021		1000	50	−310	420	5800	900
2022		900	100	−280	540	4700	1100
2020	每人每天 3.65 美元	2900	180	−100	60	12000	1700
2021		3100	90	−580	260	10200	1800
2022		3200	230	−600	250	9500	2000
2020	每人每天 6.85 美元	7300	400	270	890	5600	800
2021		7300	150	−720	810	5800	800
2022		8200	1230	−700	750	5900	1000

资料来源：世界银行；Mahler et al.，2022。

南亚新增贫困人口占总人口的比重最高。2020 年，南亚新增贫困人口占比为 3.88%，撒哈拉以南非洲为 0.69%。到 2022 年，南亚新增贫困人口占比降至 2.50%，而撒哈拉以南非洲则上升至 0.96%。当前多重危机对原本贫困人口聚集的区域产生重创，全球贫困人口分布进一步集中。2019 年，全球贫困人口中有近 60% 生活在撒哈拉以南非洲，24% 生活在南亚，这两个是全球贫困人口最为集中的地区。

撒哈拉以南非洲减贫面临巨大挑战。虽然南亚贫困人口总量大，但 2014 年后这一地区减贫速度快，2014—2019 年极端贫困发生率降低一半。受经济增速降低、高人口增长率的影响，2015 年起撒哈拉以南非洲贫困人口数量反弹式增加，到 2019 年贫困人口达到 3.91 亿人，占全球贫困人口的比例达到 60%（Schoch et al.，2022），是 1990 年的近 5 倍。当前多重危机引发该地区经济复苏疲弱，削弱了减贫的基本动力。根据国际货币基金组织评估，2019 年，撒哈拉以南非洲人均 GDP 是新兴市场和发展中经济体平均水平的 34.78%，2020 年降至 34.32%，并持续降低，到 2025 年将降至 30.97%。世界银行《2023 年全球经济展望报告》也指出，2023—2024 年贫困发生率最高的撒哈拉以南非洲人均收入增长预期最为缓慢，仅为 1.2%，较 2019 年低 0.5 个百分点。受经济复苏缓慢、

地区脆弱性和冲突影响，到 2030 年撒哈拉以南非洲将有 30% 的人口生活在极端贫困中（Schoch et al.，2022）。

新增贫困人口中城市非农就业人口占比提高。与长期贫困人口[1]相比，多重危机产生的新增贫困人口呈现新特点。长期贫困人口中仅有 19% 生活在城市，非农就业人员占比为 31.75%，而新增贫困人口中居住在城市的占比为 28%，非农业就业人员占比为 44.29%（Nguyen et al.，2020）。世界银行通过高频次电话调查所获得的数据也呈现相似的结论，城市收入最低的 40% 群体在危机中遭受的损失高于剩余群体，但这一结论在农村地区并不成立（Yonzan et al.，2022）。农业就业人口受隔离政策的影响相对有限，且大量发展中国家农业具有自给自足性质，缓冲了危机对家庭消费的不利影响。对于以工资收入为主的城市家庭来说，多重危机直接减少了家庭收入，提高了生活成本，大量群体陷入贫困。

（四）脆弱人口陷入贫困的风险增高

脆弱人口的资产存量大幅降低。脆弱人口是指收入在极端贫困标准以上、中等收入标准以下的群体，全球约有 34 亿人（Fengler et al.，2023）。当前多重危机中，处于社会底层的脆弱人口受到学校关闭、失业、工资降低、通货膨胀等冲击，为应对危机往往出

---

[1] 长期贫困人口是指无论是否面临当前多重危机都处于贫困状态的人口。

售资产、动用存款、降低非食品消费等。虽然短期内脆弱人口避免了家庭收入大幅降低、陷入贫困的状况，但受全球经济复苏迟缓的影响，脆弱人口收入水平长期在低位徘徊，短期内无法修复资产损失，更缺少投资人力资本的能力。资产受损导致脆弱人口用于抵御风险的屏障消失，抑制了消费和对人力资本的投资，进一步增加了贫困脆弱性，降低了可持续减贫的能力。

脆弱人口资产可产生的福利水平降低。人力资本、社会资本、物质资本及公共资源是家庭维持生计的基础，任何家庭都需要通过运用、卖出等多种方式处置资产而获得收入。当前气候危机、经济增速放缓和全球性通货膨胀等在减少脆弱人口资产存量的同时，也降低了资产可产生的福利水平。例如，经济增速放缓导致固定资产、金融资产价值缩水，生产性资产能够创造的价值降低。如果没有当前多重危机，预计 34 亿脆弱人口中每年有 1 亿人可以进入中等收入群体，但 2023 年进入中等收入群体的人数预计将降至 8500 万（Fengler et al.，2023）。目前脆弱人口尚未被纳入贫困监测体系，在观察未来全球贫困图景时，这一群体呈现最大的不确定性。

二、多重因素影响全球减贫成效

（一）用于减贫领域的资源大幅减少

贫困发生率较高的国家经济增长几乎停滞，减贫的基本动力消失。中国国务院发展研究中心和世界银行对过去 20 多年主要国家减贫动力进行分析发现，经济持续增长是全球减贫的主要动力之一（国务院发展研究中心、世界银行，2022）。2010 年起全球经济增速就已经放缓，多重危机进一步削弱了全球经济增长的动力。世界银行预测，2022—2030 年全球经济累计增长 2.2%，仅为 2000—2010 年的 2/3，潜在增长率年均降低 0.4 个百分点。其中，新兴市场和发展中经济体潜在增长率预计年均降低 1 个百分点，而发达经济体仅降低 0.2 个百分点（Kose and Ohnsorge，2023）。贫困发生率较高的低收入国家面临更大的冲击和更缓慢的经济复苏。2020 年，贫困发生率高于 50% 的低收入国家平均 GDP 增速为 -5.3%，2022 年预期增速为 0.2%，而 2020 年和 2022 年贫困发生率低于 50% 的低收入国家 GDP 增速分别为 0.1% 和 1.2%（World Bank，2023）。经济增速降低意味着就业机会减少、国家财政能力下降、产业效率下降，将极大影响贫困人口的就业和增收，对全球减贫事业造成巨大冲击。

低收入国家财政缩水，融资能力降低。低收入国家财政资源收支两端受阻，赤字显著提高。一方面，低收入国家要应对通货膨胀，出台各项纾困政策，财政支出增加；另一方面，国内经济下行，企业和个人收入降低，导致国家财政收入增长动力不足。根据国际货币基金组织测算，2022

年低收入国家赤字率为 4.94%，较 2019 年提高 1.45 个百分点；而发达经济体赤字率为 3.64%，较 2019 年仅提高 0.8 个百分点（IMF，2022）。全球金融环境恶化导致新兴市场和发展中经济体主权债利差持续提高，融资成本增加削弱了融资能力。在财政预算有限的情况下，发展中经济体面临稳定债务、提振经济、减少贫困和应对气候变化等多项目标任务，减贫在财政资金分配中的优先地位被极大削弱的同时，减贫政策工具的选择也受到限制（IMF，2022；World Bank，2022）。

用于减贫领域的全球发展资源大幅减少。发展中国家内部资源出现紧张的同时，发达国家的发展援助资源也在缩减。例如，英国政府宣布 2021 年官方发展援助总额由国民收入的 0.7% 下调至 0.5%，低于联合国的目标值，也创下英国 2013 年以来官方发展援助总额占国民收入比值新低。根据经济合作与发展组织统计数据，虽然 2022 年官方发展援助规模增长 13.6%，但其中用于国内难民的相关费用达到 293 亿美元，占净官方发展援助总额的 14.4%；用于乌克兰危机相关的援助资金达到 161 亿美元，占净官方发展援助总额的 7.8%；用于新冠疫情相关的支出达到 112 亿美元，占净官方发展援助总额的 5.49%。如将以上三部分排除，2022 年官方发展援助实际呈现下降趋势（OECD，2022）。外部资源的减少进一步削减了全球减贫可用资源。

（二）食品和能源价格上涨引发生活成本危机

发展中经济体受食品和能源价格上涨影响明显。新冠疫情下隔离措施所导致的供应链中断、"长新冠"和不合理失业补贴导致的劳动力短缺、粮食和能源危机等一系列冲击持续叠加，导致本轮通货膨胀持续时间长、影响范围广、物价水平高。食品和能源"同时发力"，增大了本轮通货膨胀循环反馈压力。从 2020 年起，全球各国平均居民消费价格指数（CPI）快速提高，到 2022 年达到 9.48%，CPI 中位数为 7.9%（见图 4-2）。从 2021 年 4 月起，欧盟调和消费者物价指数超过 2% 的目标值后持续上升，到 2022 年 8 月达到了两位数增长。2022 年 10 月，美国核心居民消费价格指数也达到近 40 年来最高。2020—2022 年新兴市场和发展中经济体的通货膨胀率达到 6.94%，是发达经济体的两倍。世界银行数据显示，2022 年 12 月—2023 年 3 月，82.4% 的低收入国家、93% 的中等偏下收入国家和 89% 的中等偏上收入国家的通货膨胀水平超过 5%，许多国家的通货膨胀率达到两位数。从通货膨胀原因看，2020 年以来能源价格上涨是发达经济体的主要通货膨胀来源，而新兴市场和发展中经济体的通货膨胀主要来自食品价格上涨（见图 4-3）。2022 年，发达经济体的能源价格涨幅平均达到 9.67%，高于新兴市场和发展中经济体，但新兴市场和发展中经济体承受了更高的食品价格涨幅，达到 8.61%，较发达经济体高出 3.48 个百分点。2022 年 10 月，撒哈拉以南非洲平均通货膨胀率达到 12.9%，其中粮食价格上涨对通货膨胀的贡献率超过 50%（World Bank，2023）。

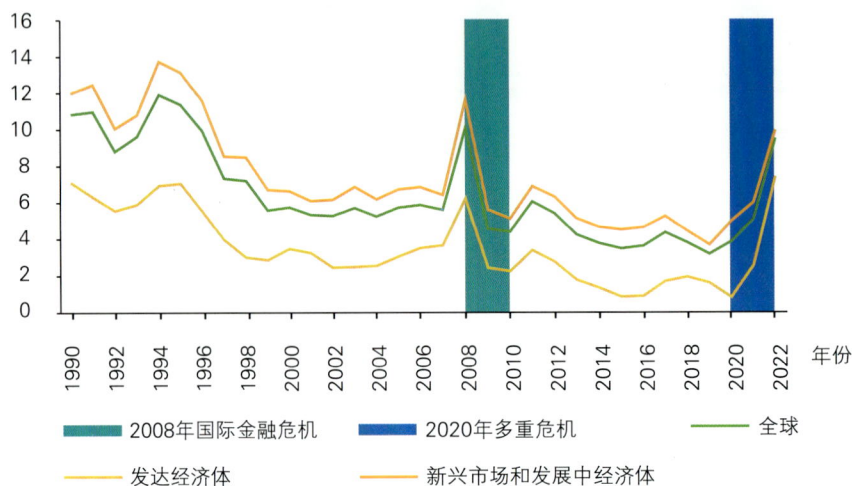

图 4-2　1990—2022 年全球居民消费价格指数

资料来源：Ha，Jongrim，M. Ayhan Kose and Franziska Ohnsorge，2021。

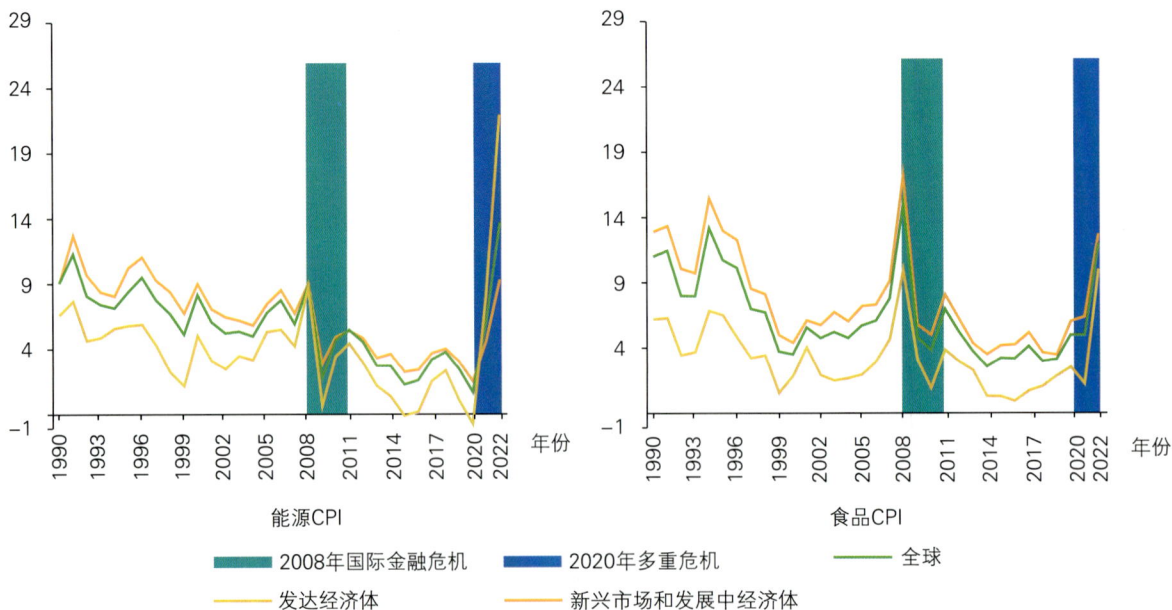

图 4-3　1990—2022 年全球能源居民消费价格指数和食品居民消费价格指数

资料来源：Ha，Jongrim，M. Ayhan Kose and Franziska Ohnsorge，2021。

低收入群体实际购买力显著下降。通货膨胀降低了低收入群体的实际购买力。根据国际劳工组织测算，2022年前半年全球实际工资下降0.9%，是自2008年以来的首次下降。除了普遍通货膨胀的影响外，由于消费结构导致不同收入水平的家庭面临的"有效通货膨胀率"存在差异，低收入群体受到更大冲击。2017—2019年低收入国家消费者用于食品消费的支出比重达到44.84%，中等偏下收入国家为21.40%，而高收入国家仅为8.15%（OECD and FAO，2020）。根据世界银行测算，在发展中国家一个典型的贫困家庭消费中，1/3的收入会用于食品（World Bank，2022）。食品和谷物价格上涨带来的通货膨胀无疑对低收入群体和贫困人口冲击更大。国际劳工组织研究发现，低收入家庭在通货膨胀中面临的"有效通货膨胀率"比高收入家庭高出1~4个百分点（ILO，2023）。世界银行分析认为，食品价格每上涨1%，会

导致1000万人陷入贫困；食品价格如果在一年内维持在2022年的高位，将导致全球贫困人口增加1亿人（World Bank，2022）。

（三）新冠疫情等因素导致就业质量明显下降

低收入国家劳动力市场复苏缓慢，失业率居高不下，劳动时间减少。新冠疫情发生之初，低收入国家较少采取保持社交距离等措施，劳动力市场受影响较小，工作时间和失业率都没有显著变化，但随后多重危机冲击低收入国家经济，特别是高收入国家总需求收缩并通过全球产业链传导，极大削弱了低收入国家劳动力市场信心。2022年全球失业人数为2.05亿，失业率为5.8%，较2019年高出0.3个百分点。其中，低收入国家和中等偏下收入国家的劳动力市场恢复缓慢是主要原因，其失业率分别较2019年高0.6个百分点和0.7个百分点（见表4-2）。

表4-2　全球劳动力市场表现：按国家收入水平

	年份	全球	低收入国家	中等偏下收入国家	中等偏上收入国家	高收入国家
疫情导致工作时间损失（小时）	2020	8.7	5.9	11.2	7.1	7.6
	2021	3.6	4.6	6.4	0.8	3.6
	2022	1.4	2.1	2.7	0.3	0.6
	2023	1.6	2.1	2.6	0.5	1.6
失业率（%）	2019	5.5	5.2	5.5	6.0	4.8
	2020	6.9	5.9	7.4	6.8	6.5
	2021	6.2	5.8	6.4	6.3	5.6
	2022	5.8	5.8	6.2	6.0	4.5
	2023	5.8	5.7	6.2	5.8	4.9

资料来源：国际劳工组织数据库。

失业率仅部分反映了劳动力市场的低迷。由于许多人不再寻找工作，因此没有被纳入失业率统计，实际失业率可能要远高于这些数字。部分劳动者虽然没有失业，但工作时间有所减少。2019 年就业人员平均每周工作42 小时，2022 年降至 41.4 小时。与失业率相似，低收入国家和中等偏下收入国家的工作时间损失更为严重。

就业质量明显下降，工作贫困发生率出现逆转。全球就业质量下降主要表现在工资降低和非正式就业占比提高两个方面。工资方面，虽然 2021 年全球劳动力收入比多重危机前水平高出 0.9%，但平均数掩盖了一个事实，那就是 3/5 的劳动者仍然生活在收入尚未恢复到多重危机前水平的国家（ILO，2022）。非正式就业方面，2021—2022 年，非正式就业岗位数量已经恢复到 2019 年水

平，这与 2005—2019 年非正式就业增长速度低于正式就业形成鲜明对比。非正式就业的快速复苏主要是来自低收入国家和中等偏下收入国家非正式就业岗位的增加。虽然短期内非正式就业岗位增加有利于改善低收入群体收入水平和就业情况，但这也意味着缺乏社会保障的低工资劳动者增加，长期来看会增加全球贫困脆弱性。由于就业质量下降，全球工作贫困发生率在连续 10 年下降后出现逆转（见图 4-4），由 2019 年的 6.68% 上升至 2020 年的 7.19%。其中，中等偏下收入国家贫困发生率提高了 0.84个百分点，是全球工作贫困增加的主要来源。虽然 2022 年全球工作贫困发生率降至6.38%，低于 2019 年水平，但低收入国家工作贫困发生率仍然较 2019 年高出 0.28 个百分点。

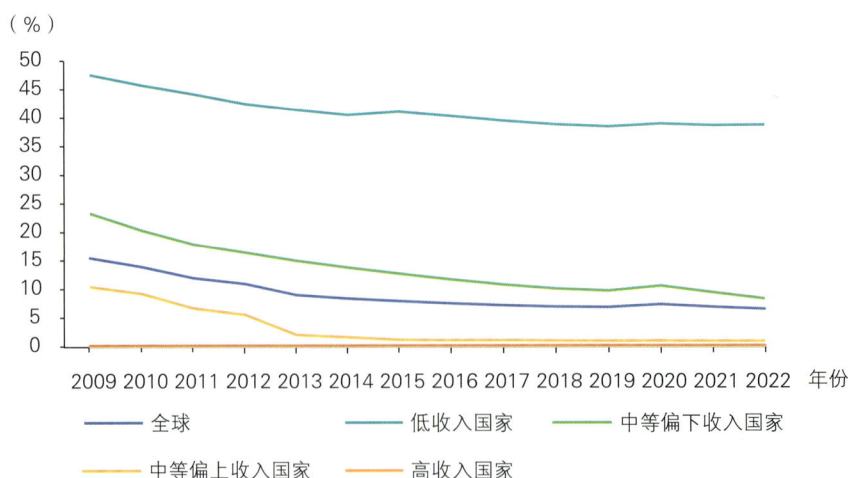

图 4-4　2009—2022 年 15 岁以上人口工作贫困发生率

注：贫困标准为每人每天 1.9 美元。
资料来源：国际劳工组织数据库。

（四）因灾致贫人口数量上升

气候变化会导致贫困国家和人口物质资本损失。气候变化带来的影响包括长期水土退化（如土壤退化、盐碱化等）和极端天气事件（如高温、洪水等灾害）。全球 70% 的贫困人口需要依靠开发自然资源维持生计，低收入国家财富中有 36% 为自然资源（Kempf，2018）。因此，气候变化对自然资源资产的影响会直接冲击低收入国家，导致贫困和经济放缓。对于大量以农业、林业和渔业为生的贫困人口来说，气候变化导致农业生产资料损失和农产品产量降低，引发贫困人口收入波动和营养不良等问题。极端天气事件造成的房屋、基础设施等损失破坏了低收入国家和贫困人口基本的生存和发展条件，进一步降低了基本公共服务可及性。世界银行研究表明，如果不加控制，到 2030 年因气候变化而陷入贫困的人口数量将高达 1.3 亿（Nishio，2021）。国际货币基金组织研究发现，在最差情况下，气候变化将逆转过去几十年的发展成果，并加大国家间的不平等。

极端天气导致低收入国家面临更高的自然灾害死亡率。联合国政府间气候变化专门委员会（IPCC）研究发现，生活在莫桑比克、索马里、尼日利亚等高度脆弱性国家的人口，由于洪水、干旱和风暴而死亡的概率比英国、澳大利亚等低脆弱性国家的人口高出 15 倍。人力资本的损失将对一个家庭造成毁灭性打击。

三、合力推进减贫进程重返正轨

当前，复苏不均衡加剧全球不平等，南北鸿沟持续扩大，全球贫困人口逆势增长。如果对贫困人口在多重危机下的生活进行描绘，我们可能看到这样的图景：新冠疫情期间，因为不具备远程工作的条件，贫困人口不得不从事高风险的服务业工作，冒着生命危险来换取微薄收入维持基本生活，贫困儿童则因为学校停课而中断学习。一些贫困女童不得不承担繁重的家务劳动，甚至再也无法重返校园。疫情平稳后，贫困人口却发现他们的生活难以重返常态——粮食和能源价格的上涨压缩了大量贫困人口的基本生存空间，取消社交距离限制后劳动力市场仍然萎靡，他们无法重回岗位，不得不将低薪非正规就业作为正式职业，得不到应有的社会保障。

呵护人的生命和尊严，是人类社会的共同追求。不让任何一国、任何一人掉队是 2030 年可持续发展议程的郑重承诺。消除贫困既需要坚持发展优先，推动经济稳定持续增长，又需要因地制宜、因时制宜地制定减贫战略，集中各类资源有效帮扶贫困人口。

（一）将减贫置于优先位置

将减贫置于包容性复苏的优先位置，撬动各类资源推动减贫。坚持以人为本，促进全球平衡、协调、包容发展是重启全球减贫进程的关键。要将包容性作为后疫情时代经济发展的底色，不让任何一国、任何一人掉队。要将贫困人口纳入产业政策、社会政策和财税政策，在经济复苏中充分考虑贫困人口的福祉。要建立全政府全社会的减贫体制，积极撬动来自非政府部门，包括国内私人部门、国外投资、社会组织等的资金和人力资源投入减少贫困的相关政策议程中，形成政策合力。长期来看，实现减贫目标还需要持续提升政府的治理能力，在提供可信承诺、增强内部协调、推动多方合作方面发挥有效作用（见专栏4-1）。

专栏 4-1　中国消除绝对贫困的两大支柱

过去 40 多年来，按照世界银行每人每天 1.9 美元的绝对贫困标准，中国贫困人口减少了大约 8 亿，占同期全球减贫人数的 75%。2021 年，中国宣布现行贫困标准下农村贫困人口全部脱贫，历史性地解决了绝对贫困问题。

中国国务院发展研究中心和世界银行的联合研究对中国消除贫困的历程进行分析总结，认为中国解决绝对贫困问题的两大支柱是基础广泛的经济改革发展和政府主导的扶贫战略与政策。其中，基础广泛的经济改革发展为贫困人口提供了新的机会并提高了收入。政府主导的扶贫战略与政策是政府认识到需要对贫困地区和贫困人口进行有针对性的支持后，最开始瞄准因地理环境导致缺乏发展机会的地区，之后转向瞄准贫困人口的精准扶贫战略。精准扶贫战略在解决"最后一公里"问题方面发挥了积极作用。此外，有效治理是中国减贫成功的基础。政府的可信承诺、政府内部协调以及与非政府部门的合作为实现减贫目标提供了支撑。

资料来源：国务院发展研究中心和世界银行。

坚持真正的多边主义，推动全球共同发展。在全球化时代，没有一个国家可以独善其身，也没有一个国家可以仅依靠自身力量克服新冠疫情、通货膨胀、地缘政治冲突等多重危机。世界各国应当继续加强团结和合作，维护和践行真正的多边主义，借助多边平台、运用多边方案实现包容性发展。在发展中国家经济复苏不及预期、全球不平等进一步扩大的背景下，实现包容性发展、推动全球减贫重返正轨需要旗帜鲜明地反对贸易保护主义，推动更多发展中国家充分发挥比较优势，更好、更深、更广地参与全球价值链。全球应当加强宏观政策协调，维护全球发展融资环境，共同营造有利于发展的国际环境。

（二）重视农业发展和包容性产业转型

当前确保贫困人口和低收入国家的粮食安全成为全球减贫事业的底线任务。促进农业发展、改善粮食供给能力能够为贫困人口提供兜底保障，提高从事农业生产贫困人口的福利水平。同时，对于粮食生产国和出口国来说，提升粮食生产能力可以改善贸易条件，促进经济复苏和提高农村人口收入。

将减贫与农业发展有机结合，提高农业韧性。全球 3/4 的贫困人口生活在农村，农业发展与减贫议程有着天然联系。低收入国家和发展中国家应将提高农业韧性、延长产业链作为农业发展的核心目标，高度重视农业发展，创新国内农业治理体系，增加公共部门和私人部门对农业的投资。在研发和生产环节，加大农业技术引进和创新力度，加强适宜本地环境、有助于可持续发展的农业技术研发和推广。积极推进农业基础设施建设，提高土地等生产资料的使用效率。税收政策要适当向农业倾斜，对于贫困人口和贫困地区的农业发展给予长期、稳定的支持。在加工和储运环节，鼓励私人资本进入，优化农业产业布局，延长农业产业链。

农业发展援助应当"长短兼顾、软硬结合"，创造有利于贫困人口内生发展的条件。当务之急是为面临粮食危机的国家和群体提供及时有效的粮食援助，避免人道主义危机。长期来看，应当将减贫与农业援助有机结合，兼顾农业"硬基础"和"软基础"，

针对贫困人口提供行之有效的援助。一方面，相关援助要关注农业基础设施和水利工程等发展，为受援国农业发展奠定良好基础，为贫困人口自我发展提供有利条件。另一方面，要加强农业人才培养和技术示范。加强农业技术培训，培养熟悉本地经济社会环境的本土人才，以点带面，提高农业援助实效。通过培训示范农户、建设示范农场等方式增强贫困人口接受新技术、新品种的信心和内在动力。

逐步推动产业转型，在发展中促进包容性增长。从产业发展和经济增长的角度来看，一国实现消除贫困的目标需要以包容性的经济增长作为基础。低效率产业向高效率产业转型、低效率生产方式向高效率生产方式升级是减贫的根本动力，实现高质量发展是改善贫困人口福祉的核心动力。新技术革命为发展中国家提供了跨越式发展的条件，但无法解决发展中的全部问题。经济增长和产业转型需要最大程度考虑包容性，有利于最贫困群体的生计改善。特别是在数字化时代"机器替代人"的发展模式下，创造性破坏很有可能带来不包容、不平衡等问题，数字鸿沟、公平赤字等是发展中产生的问题，也要坚持在发展中解决。

（三）促进人力资本积累和贫困人口就业

新冠疫情导致的学校关闭对贫困儿童的

教育造成长期损害，而劳动力市场复苏缓慢则导致贫困人口特别是青年人失业率的提高，这就要求各国在走上经济复苏之路时将弥补人才赤字纳入议程。

为人力资本改善提供充分、持续的支持。要帮助因疫辍学的贫困儿童重返校园，避免人力资本的进一步损失。要关注贫困人口教育和医疗的可及性，合理布局学校和医院，降低上学和就医成本。要弥补数字鸿沟，充分利用远程教育平台等技术手段推动人力资本发展。

支持贫困人口就业，开展面向未来的技能培训。要加速劳动力市场复苏，以多种财税政策支持小微企业发展，同时通过开展以工代赈等项目，创造更多就业岗位，避免福利依赖。要积极将非正规就业人员纳入社会保险覆盖范围。要开展面向未来的技能培训，帮助贫困人口适应数字化时代的岗位需求。

（四）提高政策精准性和资源利用效率

应对新冠疫情已经消耗各国大量资源，在后续经济复苏乏力导致减贫资源不足等背景下，提高各项减贫政策实效成为推动全球减贫事业重返正轨的切实举措。

完善贫困人口基础数据，精准识别政策帮扶对象（见专栏4-2）。多重危机不仅导致全球贫困人口数量增加，新增贫困人口的特征也与长期贫困人口不尽相同。要重视贫困人口数量、分布、特征等基础数据收集和分析，通过精准识别提高政策实效。要建立覆盖城市和乡村、就业人员与非就业人员、正式就业与非正式就业群体的监测网络，加强政府部门内部数据共享，充分利用数字技术精准识别家庭收支情况。要鼓励建设贫困人口预警机制，将脆弱群体纳入监测，增加预防性举措。

专栏4-2　中国精准识别的经验

中国自20世纪80年代开展大规模、系统性减贫以来，根据致贫原因的变化不断完善贫困瞄准方式：从提供全国性基本救济，到广泛实行区域扶贫开发战略，再到在贫困地区、贫困县、贫困村等更加具体层面实施专项扶贫政策和计划，最后直接瞄准特定贫困户。

精准扶贫战略对贫困户识别方式进行了改进。贫困户识别采取了"自上而下"和"自下而上"相结合的方法。具体是指，国家统计局根据2010年国家贫困标准测算了全国和各省份贫困人口规模。根据国家统计局的调查，中国农村贫困人口总数约1亿，主要集中在中西部省份。在确定具体贫困人口的过程中，中国出动约 80 万名干部以总量为参考开展精准识别，对各县、各村的贫困户进行建档立卡。值得注意的是，"自下而上"识别中，家庭收入和消费等货币指标不再是唯一的判定标准。由于没有农村家庭准确的收入和消费数据，地方政府往往通过核实住房和耐用品等家庭资产作为收入贫困标准的补充。为了保证"不漏一户、不落一人"，当地方识别统计数大于国家总量时，可在国家总量基础上至少上浮 10%。

精准扶贫战略的实施并不总是一帆风顺。由于农村地区治理能力薄弱，在精准扶贫之前的识别中就出现了瞄准漏出（高于贫困标准的家庭被认定为贫困户）和瞄准遗漏（贫困家庭未能被识别出来）的问题。这要求在精准扶贫阶段对贫困家庭识别工作的开展进一步核实，并对贫困退出进行跟踪。事实证明，为促进地方官员实现减贫目标，建立强激励机制，对贫困退出进行监督尤其重要。为了推动群众监督，中国还建立了监督举报机制。

资料来源：国务院发展研究中心和世界银行。

加强减贫政策评估，建立多部门、多层次的政策体系。各国应当充分尊重本国实际，对转移支付、基础设施建设、消费补贴、税收减免等政策进行充分评估和调研，充分发挥好政府部门、第三方机构、国际组织等多方评估作用，将评估纳入政策过程，确保政策连续性和有效性。要加大多部门的政策协调力度，明确各部门的政策目标和优先事项，加强财政体系、经济社会发展部门和金融体系的协作，提高政策一致性，形成减贫合力。要调动基层官员的积极性，确保政策"最后一公里"落地到位，真正惠及贫困人口。

（五）提升全球减贫合作成效

完善全球减贫治理体系，增强务实合作。践行共商共建共享的全球治理观，发挥联合国等在全球减贫进程中的统筹协调作用，发挥 2030 年可持续发展议程凝聚共识、汇聚合力、增进协调的作用。充分利用各项全球治理机制和区域治理机制，鼓励各国、各机构提供具有实效的国际公共产品，共同落实全球发展倡议，优化全球减贫治理体系。持续完善对全球减贫进程的监测，增强对援助效果的评估。加强全球减贫经验、政策和知识交流合作，推动务实项目合作，拓展减贫合作伙伴关系。

发达国家和多边机构需尽己所能兑现承诺为全球减贫事业提供支持。加强可持续发展筹资，敦促发达国家向发展中国家履行官方发展援助承诺，并通过贸易、投资等多种途径加大对欠发达国家的支持。世界银行等多边开发机构和发展融资机构应当坚定履行推动发展、减少贫困的核心职责定位。拓展并创新减贫支持工具，将减贫核心指标与经济支持挂钩，最大程度发挥援助效用。各国要加大对多边机构相关政策的支持力度，为低收入国家争取减贫资源。积极落实二十国集团《缓债倡议后续债务处理共同框架》，构建覆盖所有债权人的谈判机制。

参考文献

[1] 冯慧兰 . 2022. 修正方向，加速减贫 [EB/OL].[2023-04-06]. https://blogs.worldbank.org/zh-hans/voices/correcting-course-accelerate-poverty-reduction.

[2] 国际劳工组织 . 国际劳工组织关于劳动世界的监测报告第九版 [R]. 2022.

[3] 国务院发展研究中心，世界银行 . 中国减贫四十年：驱动力量、经验借鉴和未来政策方向 [M]. 北京：中国发展出版社 , 2022.

[4] Akihiko Nishio. 2021. When poverty meets climate change: A critical challenge that demands cross-cutting solutions[EB/OL]. [2023-05-09] .https://blogs.worldbank.org/climatechange/when-poverty-meets-climate-change-critical-challenge-demands-cross-cutting-solutions.

[5] Eduardo Olaberria, Carmen Reinhart . 2022. The Reversal Problem: Development Going Backwards [EB/OL].[2023-05-11]. https://blogs.worldbank.org/developmenttalk/reversal-problem-development-going-backwards.

[6] Global Network Against Food Crises. 2021 Global Report on Food Crises-September Update[R]. 2021.

[7] ILO (International Labor Organization). World Employment and Social Outlook: Trends 2023[R]. 2023.

[8] IMF (International Monetary Fund). Fiscal Monitor: Helping People Bounce Back[R]. 2022.

[9] Isabell Kempf. Poverty and the environment and climate change[R]. 2018.

[10] Laura Cozzi, Contejean Arthur, Samantar Jasmine, et al. The COVID-19 crisis is reversing progress on energy access in Africa[M]. IEA, 2020.

[11] Marta Schoch, Nishant Yonzan, Ruth Hill, et al. 2022. To end extreme poverty, getting back to pre-COVID-19 reduction rates is not enough[EB/OL]. [2023-05-11]. https://blogs.worldbank.org/developmenttalk/end-extreme-poverty-getting-back-pre-covid-19-reduction-rates-not-enough.

[12] M-Ayhan Kose, Franziska Ohnsorge. Falling Long-Term Growth Prospects: Trends, Expectations,

and Policies[R]. 2023.

[13] Minh-Cong Nguyen, Nobuo Yoshida, Haoyu Wu, et al. 2020. Profiles of the new poor due to the COVID-19 pandemic[EB/OL]. [2023-05-09]. https://www.worldbank.org/en/topic/poverty/brief/Profiles-of-the-new-poor-due-to-the-COVID-19-pandemic.

[14] Nishant Yonzan, Daniel-Gerszon Mahler, Christoph Lakner. 2022. Global poverty in the 2020s is on a new, worse course[EB/OL]. [2023-05-11] .https://blogs.worldbank.org/opendata/global-poverty-2020s-new-worse-course.

[15] Nishant Yonzan, Alexandru Cojocaru, Christoph Lakner, et al. 2022. The impact of COVID-19 on poverty and inequality: Evidence from phone surveys[EB/OL]. [2023-05-11]. https://blogs.worldbank.org/opendata/impact-covid-19-poverty-and-inequality-evidence-phone-surveys.

[16] OECD (Organization for Economic Cooperation and Development), FAO (Food and Agriculture Organization). OECD-FAO Agricultural Outlook 2020-2029[R]. 2020.

[17] OECD (Organization for Economic Cooperation and Development), ODA (Official Development Assistance). Levels in 2021—Preliminary data[EB/OL]. [2023-05-09].https://www.oecd.org/dac/financing-sustainable-development/development-finance-standards/ODA-2021-summary.pdf.

[18] Sabina Alkire, Nogales Ricardo, Quinn Natalie-Naïri, et al. Global multidimensional poverty and COVID-19: A decade of progress at risk?[J]. Social Science & Medicine, 2021, 291.

[19] WFP (World Food Programme), FAO (Food and Agriculture Organization). Hunger Hotspots. FAO-WFP early warnings on acute food insecurity: October 2022 to January 2023 Outlook[R]. 2022.

[20] Wolfgang Fengler, Kharas Homi, Caballero Juan. 2023. The forgotten 3 billion[EB/OL]. [2023-05-18]. https://www.brookings.edu/blog/future-development/2022/10/21/the-forgotten-3-billion/.

[21] World Bank. Global Economic Prospects, January 2023[R]. 2023.

[22] World Bank. Poverty and Shared Prosperity 2022: Correcting Course[R]. 2022.

第五章
共同维护全球粮食安全

消除饥饿、实现粮食安全、改善营养和促进可持续农业是 2030 年可持续发展议程的重要目标，获得充足的粮食、免于饥饿是最基本的人权。近年来，受新冠疫情、地缘政治、气候变化和极端天气、经济增速放缓、通货膨胀等多重因素叠加影响，全球粮食安全形势整体恶化，特别是发展中国家面临的挑战更加严峻。尽管预计 2023 年全球粮食安全形势有所好转，但发展中国家的粮食安全难题并未得到有效解决。为了确保人人都能获得充足食物、早日实现人类"零饥饿"愿景目标，国际社会应将粮食安全置于 2030 年可持续发展议程的优先位置，在尊重发展中国家主权和国情前提下，以合作促发展，共同提升发展中国家粮食生产水平和保障能力，防控粮食金融化、能源化和粮食贸易政治化风险，推动建立更加公平的粮食国际贸易规则，完善以联合国为中心的全球粮食安全治理机制，共同维护全球粮食安全。

一、全球特别是发展中国家粮食安全形势更加严峻

粮食安全具有"可获得性、可及性、稳定性和可负担性"等基本特征，其关键是人人都能够获得充足的、负担得起的、有营养的食物。当前，全球粮食安全形势整体恶化，发展中国家面临的挑战更为严峻。

（一）全球粮食不安全人数急剧增加

全球粮食不安全人数从减少转为急剧增加。从全球粮食不安全人数看，2014—2021 年中度或重度粮食不安全人数从 15.4 亿增加到 23.1 亿，占全球总人口的比例从 21.2% 上升到 29.2%；2001—2017 年全球食物不足人数持续下降，而 2018—2021 年这一趋势发生逆转。食物不足发生率从 2016 年的 7.8% 上升到 2022 年的 9.2%[1]（见图 5-1）；2021—2022 年全球粮食严重不安全人数从 1.928 亿增加至 2.578 亿，新增人数 6500 万，粮食不安全程度在第三阶段及以上的人数连续 4 年增加，粮食严重不安全程度逐年上升（见图 5-2）。按照这种态势，2030 年可持续发展议程中的"零饥饿"目标将无法实现[2]，消除饥饿面临巨大挑战。

全球粮食不安全区域主要集中在亚非拉

---

① 数据来源于《世界粮食安全和营养状况（2022）》。联合国粮食及农业组织利用人口中度或重度粮食不安全发生率和食物不足发生率两个指标来监测联合国 2030 年可持续发展议程中第二项指标"零饥饿"进展情况。

② 联合国 5 家机构 2023 年 7 月 12 日联合发布《世界粮食安全和营养状况（2023）》报告，预计到 2030 年，全球将有近 6 亿人面临长期食物不足的状况。

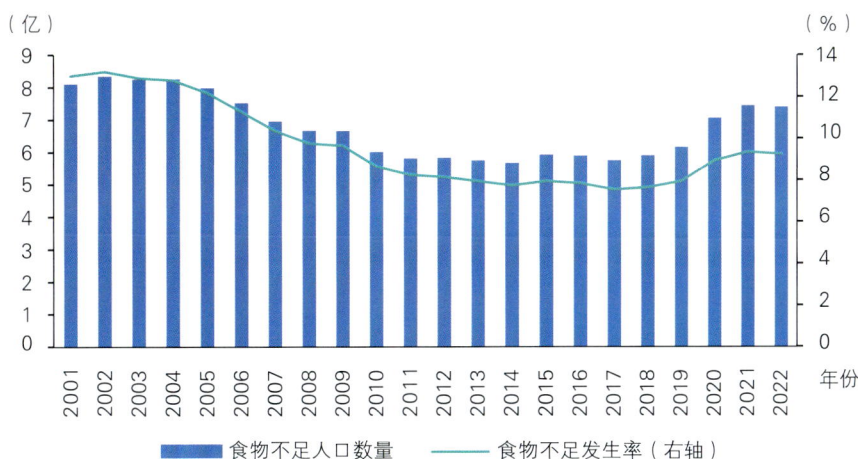

图 5-1　2001—2022 年全球食物不足人口数量与食物不足发生率变化趋势

资料来源：联合国粮食及农业组织可持续发展目标指标数据门户网站。

图 5-2　2016—2022 年处于粮食安全阶段综合分类第三阶段及以上的
全球人口数量和国家数量变化

注：根据人口营养不良的严重程度等指标评估分类为 5 个阶段（IPC/CH 1~5），其中，低于 5% 的儿童营养不良为第一阶段；5%~9.9% 的儿童营养不良为第二阶段；10%~14.9% 的儿童营养不良为第三阶段；15%~29.9% 的儿童严重营养不良以及死亡率和发病率升高、个人食品消费可能受到影响为第四阶段；30% 及以上的儿童严重营养不良及广泛的发病率、个人食品消费差距非常大为第五阶段。
资料来源：《2023 年全球粮食危机报告》。

等发展中国家（见图 5-3）。从区域分布看，非洲食物不足发生率整体高达 20.25%，其中，中非、东非和西非分别为 32.8%、29.8% 和 13.95%；加勒比地区为 16.4%；南亚和西亚分别为 16.9% 和 10%。即使是在资源禀赋良好的南美洲，食物不足发生率也高达 7.9%。北

美洲、欧洲和东亚地区整体较好，低于 2.5%。处于粮食危机需要外部粮食援助的 45 个国家中，非洲和亚洲分别多达 33 个和 9 个（FAO，2023）。根据英国经济学人智库对 2022 年全球 113 个国家粮食安全状况的评估，28 个发达国家的粮食安全状况全部为"非常好"和"好"，

而 85 个发展中国家中，仅有 12 个国家评估为"好"，39 个国家为"适中"，其他 34 个国家为"弱"和"非常弱"。全球 113 个样本国家的平均分为 62.2 分[①]，发达国家平均分高达 77.0

分，而发展中国家平均分仅为 57.3 分，仅有 35% 的发展中国家超过全球平均分，全球粮食安全状况在发达国家与发展中国家之间明显不平衡态势在短期内很难改变（见表 5-1）。

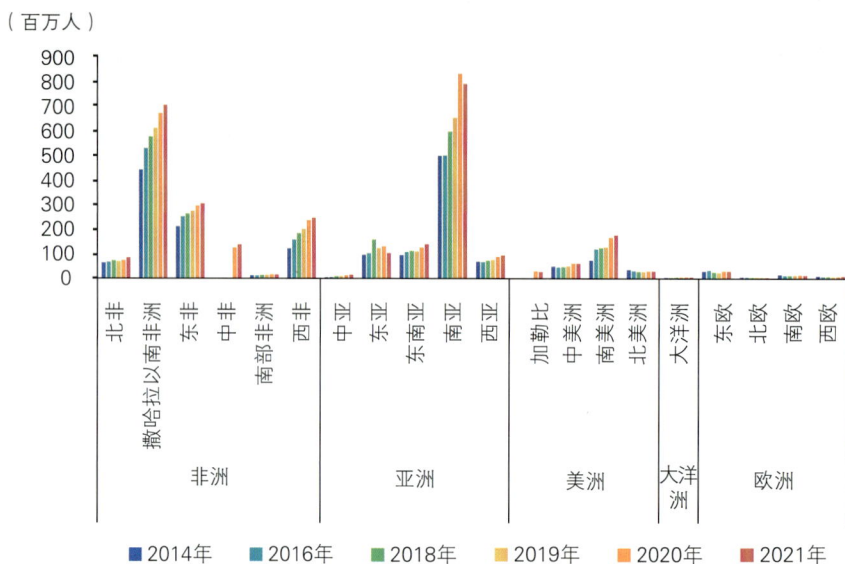

（百万人）

图 5-3　2014—2021 年全球中度或重度粮食不安全人数和区域分布变化趋势

注：根据 2014—2021 年粮食不安全体验分级表得出中度或重度粮食不安全人数。
资料来源：《世界粮食安全和营养状况（2022）》。

表 5-1　2022 年发达国家和发展中国家粮食安全状况对比

分类	样本国家个数	分数					平均分数
		80+（非常好）	70~79.9（好）	55~69.9（适中）	40~54.9（弱）	0~39.9（非常弱）	
发达国家	28	5	23	0	0	0	77.0
发展中国家及其他	85	0	12	39	32	2	57.3
合计	113	5	35	39	32	2	62.2

注：采用可负担性、可利用性、质量与安全、可持续性和复原力 4 个维度的 68 项关键指标对 113 个国家的粮食安全进行评估，根据分数高低分为 5 类：非常好、好、适中、弱和非常弱。
资料来源：经济学人智库。

　[①] 此数据为作者计算得出。

（二）全球粮食供给充足但发展中国家总体缺口扩大

全球粮食生产与消费仍处于紧平衡状态（见表5-2）。据联合国粮食及农业组织预估数据，2022—2023年度全球谷物供给总量为36.1亿吨，同比减少了4000万吨；谷物产量为27.6亿吨，同比减少5000万吨；谷物贸易量为4.7亿吨，同比减少1000万吨；而谷物消费量为27.8亿吨，同比减少2000万吨。2022—2023年度的库存消费比为29.3%，虽远高于联合国粮食及农业组织的粮食安全警戒线（17%~18%），但同比下降了1.6个百分点；同时，主要出口国的库存消耗持续加大，库存消耗比从2021—2022年度

的19.5%提高到2022—2023年度的19.8%。2022—2023年度全球谷物供给量、产量、库存量、贸易量、消费量同比下降，供需总体收缩明显。根据FAO等多家机构对2023—2024年度全球谷物供需形势的预测，虽然谷物供给量、产量、库存量有所增加[①]，但消费量及库存消费比也较上年有所提高，供需形势有望从明显收缩态势逐渐恢复。

发展中国家总体从粮食产消富余转变为产不足消。从粮食的"可获得性"看，全球谷物产消缺口大的区域主要集中在人口众多的亚洲和非洲地区，且近年来缺口呈现持续扩大态势，而其他区域整体产消富余，特别是北美洲谷物产消富余多（见图5-4）。对比发展中国家和发达国家情况看，当前发展中国家整体上除了糖料、鱼类产消富余外，其他食物

表5-2　2015—2024年全球谷物市场供需形势变化

年度	产量	供给	消费量	贸易量	期末库存	库存消费比	主要出口国库存消耗比
	单位：亿吨					单位：%	
2015—2016	25.8	33.5	25.5	3.9	7.9	30.0	17.0
2016—2017	26.7	34.5	26.3	4.1	8.2	31.0	17.7
2017—2018	26.9	35.2	26.6	4.2	8.6	31.9	18.1
2018—2019	26.4	35.0	26.9	4.1	8.3	30.7	18.8
2019—2020	27.1	35.5	27.1	4.4	8.3	30.0	18.6
2020—2021	27.8	36.1	27.6	4.8	8.4	29.9	18.5
2021—2022	28.1	36.5	28.0	4.8	8.6	30.9	19.5
2022—2023	27.6	36.1	27.8	4.7	8.4	29.3	19.8
2023—2024	28.19	36.8	28.05	4.7	8.78	30.4	20.9

资料来源：联合国粮食及农业组织《谷物供求简报》，2023—2024年度数据为预测数据。

[①] 经济合作与发展组织和联合国粮食及农业组织联合发布的《2023—2032农业展望》、美国农业部发布的《世界农产品供需预测报告》和国际谷物理事会对2023年预测普遍认为，全球粮食供应问题会得到改善。

普遍产不足消，在过去 30 多年间发展中国家总体食物从产消富余转变为当前的产不足消，且部分品种产消缺口呈扩大态势，而发达国家总体一直处于产消富余状态（见表 5-3）。发达国家与发展中国家食物生产与消费不平衡态势难以在短期内改变。

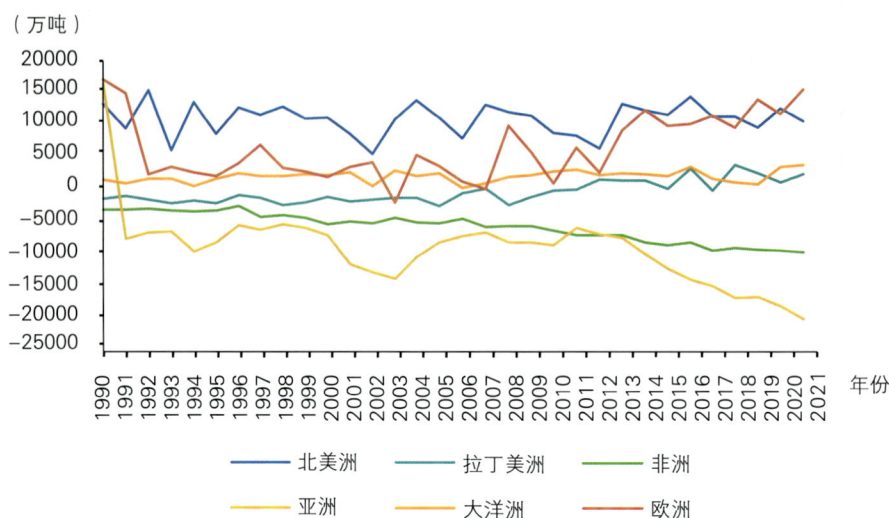

图 5-4　1990—2021 年全球不同区域谷物产消缺口变化趋势

注：缺口量 = 产量 − 消费量。
资料来源：经济合作与发展组织数据库。

表 5-3　1990 年与 2021 年发展中国家和发达国家食物产消比变化趋势　　　　　单位：%

食物种类		发展中国家			发达国家		
		1990年	2021年	生产和消费现状	1990年	2021年	生产和消费现状
谷物	小麦	134.9	74.9	产不足消	200.3	154.4	产消富余
	玉米	160.5	90.9	产不足消	112.5	116.4	产消富余
	其他粗粮	89.4	73.8	产不足消	167.1	125.8	产消富余
	大米	103.6	101.0	产消平衡	116.2	88.7	产不足消
油料	大豆	90.1	79.9	产不足消	103.8	148.4	产消富余
	其他油料	100.1	90.7	产不足消	127.8	112.4	产消富余
肉类	牛肉	102.5	96.9	产消大致平衡	119.4	103.7	产消大致平衡
	猪肉	102.1	91.3	产不足消	114.2	115.7	产消富余
	禽肉	123.0	97.4	产消大致平衡	111.6	106.3	产消富余
	羊肉	119.3	94.6	产不足消	124.0	126.6	产消富余

注：产消比 = 产量 / 消费量。
资料来源：经济合作与发展组织和联合国粮食及农业组织联合发布的《2022—2031 年农业展望》。

（三）国际粮食贸易和供应链风险加大

全球粮食贸易量占消费量比重下降。从全球粮食贸易情况看，全球谷物贸易消费比在 2020 年达到阶段最高 17.4% 左右[①]，大米、玉米、小麦和大豆贸易消费比分别为 10.2%、15.1%、25% 和 44.2%，由此可见，国际贸易对维护全球粮食安全发挥了极为重要作用。从粮食的出口贸易结构看，2021 年大米、小麦、玉米和大豆前五大出口贸易国合计占全球出口贸易量比重分别高达 78.9%、66.3%、88.5% 和 90.6%[②]，全球化肥前三大出口贸易国占比高达 70% 左右，全球粮食及主要农资进出口贸易结构长期失衡，出口大国的贸易措施异动对国际粮食市场影响大（见表 5-4）。在 2020 年新冠疫情和 2022 年乌克兰危机发生后，分别有 25 个国家和 29 个国家采取出口贸易限制措施，叠加多重因素，其间全球谷物贸易消费比从 17.4% 下降到 17.0%，预计 2023 年下降到 16.8%，粮食国际贸易量呈收缩态势。尽管当前出口贸易限制措施早已减少，但由于地缘政治冲突仍在持续，粮食国际贸易仍存在不确定性，人们担忧未来粮食出口大国仍可能实施贸易限制措施（Glauber and Laborde，2023）。

发展中国家受国际粮食市场异动影响的传导风险增大。相较于 1990—2021 年，发展中国家在国际贸易中除了大米以外的食物品种都呈现逆差扩大态势。其中，动物类产品猪肉、牛肉和油料类产品大豆逆差扩大幅度最大。与此相比，发达国家仅有大米处于逆差态势，大豆、小麦等顺差扩大幅度急剧增大（见表 5-5）。发展中国家对国际市场依赖程度持续加深，由国际市场异动引起的粮食安全风险增大。

表 5-4　2020 年与 2022 年出口贸易限制措施情况

分类	2020 年				2022 年			
	国家数量（个）	产品种数	贸易额（亿美元）	贸易占比（%）	国家数量（个）	产品种数	贸易额（亿美元）	贸易占比（%）
公告	2	2	2.9	0				
实际禁令	22	34	262.2	2.5	26	50	318.9	3.0
出口许可	6	7	7.2	0.1	9	11	141.9	1.4
不绑定	1	1	38.3	0.4				
出口税					4	6	235.2	2.2

资料来源：国际食物政策研究所数据库。

[①] 资料来源：联合国粮食及农业组织数据库，2022 年数据。贸易消费比是指国际贸易量占消费量比重。

[②] 资料来源：美国农业部。

表 5-5　相较于 1990 年，2021 年发展中国家和发达国家食物国际贸易平衡变化趋势
单位：万吨

食物种类		发达国家食物国际贸易平衡情况			发展中国家食物国际贸易平衡情况		
		1990 年	2021 年	贸易平衡情况	1990 年	2021 年	贸易平衡情况
谷物	小麦	7713.3	12900.0	顺差	−5582.2	−12685.5	逆差
	玉米	2417.8	5938.1	顺差	−1844.2	−6726.0	逆差
	其他粗粮	2286.1	3574.0	顺差	−1131.9	−3425.2	逆差
	大米	143.9	−274.1	逆差	5.1	252.0	顺差
油料	大豆	−197.1	4396.2	顺差	676.7	−5048.4	逆差
	其他油籽	−86.3	895.8	顺差	−14.4	−690.5	逆差
肉类	牛肉	−93.3	111.6	顺差	30.7	−129.2	逆差
	猪肉	84.7	650.9	顺差	32.0	−667.0	逆差
	禽肉	127.8	324.2	顺差	−45.6	−221.2	逆差
	羊肉	36.1	72.5	顺差	−22.1	−70.7	逆差

注：贸易平衡指进口量、出口量大体相当，出口量大于进口量为顺差，进口量大于出口量为逆差。
资料来源：经济合作与发展组织和联合国粮食及农业组织联合发布的《2022—2031 年农业展望》。

全球粮食产业链供应链受干扰。全球粮食产业链供应链对发展中国家的发展至关重要（Kassie et al.，2022）。2022 年，新冠疫情叠加地缘政治等因素，全球粮食生产、加工、贸易、港口、码头等物流与贸易供应链受到干扰，全球重要粮食产区之一的黑海周边国家和地区受到的干扰更为严重。由于俄罗斯和乌克兰是全球小麦、大麦、玉米、油籽油料的重要生产国和出口国，且俄罗斯是重要的化肥生产国和出口国，两国粮油等产品生产、出口贸易对确保全球粮食供应十分重要，因此，乌克兰危机的发生对全球粮食安全影响明显。自 2022 年 7 月黑海港口农产品外运协议生效后至 2023 年 7 月[①]，由黑海港口出口谷物的 57% 流入发展中国家（UN，2023），可以看出黑海周边国家和地区粮食供应链的不稳定性，增加了全球粮食供应和农业大国粮食生产所需的化肥进口的不确定性，特别是对发展中国家影响更为显著。国际大型贸易粮商嘉吉、路易达孚、维特拉停止从俄罗斯采购粮食，阿彻丹尼尔斯米德兰减少部分粮食业务，导致国际粮食市场的供应渠道一定程度收窄。此外，全球主要粮食出口国内陆运河、

[①] 资料来源：黑海谷物倡议联合协调中心。截至 2023 年 7 月 12 日，黑海谷物倡议生效后，43% 的谷物出口到发达国家。从人均获得黑海出口谷物计算，发达国家人均获益程度远高于发展中国家。

陆路、港口等基础设施是否畅通对国际物流通道具有重要影响。全球重要海峡和运河供应通道的物流关键卡点易受地缘政治、极端天气等因素的影响，增加了粮食物流渠道的不稳定性。

（四）全球低收入人群食物负担能力普遍下降

全球粮食价格仍在相对高位波动。从联合国粮食及农业组织食品价格指数看，2023年上半年全球平均食品价格指数高达126.8，与2022年相比有所回落，但仍比新冠疫情全球蔓延前的2019年高33.3%，粮食价格仍处于相对高位（见表5-6）。较高的国际粮价向发展中国家尤其是低收入国家、高贸易开放度国家价格传导，引发其国内粮价联动上涨、通货膨胀，生活成本上升，进而抑制需求，导致购买力下降。全球粮食价格危机并未结束（Glauber et al.，2023）。

表5-6 全球食品平均价格指数在不同时期的比较

	时间	食品平均价格指数	食品平均价格指数（分品种）		
			谷物	肉类	奶
上次粮食危机	2011年	131.9	111.9	105.3	129.9
新冠疫情之前	2019年	95.1	96.6	100.0	102.8
新冠疫情初期	2020年	98.1	103.1	95.5	101.8
新冠疫情蔓延	2021年	125.7	131.2	107.7	119.1
地缘政治冲突	2022年	143.7	154.7	118.9	142.5
	2023年上半年	126.8	137.5	115.3	124.7

注：以2014—2016年三年食品价格平均数为基期100。
资料来源：联合国粮食及农业组织。

全球特别是发展中国家低收入人群受高粮价冲击明显。以食物支出占家庭收入支出52%为标准（Hannah and Ritchie et al.，2023），2020年，世界上负担不起健康饮食标准食物的人口比例高达42%。非洲、南亚最明显，如撒哈拉以南的马拉维和尼日利亚分别高达97%左右和96%左右，南亚的比例则高达72%。虽然发展中国家中的印度和巴西均为粮食生产大国，但该比例仍分别高达71%和19%[①]，而发达国家普遍低于3.2%。从收入水平看，低收入国家、中等偏下收入国家、中等偏上收入国家、高收入国家该比例分别为88.3%、69.4%、15.42%和1.4%。这导致发展中国家特别是低收入国家人群被迫选择少

[①] 尽管巴西这一数值与其他发展中国家相比并不高，但对于新兴发展中大国、粮食生产大国和出口大国而言这一比例并不低。巴西并没有解决自身粮食安全问题。

吃或不吃，这给当前和未来的食物安全与营养健康带来极大的负面影响（FAO，2022）。

二、多重因素影响全球特别是发展中国家粮食安全

在全球粮食安全整体形势恶化的背景下，发展中国家粮食安全受影响程度更严重。这主要有两方面原因：一方面，从发展中国家内部发展条件看，农业发展水平长期偏低，粮食生产、储备、贸易等供给保障能力不强，应对自然风险和外部风险能力不足；另一方面，从发展中国家外部环境看，主要发达经济体粮食金融化、政治化、能源化等做法产生负面外溢效应，全球粮农治理机制不顺畅、成效不及预期。

（一）发展中国家粮食生产水平和保障能力普遍偏低

多数发展中国家粮食生产力水平低、粮食自给能力不强。全球粮食生产主要集中于气候适宜、耕地资源禀赋占优势、农业生产效率较高的区域和少数农业国家。以大米、小麦、玉米和大豆为例，全球前五大生产国产量合计分别占全球总产量的73.3%、64.8%、73.7%和82.4%[①]，而全球粮食需求主要集中在人口众多、水土资源相对匮

乏的亚洲、非洲等地区。从人均粮食产量看，以谷物为例，北美洲最高达1319.6千克，而非洲最低仅为145.6千克，两者相差1174千克。产能的不均衡带来了消费不均衡，北美洲年人均谷物消费量最高达1053.9千克，而非洲最低仅为210.9千克，两者相差843千克。从全球农业生产力水平看，发展水平严重不均衡，以谷物单产为例，北美洲单产最高达7140千克/公顷，非洲为1750千克/公顷，相差了5390千克/公顷（见表5-7）。从自给率水平看，人均耕地资源禀赋占优和农业生产力水平高的地区粮食自给率更高，如2020年大洋洲自给率最高达246%，北美洲和欧洲分别为128%和125%，而亚洲和非洲分别为86%和69.4%（见图5-5）。

多数发展中国家保障粮食安全的难点在于农业发展滞后和现代化程度不高（舒尔茨，1999；速水佑次郎和拉坦，2014）。部分发展中国家经济发展水平相对滞后、国家经济实力不强，普遍对农业发展支持力度不够，特别是对农业基础设施如耕地、水利灌溉等基础设施和农业科技等投入不足。多数发展中国家农业机械化、自动化等现代化农业装备匮乏，现代农业科技特别是现代农业生物育种、生物农药等技术水平不高，农业劳动生产效率不高，加工、物流、仓储等农业供应链短板多，

---

① 资料来源：美国农业部，2021年数据。

表 5-7 2021 年全球不同区域农业生产要素与生产力情况

	人口		耕地		人均耕地面积（公顷）	谷物单产（10³ 千克/公顷）	区域 GDP 在全球 GDP 中所占比重（%）
	人口（亿人）	占比（%）	耕地（亿公顷）	占比（%）			
全球	79.09	100	13.88	100	0.18	4.15	100
非洲	13.94	17.63	2.46	17.70	0.18	1.75	2.8
美洲	10.31	13.03	3.40	24.49	0.33	4.68/7.14*	32
亚洲	46.95	59.36	4.98	35.89	0.11	4.28	38
欧洲	7.45	9.42	2.72	19.64	0.37	4.55	25
大洋洲	0.44	0.56	0.32	2.28	0.73	2.58	2.2

注：* 北美洲谷物单产最高，为 7140 千克/公顷，而南美洲则为 4680 千克/公顷。
资料来源：联合国粮食及农业组织和世界银行数据库。

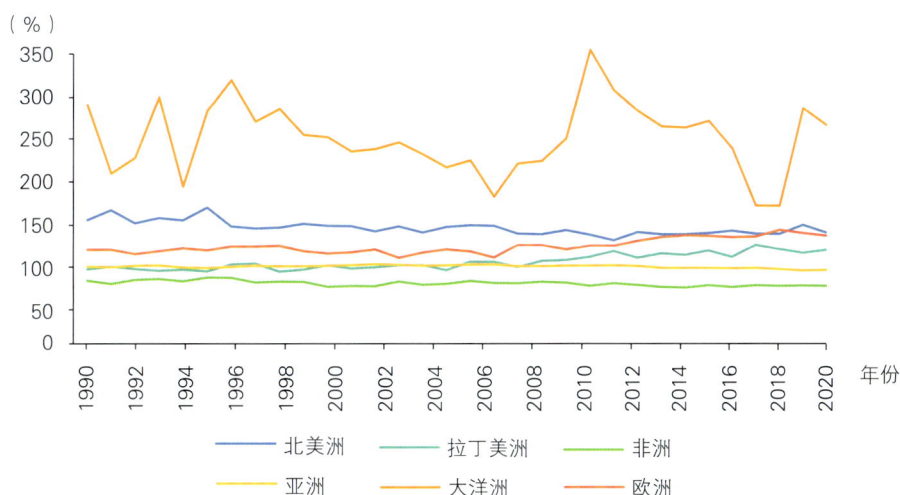

图 5-5 1990—2020 年全球不同区域粮食自给率变化趋势

注：自给率 =（产量 + 进口量 - 出口量）/消费量。
资料来源：经济合作与发展组织和联合国粮食及农业组织联合发布的《2022—2031 年农业展望》。

农业产后损失和消耗大[1]。另外，受人多地少的资源禀赋制约，小农户分散种植经营模式居多，应对气候变化和极端天气等自然风险能力不足[2]。

---

[1] 根据联合国粮食及农业组织估算，每年全球粮食从生产到消费的产业链环节损失约占世界粮食产量的 13.9%，发展中国家粮食损耗主要集中在产前、产后环节，发达国家主要集中在粮食消费环节。

[2] 根据《2023 年全球粮食危机报告》，受极端天气影响，2022 年有 12 个国家处于粮食安全问题的第三阶段（IPC/CH Phase 3）人数比 2021 年翻了一番，高达 5680 万。这些极端情况包括持续与异常严重的非洲之角的干旱，热带气旋和南部非洲的干旱，埃塞俄比亚的干旱，等等。世界气象组织在 2023 年 7 月预测，厄尔尼诺事件在 2023 年下半年持续的可能性达到 90%，热带太平洋 7 年来首次形成厄尔尼诺条件，全球温度可能出现的飙升以及破坏性的天气，将对农业造成影响。

多数发展中国家缺乏有效调控手段应对粮食市场风险。以 FAO 确定的确保粮食安全的库存消费警戒线 17%~18% 为参照，根据经合组织和联合国粮食及农业组织数据，对比不同区域看大洋洲的库存消费比长期显著高于警戒线，2021 年高达 58%；亚洲发展中人口大国、农业大国自身经济实力不断提升、农业发展水平逐步提高，为保障本国粮食安全，逐步依靠自身农业产能积累库存，使得亚洲整体库存消费比警戒线持续提升；北美洲和欧洲长期保持产消富余，多数年份都处于库存消费比警戒线之上；仅有非洲长期位于库存消费比警戒线以下。对于多数发展中国家特别是低收入国家而言，一方面，因粮食产能不足而难以依靠自身储备粮食，缺乏有效调节市场手段，应对风险能力不强；另一方面，经济实力薄弱导致粮食购买力不足，且易受地缘政治、经济冲击等影响（见表 5-8）（FSIN，2023）。

多数发展中国家的粮食安全更易受外部因素冲击。过去 30 多年间，多数发展中国家由于自身产不足消，需依靠进口粮食满足国内需求，粮食国际贸易逆差逐渐扩大。当前，发展中国家整体上除了大米，其他品种食物长期处于国际贸易逆差态势，而原本处于国际贸易顺差的大豆、猪肉、牛肉转变为国际贸易逆差。同时，受全球贸易自由化发展趋势影响，部分农产品国际竞争力强的发达国家、农业强国，将本国具有国际比较优势的粮食等农产品持续出口到发展中国家，以其低廉的成本、价格优势挤压部分贸易开放程度高、农业竞争力弱的发展中国家，使得农业基础原本就薄弱的发展中国家难以依靠市场驱动本国农业产能、提升农业竞争力。在双重因素的共同作用下，发展中国家对国际粮食市场依赖程度加深，对外依存度持续提高，受国际市场冲击风险增大因素的影响，国际粮食价格剧烈波动对高贸易开放度国家和低收入国家的粮食消费物价指数冲击最显著（见图 5-6）（IMF，2022）。

表 5-8　2018—2022 年粮食危机在（IPC/CH Phase 3~5）阶段的驱动因素

驱动因素	国家、人数	2018 年	2019 年	2020 年	2021 年	2022 年
地缘政治	国家（个）	21	22	23	24	19
	人数（百万人）	73.9	77.1	99.1	139.1	117.1
经济冲击	国家（个）	6	8	17	21	27
	人数（百万人）	10.2	25.0	40.5	30.2	83.9
极端气候	国家（个）	26	25	15	8	12
	人数（百万人）	28.8	33.8	15.7	23.5	56.8

注：经济冲击包括 2020 年和 2021 年的新冠疫情、2022 年的乌克兰危机。
资料来源：《2023 年全球粮食危机报告》。

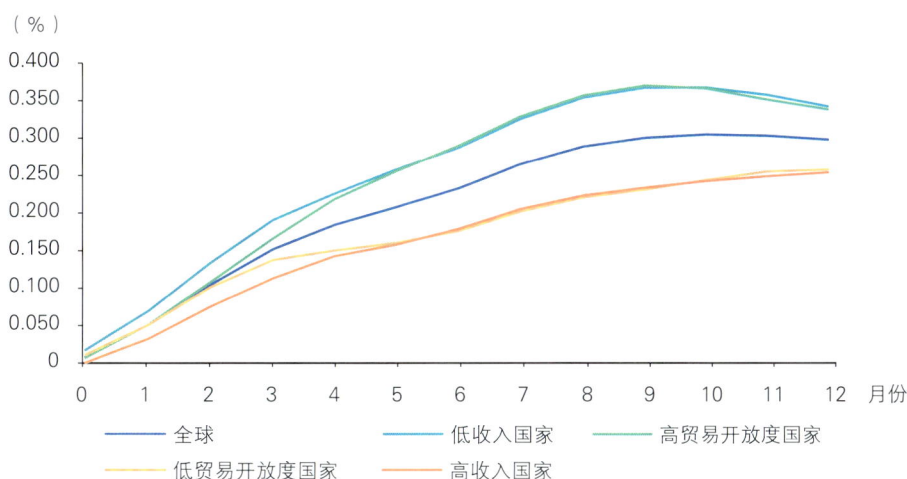

（％）

图 5-6　2022 年国际粮食价格对不同国家粮食消费物价指数的冲击

资料来源：国际货币基金组织。

（二）主要发达经济体粮食政策负面外溢效应凸显

主要发达经济体粮食金融化加剧粮食安全风险。一方面，主要发达经济体在 2022 年从货币量化宽松政策激进转向为货币紧缩政策，造成低收入国家货币加速贬值、通货膨胀、负债增加、购买力下降[①]。2022 年货币相对于美元大幅度贬值的国家几乎都是《2023 年全球粮食危机报告》（GRFC）中被评估为粮食安全高风险的国家和地区（FSIN，2023），超过 1/4 的 GRFC 国家和地区公共债务超过国内生产总值（GDP）的 60%[②]，参加二十国集团"暂缓最贫困国家债务偿付倡议"的 48 个

国家中，有 36 个国家经历了粮食危机。另一方面，受货币政策大幅变动影响，粮食的金融属性日益凸显，国际金融资本在期货市场投机炒作，加大了国际粮食价格的波动幅度（韩杨，2022）。此外，国际粮食、农业寡头企业长期垄断粮食、种业、化肥、农药等农业生产资料市场与供应链渠道（杨静等，2017），直接影响国际市场价格走势和发展中国家农业生产与发展能力（韦斯特霍夫，2011）[③]。

主要发达经济体的粮食能源化在供需两侧影响粮食安全。在生产端，2022 年国际原油、天然气能源价格高企，导致农业生产需要的化肥、农药、汽柴油等价格上涨，推高了农业生产成本，粮食价格上涨（见图 5-7）。

---

① 根据《2023 年全球粮食危机报告》，2022 年受经济冲击（包括新冠疫情的社会经济影响和乌克兰危机的连锁反应）的国家涉及 27 个，人数涉及 8390 万人，是 2021 年的 2.78 倍。

② 资料来源：国际货币基金组织，2022 年 10 月。

③ 国际大粮商主要来自发达国家，对粮食及农业上游原料化肥、农药和下游加工品等国际贸易、国际市场有明显的垄断权，对国际粮价有较大影响。

在消费端，主要粮食出口大国为抑制通货膨胀，调整粮食能源政策，加快谷物转化能源如玉米生物汽油、油料生物柴油的生产，挤占了一定的粮食可贸易量与消费量。同时，粮食和能源价格上涨引发通货膨胀（IMF，2022），购买粮食成本上升（Rother et al.，2023），

抑制了粮食需求（见图 5-8）。2022 年，所有 GRFC 国家和地区的食品价格均上涨，有 47 个国家的食品通货膨胀率超过 10%[①]；2023 年 2—5 月，在全球 163 个国家中 79.8% 的国家食品价格通货膨胀率超过了平均通货膨胀率，非洲受其影响最严重（World Bank，2023）。

图 5-7　2005 年 1 月—2023 年 1 月国际食物、谷物、肥料与能源价格联动变化趋势

资料来源：国际货币基金组织。

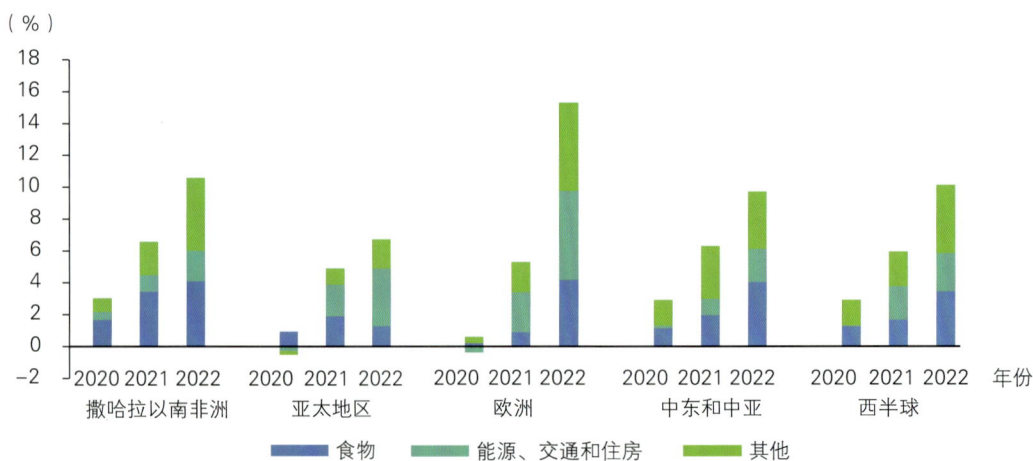

图 5-8　2020—2022 年食物和能源驱动的通货膨胀影响程度

资料来源：国际货币基金组织。

① 资料来源：世界粮食计划署，2023 年 2 月。

（三）粮食问题政治化且国际粮农贸易规则不完善

多边贸易规则遭到破坏。新冠疫情和乌克兰危机发生的 2020 年和 2022 年，实施出口贸易限制措施的部分国家并没有向世界贸易组织事前通报，违背了世界贸易组织的贸易自由化、便利化规则。2022 年，受乌克兰危机影响，作为全球粮食主要出口国俄罗斯的粮食、化肥出口贸易虽未被主要经济体直接制裁，但其受到的金融制裁、贸易制裁已经严重影响粮食正常出口（Glauber and Laborde，2023），粮食贸易被政治化、工具化、武器化，严重破坏了多边贸易规则。

农业国内支持相关规则不公平。发达国家先发优势体现在通过对国内农业提供直接支持，在提供受限制的农业支持方面有更大的灵活性（Lars and Orden，2023），在发展阶段的早期就形成了较强的农业国际竞争力。对于后发国家而言，为本国农业发展、提升生产力、保障粮食安全等方面提供的补贴和支持措施则受到现行多边贸易规则的强制性约束，"马太效应"凸显，制约了发展中国家农业国际竞争力的提升。

粮食安全公共储备规则不完善。现行多边贸易规则不合理地将一些发展中国家用于粮食安全的公共储备列入扭曲国际贸易的"黄箱"，导致部分发展中国家为保障本国粮食安全而构建本国粮食储备体系的努力受相关国际规则约束和干扰。

（四）全球粮食安全治理机制不顺畅、成效不及预期

全球粮食安全治理机制不完善。联合国成立了"全球粮食、能源和金融危机应对小组"，在短期内起到了一定的统筹协调作用，但与联合国其他机构和联合国以外机构在涉及食物主权、气候变化、绿色发展、粮食国际贸易、财政、金融及地缘政治等领域有关方案、目标及具体规则设计并不一致（李先德等，2022），全球粮食安全治理弱化（樊胜根等，2019），长期和短期工作统筹机制仍有待完善。

多边和区域治理机制的粮食安全议题协同性不足。长期以来不公正、不合理的全球经济治理机制是发展中国家农业落后和粮食不安全的一个重要原因（阿马蒂亚·森，2000；速水佑次郎和拉坦，2014）。多边和区域治理机制的粮食安全治理议题呈现碎片化，如七国集团、二十国集团、经济合作与发展组织等各自设置的粮食安全框架、议题，且与发展中国家的粮农战略及政策的统筹协调有待提升，未能充分回应发展中国家粮食安全的最迫切需求。

对发展中国家粮食援助力度不足、方式不适宜。从援助资金看，人道主义援助资金增速落后于面临粮食不安全人群的增速，难以有效解决粮食危机和降低粮食不安全程度。2020—2021 年，53 个面临粮食危机国家的粮食、农业和生计的援助资金增加了 20%，

达到历史新高98亿美元，但面临严重粮食危机人群大幅度增加，因此，在IPC/CH第三阶段及以上的人群获得的援助资金下降了40%，从2018年的每人85美元降至2021年的每人51美元。从援助方式看，一些粮食出口大国以援助为手段迫使发展中国家特别是低收入国家进一步开放粮食市场，以短期现金援助替代长期、可持续的现代农业技术和知识经验的传播，更多以"授人以鱼"方式解决临时性饥饿、粮食不安全问题，而持续提高农业生产系统韧性、应对自然风险的农业生产力等"授人以渔"的方式较少（李小云等，2020）。

三、合力提升全球粮食安全水平

为切实应对和解决全球、区域和国家层面的粮食安全问题，国际社会应将粮食安全置于2030年可持续发展议程的优先位置，在尊重发展中国家主权和国情前提下，聚焦重点区域、围绕难点问题，更加关切和更快回应发展中国家对农业发展与粮食安全的合理诉求和迫切需求，携手提升全球与发展中国家粮食生产水平和保障能力，完善全球粮食安全治理体系和政策框架，提升全球粮食系统韧性，持续改善世界粮食安全状况。

（一）提升发展中国家粮食生产水平与保障能力

促进多边、双边发展经验共享，以南北合作为主渠道，以南南合作为补充，助力发展中国家特别是欠发达国家和低收入缺粮国提升现代农业发展水平，促进粮食产能增长和能力提升。

坚持合作发展，提升发展中国家耕地产出率和农业科技水平。在耕地方面，促进耕地保护、水利灌溉、土壤质量提升等农业基础设施建设，促进耕地产出率提升。在科技方面，强化农业科技创新合作，减少高新科技交流限制，共同推动农业科技创新与应用，特别是帮助农业发展滞后的发展中国家，着力推动大中型、智能化、复合型农业机械的研发应用。加大对种业科技创新支持力度，推进种质创新、新品种选育、高效繁育等方面农业核心技术的研发应用等，提高科技对粮食生产的贡献度。强化数字农业、绿色农业新技术合作，支持和帮助发展中国家引入现代农业生产要素，提高农业现代化水平。

加强经验和知识交流分享，合作解决发展中国家农业发展重点难点问题。支持国际组织、政府、企业、社会组织等多元主体，通过组织研讨交流、援建农业技术示范中心、开展农业管理与技术培训、人才交流等多种方式，分享农业生产发展的有益实践、适用技术、成功经验，促进理念、政策和知识的交流合作，着力解决中长期全球农业发展不平衡、发展中国家农业发展水平滞后等重大现实问题。

聚焦全球粮食安全脆弱区域，增强发展中国家粮食安全保障能力。推动粮食安全治理理念从"危机应对"向"危机预防"转变。强化全球和区域合作，协同保障粮食安全。转变全球粮食治理理念（张帅，2023），正确客观认识粮食储备的宏观调控与应急保供的重要作用，避免将其政治化、工具化、武器化，提高粮食储备保障能力。

围绕粮食供应链的薄弱环节，帮助发展中国家补齐短板。加强防灾减灾救灾体系建设，分享适应气候变化的实践经验，增强应对气候变化和极端天气、抵御自然灾害的能力和韧性。以现代储运技术为支撑构建应急储备粮库，促进储备、物流、减损等基础设施建设，提升储备调节粮食供需平衡和应对风险能力。加强市场能力建设，提高粮食分配效率和公平性，提高对低收入群体的粮食保障能力。加强粮食节约减损合作研究技术应用，减少粮食产前、产中、产后全产业链各环节的损耗，提升粮食资源利用效率，通过供需两侧协同发力保障粮食安全。

（二）防控主要发达经济体粮食政策负面外溢风险

促使粮食回归优先满足人类生存食用需求的基本属性，推动农业跨国巨头企业承担更多社会责任，维持粮价平稳有序波动。

加强宏观政策协调。主要经济体应保持宏观政策连续性、稳定性、可预期性。发挥好国际货币基金组织作用，防范发达经济体货币政策激进调整的负面外溢效应。鉴于美元在国际货币体系中处于中心地位，应敦促美国等主要发达国家采取负责任的宏观经济政策、加强宏观政策协调，避免货币政策激进调整负面外溢效应冲击全球粮食市场，防范经济金融系统性风险对发展中国家特别是低收入缺粮国最基本食物权益的冲击。

强化粮食金融属性监管。加强对全球主要农产品期货市场的监管，特别是对全球产粮大国、贸易大国的粮食金融衍生品、期货、期权的监管，加强对粮食作为投机品的审查监督。

在需求侧削弱粮食能源化属性。优先考虑满足生存需求，加强对粮食生产、出口大国粮食能源化的监管；加强能源、粮食政策的统筹协调，特别是在全球粮食危机期间，产粮和出口大国应有效控制粮食能源化属性，释放粮食出口潜力。

推动跨国农业巨头企业、国际大粮商承担更多社会责任。促进形成粮食多元主体、多元化定价中心，使全球粮食市场充分竞争，逐渐打破粮食国际贸易寡头垄断市场局面。敦促跨国农业巨头、国际大粮商尤其在育种、农资、农化等产业链上游提高社会服务能力，在农产品贸易下游推动产业链稳定畅通，确保在产业链终端的期货市场，国际粮价波动较为平稳有序。

（三）推动建立更加公平的国际粮农贸易规则体系

在兼顾粮食安全保障目标和粮食安全自

主权的前提下，推动完善国际粮农贸易规则体系。

将粮食安全纳入国际贸易规则的考虑范畴。应明确将粮食作为关系人类生存权和发展权的、豁免于地缘政治和国际冲突之外的最基本商品和公共品，避免国家之间因地缘政治、贸易冲突、单边霸权、国际战略等将粮食政治化、工具化、武器化。

确保粮食国际贸易及通道稳定畅通。强化以世界贸易组织为代表的多边贸易平台，构建大宗商品合作伙伴关系，建设开放、稳定、可持续的国际粮食市场，共同畅通供应链；对粮食出口限制措施进行规范和监督，明确贸易限制措施应公开、透明、必要并且在适当范围内，针对不符合规则的贸易限制措施建立有效的惩罚机制；加强多边贸易组织和国际港口、物流平台、关键国际贸易通道国的合作磋商，推动建立相关多双边经贸合作机制，确保粮食贸易及通道畅通，增强全球粮食供应链韧性。

推动多边贸易协定改革兼顾各国国家层面的粮食安全。积极推动发展中国家特别是粮食净进口国、低收入国家等基于国家粮食安全的粮食公共储备纳入适合本国发展阶段的发展箱或绿箱政策支持范畴。

促进国际粮食市场的多元、均衡发展。探索建立全球或区域粮食进口国国际合作网络或联盟，提高粮食进口国市场议价能力。

（四）完善以联合国为中心的全球粮食安全治理机制

加强粮食安全治理主体间的协调，提升全球粮食安全治理的包容性、公平性和有效性。

完善以联合国为中心的全球粮食安全治理机制。支持联合国"全球粮食、能源和金融危机应对小组"和联合国三大粮农机构的工作，加强在联合国框架下的统筹协调，完善全球粮食安全治理框架，加强涉及食物主权、气候变化、粮食国际贸易、财政、金融及地缘政治等相关国际机构在全球粮食危机时的协同。在设置粮食安全议题、制定农业和粮食战略政策时，要以维护和提升全球和本国粮食安全为目标进行综合统筹，推动各机构、平台共商共建共享，形成基本共识、确保行动一致，既各尽其责、充分发挥各项激励机制作用，同时又增强以联合国为中心的粮食安全治理机制的权威性、约束力及执行力。

多边机制、区域机制应加强与联合国机制的协同，避免机制碎片化和重复建设。多边机制、区域机制应在粮食生产、收储、资金、技术等方面提供必要支持。继续用好二十国集团等多边机制、区域机制框架下农业部长会议等已有机制，强化七国集团等多边机制与联合国机构加强协调，防止出现政策冲突并因此导致治理效能低下等问题。

优化全球粮食危机紧急应对机制。在联合国"全球粮食、能源和金融危机应对小组"工作机制的基础上，优化全球粮食安全风险和危机识别系统，完善基于各国粮食生产、库存、贸易大数据系统的全球粮食危机预警信号识别机制，研判全球粮食安全的风险来源、危机程度、具体成因，从而采取更有针对性、更有效的紧急应对措施，如粮食援助等。

切实发挥多边金融机构维护全球粮食安全的作用。国际货币基金组织、世界银行等国际金融机构作为中低收入国家重要融资方，应在金融信贷上尽其所能、加大力度，着重支持低收入缺粮国的经济稳定增长，促进低收入群体就业的相关产业发展，从而提高粮食负担能力；加大对全球粮食国际贸易通道、物流基础设施建设的投资，促进国际粮食贸易稳定畅通；提高对低收入缺粮国农业发展投资。

优化对发展中国家特别是低收入缺粮国家的援助方式。对发展中国家尤其是农产品净进口国家、低收入缺粮国，要采取标本兼治的援助举措：短期看，应通过加大赠款、优惠贷款力度等方式实施粮食援助，提高粮食援助规模，及时向遭受粮食危机国家提供紧急人道主义援助，帮助最脆弱国家和群体尽快渡过粮食危机、免于饥饿；长期看，应加大化肥、农业机械以及灌溉等影响粮食生产能力的物资和技术援助，持续帮助脆弱国家构建长期的、具有气候韧性的农业发展体系，提升粮食安全保障能力，全面、系统、有效应对粮食安全风险。同时，应避免将粮食援助作为政治工具，应强化国际粮食援助项目的监督评价机制，确保粮食援助以受援国主导，同时与受援国需求相匹配。

参考文献

[1] 阿马蒂亚·森. 贫困与饥荒 [M]. 王宇，王文玉，译. 北京：商务印书馆，2001.

[2] 速水佑次郎，弗农·拉坦. 农业发展：国际前景 [M]. 北京：商务印书馆，2014.

[3] 帕特里克·韦斯特霍夫. 粮价谁决定：食品价格中的经济学 [M]. 申清，郭兴华，译. 北京：机械工业出版社，2011.

[4] 西奥多·W. 舒尔茨. 改造传统农业 [M]. 梁小民，译. 北京：商务印书馆，2006.

[5] 樊胜根，张玉梅，陈志钢. 逆全球化和全球粮食安全思考 [J]. 农业经济问题，2019(3):4-10.

[6] 李小云，李嘉毓，徐进. 非洲农业：全球化语境下的困境与前景 [J]. 国际经济评论，2020(5): 61-75+5-6.

[7] 李先德，孙致陆，赵玉菡 . 全球粮食安全及其治理：发展进程、现实挑战和转型策略 [J]. 中国农村经济，2022(6):2-22.

[8] 韩杨 . 中美农业支持政策的演变与完善——基于 WTO《农业协定》影响的对比 [J]. 国际经济评论，2021(6):117-140+7.

[9] 韩杨 .“逆全球化”与中国粮食安全 [J]. 中国经济报告，2022(5):28-37.

[10] 杨静，陈亮，冯卓 . 国际农业垄断资本对发展中国家粮食安全影响的分析 [J]. 中国农村经济，2017(4):75-87.

[11] 张帅 . 联合国全球粮食安全治理理念探析 [J]. 国际展望，2023(1):116-135+157-158.

[12] Bjoern Rother, Sebastian Sosa, Majdi Debbich, Chiara Castrovillari ,and Ervin Prifti. Global Food Crisis Update：Recent Developments, Outlook, and IMF Engagement[R]. 2023.

[13] Economist Impact. Global Food Security Index 2022[R]. 2022.

[14] FAO (Food and Agriculture Organization of United Nations), IFAD (International Fund for Agricultural Development), UNICEF (United Nations International Children's Emergency Fund), WFP (World Food Programme), and WHO (World Health Organization). The State of Food Security and Nutrition in the World[R]. 2022/2023.

[15] FSIN (Food Security Information Network). Global Report on Food Crises 2023[R]. 2022/2023.

[16] FAO (Food and Agriculture Organization of United Nations). Cereal Supply and Demand Brief[R]. 2022/2023.

[17] FAO (Food and Agriculture Organization of United Nations). Crop Prospects and Food Situation—Quarterly Global Report[R]. 2023.

[18] FAO (Food and Agriculture Organization of United Nations). Food Price Monitoring and Analysis Bulletin[R]. 2023.

[19] FAO (Food and Agriculture Organization of United Nations). Food Outlook：Biannual Report on Global Food Markets[R]. 2023.

[20] FAO (Food and Agriculture Organization of United Nations), CFS (Committee on World Food Security). Making a Difference in Food Security and Nutrition[R]. 2022.

[21] FAO (Food and Agriculture Organization of United Nations). 2023. Policy Support and Governance Gateway[EB/OL].[2023-04-18] . https://www.fao.org/policy-support/policy-themes/food-loss-food-waste/en/ .

[22] Girma T. Kassie, Will Martin, Simla Tokgoz. Analysis of the impacts of agricultural incentives on the performance of agricultural value chains[R]. 2022.

[23] Hannah Ritchie, Pablo Rosado, Max Roser. 2023. Food Prices[EB/OL]. [2023-04-18] . https://ourworldindata.org/food-prices.

[24] IMF (International Monetary Fund)，World Economic Outlook—Countering the Cost-of-Living Crisis [R]. 2022.

[25] Joseph Glauber, David Laborde. 2022. How sanctions on Russia and Belarus are impacting exports of agricultural products and fertilizer[EB/OL].[2023-05-14]. https://www.ifpri.org/blog/how-sanctions-russia-and-belarus-are-impacting-exports-agricultural-products-and-fertilizer.

[26] Joseph Glauber, David Laborde, Abdullah Mamun. 2023. Food export restrictions have eased as the Russia-Ukraine war continues, but concerns remain for key commodities[EB/OL]. [2023-04-22] . https://www.ifpri.org/blog/food-export-restrictions-have-eased-russia-ukraine-war-continues-concerns-remain-key.

[27] Joseph Glauber, Manuel Hernandez, David Laborde, Will Martin, Brendan Rice, and Rob Vos. 2023. No end in sight yet for the global food price crisis[EB/OL]. [2023-05-14] . https://www.ifpri.org/blog/no-end-sight-yet-global-food-price-crisis. September 2022.

[28] Lars Brink and David Orden. Agricultural Domestic Support under the WTO: Experience and Prospects [M]. Cambridge University Press in series International Trade and Economic, 2023.

[29] OECD (The Organization for Economic Cooperation and Development), FAO (Food and Agriculture Organization of United Nations). OECD-FAO Agricultural Outlook 2022-2031[R]. 2022.

[30] OECD (The Organization for Economic Cooperation and Development), FAO (Food and Agriculture Organization of United Nations). OECD-FAO Agricultural Outlook 2023-2032[R]. 2023.

[31] UN (United Nations) . 2023. Global Crisis Response Group on Food, Energy and Finance[EB/OL]. [2023-04-15] . https://news.un.org/pages/global-crisis-response-group.

[32] USDA (United States Department of Agriculture). World Agricultural Supply and Demand Estimates [R]. 2023.

[33] World Bank. 2023. Food Security update[EB/OL]. [2023-05-04]. https://www.worldbank.org/en/topic/agriculture/brief/food-security-update.

第六章
共同提升人类卫生健康水平

卫生健康既是民生福祉的核心内容，也是全球经济社会发展的重要基础。当前，全球卫生健康不充分不均衡问题突出，主要原因在于全球健康保障体系尚不健全、数字鸿沟加大医疗服务资源不平等、将健康融入所有政策理念尚未付诸有效实践以及全球卫生治理存在不足等。新冠疫情对世界各国人民生命安全和身体健康、经济社会发展和全球治理造成严重冲击，但新冠疫情不会是人类面临的最后一次公共卫生危机，全球健康挑战也远不限于大流行病。人类的唯一出路就是增进团结、加快行动，持续打造包容、有韧性的卫生系统，不断完善全球卫生治理体系，构建人类卫生健康共同体，守护人类健康美好未来。

一、全球卫生健康发展不平衡不充分

（一）新冠疫情对全球人群健康造成深刻影响

新冠相关死亡病例及"长新冠"患者人数众多。截至 2023 年 8 月 17 日，新冠累计感染病例达 7.698 亿例，直接导致全球超过 695.55 万人死亡（WHO，2023a）。全球直接和间接归因于新冠的超额死亡人数可能超过新冠直接导致的死亡人数的 3 倍（见图 6-1），即逾 2000 万人。对截至 2021 年 1 月的 81 个国家新冠导致的生命损失年数进行估测显示，全球生命损失年超过 2050 万年（Pifarré i Arolas H. et al.，2021）。此

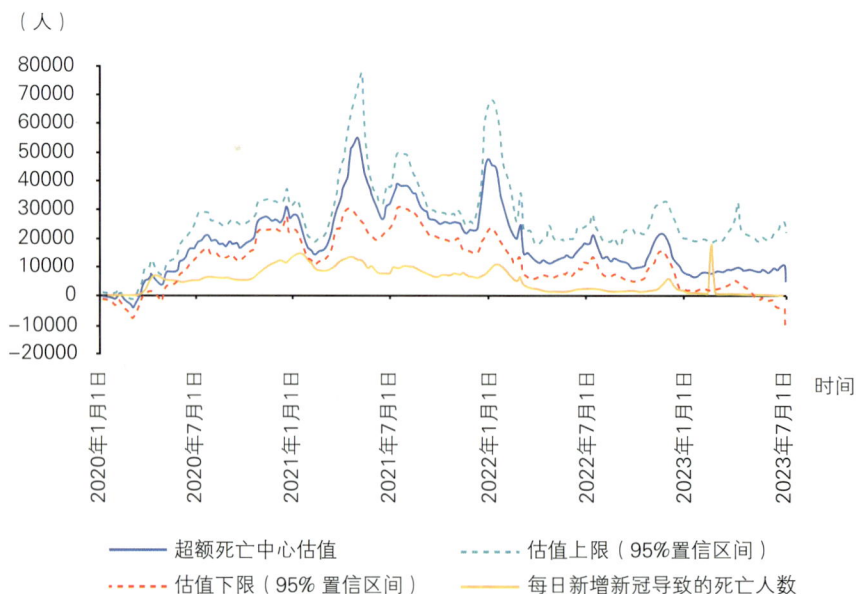

图 6-1　全球每日超额死亡人数估测

注：超额死亡人数是已发生的死亡人数与根据前几年的数据在没有大流行病的情况下预计的死亡人数的差额。
它包括与 COVID-19 直接（由于疾病）或间接（由于新冠大流行对卫生系统和社会的影响）相关的死亡。
资料来源：用数据看世界网站。

外，据估计，全世界至少有 6500 万人患有"长新冠"，即 10% 的感染者会留下长期后遗症（Davis H. E. et al.，2023），特别是新发慢性疲劳综合征和自主神经功能障碍，很可能终生不愈。

新冠疫情导致全球人均预期寿命下降。在疫情最严重的 2020 年，全球各大洲人均预期寿命下降。尽管 2021 年多国人均预期寿命有所回升，但从区域来看，大多未能恢复到疫情前水平，甚至有些国家比 2020 年值更低（见图 6-2）。

弱势群体卫生健康遭受巨大威胁。弱势群体新冠感染率和病亡率均更高。贫困人口、老年人、残疾人、慢性病患者、少数族裔群体等弱势群体面临更高感染风险和更大死亡概率（UN，2021）。上述差异并非由生理性因素导致，更多是由居住条件、职业、社会经济地位和医疗保健等方面的不同导致的。

同时，儿童和青少年心理健康受到新冠疫情负面影响。2020 年 3 月—2022 年 5 月，全球有 1050 万 18 岁以下的青少年因新冠疫情失去一位直接照护者（WHO，2023b）。新冠疫情也导致婴儿免疫覆盖率从 2019 年的 86% 降至 2020 年 的 83%（UN，2022a）。据估计，有 2500 万名 1 岁以下儿童在 2021 年没有接种基本疫苗，这一数据为 2009 年以来的最高值。与 2019 年相比，2021 年完全未接种疫苗的儿童人数增加了 500 万（UNICEF，2023a）。

其他传染病防治被扰乱。2020 年，多达 73 个国家在新冠大流行期间面临治疗服务被阻碍或中断问题，约 1700 万艾滋病毒感染者受到影响（Chow E. P. F. et al.，2020）。在新冠疫情和其他全球危机的共同影响下，艾滋病、结核病防治工作停滞或中断，投入资源减少，数百万人的生命面临威胁（UNAIDS，2022）。

（岁）

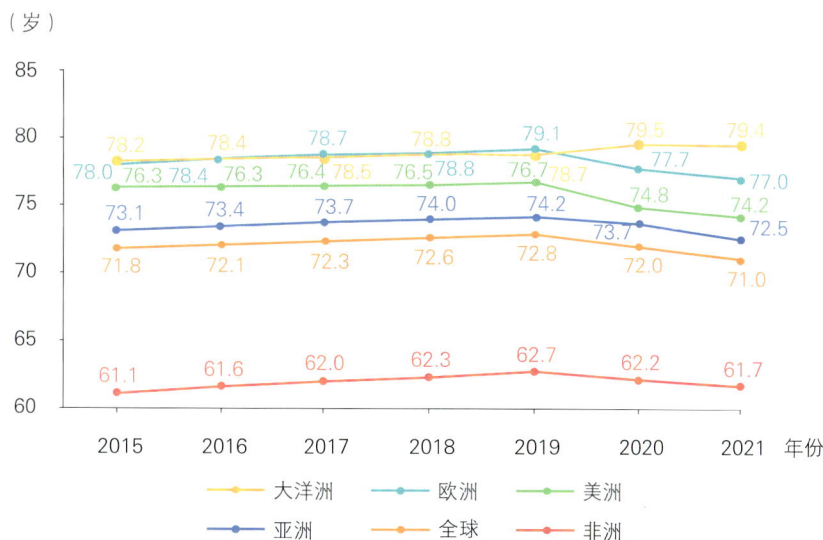

图 6-2　2015—2021 年全球不同区域人均预期寿命

资料来源：用数据看世界网站。

2021年，有1060万人患结核病，比2020年增加4.5%。2020—2021年，耐药结核病患者增加了3%（WHO，2022a），是多年来首次报告结核病患者数和耐药结核病患者数双增加。此外，30%~40%疟疾流行国家的疟疾诊断和治疗服务也受到一定程度的影响，2020年全球有62.7万人死于疟疾，估算感染病例高达2.41亿例，其中大约2/3的死亡是新冠疫情期间疟疾诊断和治疗服务中断导致的（UN，2022b）。

非传染性疾病、精神卫生问题等挑战增加。新冠疫情期间，全球近半数国家报告了一次或多次非传染性疾病的基本服务中断。从长期看，这些中断将导致患有非传染性疾病或具有相关风险因素的人出现并发症，致使死亡人数增加。新冠疫情还对世界各地民众的精神健康造成了严重影响。2020年，全球焦虑和抑郁症发病率增加了25%。

（二）全球卫生系统遭受严峻挑战

卫生服务供给减少，使用效率降低。新冠疫情给全球卫生系统带来持续压力，严重影响了医疗卫生服务供给。在疫情高峰期，医疗机构和相关服务人员超负荷工作，人员、物资严重紧缺（Myers and Liu，2022），但相较于新冠疫情前，全球医疗服务次数总体下降了37%、就诊量下降了42%、入院率下降了28%、就诊人数下降了31%、治疗人数下降了30%（PWC，2021），医生日均担负诊疗人次平均下降了18%（见表6-1），住院患者出院人数的降幅达到了15%，其中部分国家住院患者出院人数的降幅超过了20%。衡量医疗机构病床利用效率的病床使用率和平均住院天数指标也有所下降。相较于2019年，2020年各国病床使用率均有下降，有的降幅超过20%（见表6-2），大部分国家的患者平均住院天数也有不同程度的增加（见表6-3）。

表6-1　2015—2020年部分国家医生日均担负诊疗人次　　　　　　　　　　单位：人次

国家	2015年	2016年	2017年	2018年	2019年	2020年
澳大利亚	6.8	7.0	7.1	7.3	7.3	6.8
德国	10.0	10.0	9.9	9.9	9.8	9.5
意大利	9.6	9.9	10.1	10.3	10.4	5.2
中国	8.4	8.3	8.2	8.0	8.1	6.8
韩国	16.6	17.1	16.7	16.9	17.2	14.7
墨西哥	2.7	2.6	2.5	2.4	2.3	2.1
挪威	4.3	4.4	4.5	4.5	4.4	3.7
斯洛伐克	11.3	11.4	10.9	10.9	11.1	10.1
土耳其	8.4	8.6	8.9	9.5	9.8	7.2
巴西	2.6	2.4	2.3	2.0	2.0	1.4

资料来源：经济合作与发展组织。

表6-2 2015—2020 年部分国家病床使用率

单位：%

国家	2015 年	2016 年	2017 年	2018 年	2019 年	2020 年
加拿大	91.6	91.8	91.6	91.7	91.6	82.7
法国	75.3	75.6	75.7	75.7	75.9	69.9
德国	79.8	80.2	79.8	79.1	78.9	69.6
意大利	78.9	77.5	78.9	78.7	78.1	67.7
中国	79.5	79.8	79.7	78.8	78.0	67.7
日本	74.5	74.8	75.5	75.8	76.1	71.2
墨西哥	78.0	72.3	75.9	73.4	74.1	56.7
荷兰	65.0	66.3	65.4	63.8	63.7	59.6
葡萄牙	80.9	81.7	82.6	82.0	82.0	74.1
土耳其	68.8	67.3	67.4	66.1	65.5	52.2

资料来源：经济合作与发展组织。

表6-3 2015—2020 年部分国家患者平均住院天数

单位：天

国家	2015 年	2016 年	2017 年	2018 年	2019 年	2020 年
丹麦	5.5	5.4	6.0	5.5	5.7	5.4
法国	8.8	8.8	8.8	8.8	8.8	9.1
德国	9.0	8.9	8.9	8.9	8.8	8.7
日本	29.1	28.5	28.2	27.8	27.3	28.3
韩国	17.9	17.4	18.4	19.1	17.9	19.1
墨西哥	4.2	4.0	4.3	4.5	4.4	4.9
土耳其	3.9	4.0	4.1	4.2	4.2	4.5
巴西	5.4	5.4	5.2	5.2	5.1	5.2
中国	9.6	9.4	9.3	9.3	9.1	9.5
南非	6.2	6.2	6.2	6.0	6.1	5.9

资料来源：经济合作与发展组织。

全民健康保障进展基本停滞。实现全民健康保障对于提高各国人民基本卫生服务的可及性和可负担性至关重要。新冠疫情几乎逆转了过去数年全球健康保障的进程。2015—2019 年，全球全民健康覆盖服务覆盖指数[①] 呈现稳步上升趋势。新冠疫情发生后，全球和各地区全民健康保障进展基本停滞，非洲地区甚至出现下降（见图 6-3）。

图 6-3　2015—2021 年全球全民健康覆盖服务覆盖指数

资料来源：世界卫生组织。

医护人员遭受沉重打击。新冠疫情给全球医护人员带来深远负面影响。据世界卫生组织测算，仅 2021 年 1—5 月，全球就有 18 万名卫生和护理人员死于新冠。国际护士理事会（ICN）报告称，新冠疫情让现有的护士供应更短缺，危重病人数量激增和死亡率骤升对医护人员心理健康造成严重影响（Africa Europe Foundation，2022）。

（三）全球医疗服务和资源获取不平等加剧

"疫苗鸿沟"持续拉大。新冠疫苗对于降低感染率和死亡率起着重要作用，但疫苗可及性问题持续存在，低收入国家与高收入国家在新冠疫苗接种方面存在明显差距。截至 2023 年 6 月，高收入国家 72.96% 的人已经接种了至少一剂疫苗，而低收入国家仅有 34.27% 的人接种了至少一剂疫苗（WHO，2023d）。从地区分布看，大多数疫苗接种率较低的国家都在撒哈拉以南非洲，布隆迪、刚果民主共和国和乍得等国只有不到 1% 的人口完全接种了疫苗（UN，2022a）。"疫苗鸿沟"导致全球低收入国家新冠死亡人数是高收入国家的 4 倍（UNDP，2023）。

---

① 全球全民健康覆盖服务覆盖指数（可持续发展目标指标 3.8.1）由世界卫生组织开发，满分为 100，该指数从 2000 年的 45 增加到了 2019 年的 68。

新冠患者诊断和治疗存在严重不平等现象。诊断方面，截至 2022 年 3 月，全球 30 亿次诊断检测中，低收入国家仅占 0.4%（Balakrishnan，2022）。治疗方面，截至 2022 年 11 月，只有 8 个低收入国家获得了新冠抗病毒口服药的治疗方法（UNICEF，2023b）。

卫生人力资源分布极不均衡。卫生人力资源规模影响基本卫生服务的可及性。评估显示，全球卫生工作者短缺，缺口从 2013 年的 2000 万人减少到 2020 年的 1500 万人，预计到 2030 年将减少到 1000 万人。尽管全球

卫生工作者大幅增加，但疾病负担最重区域卫生工作者比例仍然最低。2014—2021 年的数据显示，欧洲地区的医生、护理和助产人员以及牙医卫生工作者密度最高，分别为每万人 36.6 人、83.4 人和 6.2 人。卫生人员密度最低的是非洲地区，每万人中仅有 2.9 名医生和 12.9 名护理和助产人员（见图 6-4）。全球至少有 55 个国家存在严重的医护人员短缺问题，其中有 37 个为非洲国家（联合国，2023）。农村和偏远地区面对的卫生人员不足的挑战更为严峻。

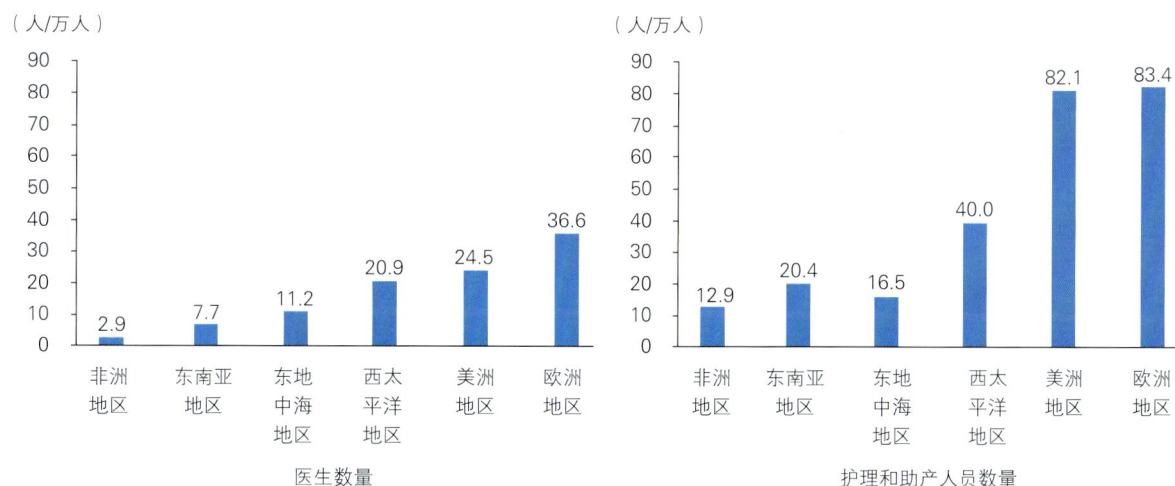

图 6-4　2014—2021 年每万人中的医生数量、护理和助产人员数量

资料来源：《2023 世界卫生统计报告》。

（四）发展中国家卫生融资压力持续加大

新冠疫情导致全球卫生支出规模激增，但发展中国家卫生支出力度不足。2020 年

全球卫生支出占 GDP 的比重达到了 7.1%，同比增长 9.6%，政府卫生支出占卫生支出[①]的比重达到了 10.68%，同比增长 2.2%。非洲、东南亚以及中亚地区的政府卫生支出水平尚未达到全球平均水平[②]。非洲和东南亚

[①] 卫生支出中，除政府支出外，还有社会及个人支出。

[②] 其中，非洲地区卫生支出占 GDP 比重仅为 5.49%，政府卫生支出占卫生支出比重仅为 7.29%。

地区的人均卫生支出也远低于全球，仅为欧洲地区人均卫生支出的 4%，难以应对新冠疫情等卫生问题。在新冠相关卫生支出总额和人均卫生支出上，发展中国家和发达国家差距巨大。例如，津巴布韦新冠相关卫生支出总额仅为 3900 万美元，加拿大则达到了 227.28 亿美元；埃塞俄比亚人均新冠卫生支出仅为 1 美元，德国则达到了 250 美元（WHO，2023c）。

发展中国家新冠卫生支出占卫生总支出的比重高，疫苗费用负担重。虽然新冠疫苗接种计划所导致的医疗费用增加情况具有全球普遍性，但低收入国家面临的费用增加压力更为突出（UNDP，2021）。高收入国家平均增加 0.8% 的医疗开支，即可支付 70% 人口的疫苗接种费用；而低收入国家必须平均增加 56.6% 的医疗开支，才能支付 70% 人口的疫苗接种费用（UNDP，2023）。此外，由于全球仅有部分国家具有研发和生产疫苗的能力与基础设施，全球疫苗供应存在生产基地过于集中导致的短缺风险以及区域供应不均衡的现象。中等偏下收入国家新冠疫苗产品支付费用甚至高于高收入国家。低收入国家每年人均卫生支出仅为 41 美元，每人接种两剂疫苗的交付成本为 3.70 美元，无疑是巨大的财政负担（WHO，2021b）。

发展中国家政府卫生投资能力下降。新冠疫情对全球经济造成巨大冲击，对各国卫生支出能力造成严重干扰。预计到 2027 年，全球 41 个国家和地区的政府支出将持续低于疫情前水平，严重限制了这些国家在卫生领域的投资。此外，部分国家由于需要支付较高的公共债务利息，不得不减少对卫生领域的投入。据估计，到 2027 年，利息支付将使低收入国家的医疗支出能力平均下降 7%，中等偏下收入国家下降 10%，一些国家甚至可能下降 15%~30%。政府医疗支出能力下降将导致许多发展中国家难以预防和控制传染病大流行，进而减缓全民健康保障的进程，加剧国家间不平等，并影响全球健康和安全（Kurowski et al.，2022）。

全球卫生融资赤字巨大。根据二十国集团高级别独立小组对全球疫情大流行防范、准备和应对（PPR）资金缺口的评估，全球每年至少需投入 310 亿美元，目前缺口为每年 105 亿美元（WHO and World Bank，2022）。发达国家长期未兑现官方发展援助承诺，全球经济衰退还可能导致援助预算大幅缩减，加大卫生等领域融资缺口。此外，宏观经济的不景气致使各国难以满足艾滋病治疗和免疫计划以及其他卫生服务的共同融资需求。卫生融资困难将导致受援国难以应对卫生挑战，甚至酿成更大的卫生危机，进一步消耗有限的援助资源（Glassman A. et al.，2023）。

（五）气候变化加剧健康风险

气候变化是人类面临的最大健康威胁

之一。全世界每年有超过 1300 万人死于可避免的环境因素[①]。气候变化和极端天气增大传染病风险。例如，极端的气候和天气导致越来越多的亚非拉民众流离失所（IPCC，2023），增加脆弱国家和地区的结核病发生率（Maharjan B. et al.，2021）。由于气候变暖，疟疾将向亚非拉等高纬度地区扩散（Tanser F. C. et al.，2023）。随着气候变化和持续的快速城市化，登革热的发病率可能会增加（WHO，2021a），血吸虫病流行区范围也将逐渐扩大。气候变化所致的人口迁徙以及全球贸易和旅游的发展加大了人畜共患疾病的风险，可能再次引起全球大流行病。据估计，目前有 75% 的新发病毒相关传染病起源于人畜共患病，寨卡病毒、埃博拉病毒等都有可能来自动物（Leifels M. et al.，2022）。

二、多重因素导致全球卫生健康挑战

（一）全球健康保障体系尚不健全

全民健康覆盖目标远未实现。社会保障体系既要保障医疗服务的公平可及，又应当避免弱势群体因疾病或突发灾害而陷入贫困。全球远未实现可持续发展目标 3 的具体目标以及到 2023 年使全民健康覆盖人数增加 10 亿的目标，且各区域和国家实现全民健康覆盖的路径和进展差距巨大。2021 年全球全民健康覆盖服务覆盖指数达到了 68，得分最高的地区分别为欧洲（81）、美洲（80）和西太平洋地区（79），而最低的非洲仅为 44，且非洲在新冠疫情后该指数呈现下降的趋势[②]。

发展中国家基本卫生服务保障不足。如不考虑新冠疫情的影响，按照此前基本卫生服务保障和家庭灾难性卫生支出[③]的进展速度，到 2023 年，预计约 2.7 亿人能够得到基本卫生服务的保障，约 7.3 亿人将出现灾难性的自付卫生支出。新冠疫情导致家庭灾难性卫生支出的发生率更高，贫困状况恶化。在中等偏下收入国家，因家庭财务限制而放弃医疗的比例更高。世界银行在 39 个中等偏下收入国家的抽样调查中发现，近 19% 的家庭无法获得所需的卫生保健服务，财务限制是卫生服务可及性不足的最重要原因。

全球卫生应急准备能力不足。尽管此前

[①] 这些因素包括加速的气候危机、空气污染、卫生设施和清洁水不足、接触化学品和辐射，以及不安全的城市环境。

[②] 2030 年可持续发展目标强调"实现全民健康覆盖，包括财务风险保护、获得优质基本卫生保健服务以及人人获得安全、有效、优质和负担得起的基本药物和疫苗"（可持续发展目标指标 3.8.1）。监测和评估全民健康覆盖进展对于落实该指标至关重要，为此，世界卫生组织在全球、区域和国家层面开展全民健康覆盖服务覆盖指数、家庭预算相关的医疗支出等指标的监测。全民健康覆盖服务覆盖指数按服务覆盖范围分为以下几类：生殖、孕产妇、新生儿和儿童健康；传染病；非传染性疾病；服务能力和可及性。

[③] 家庭灾难性卫生支出 (Catastrophic Health Expenditure, CHE) 被定义为家庭现金支付的医疗卫生费占家庭消费的比例超过一定的界定标准。

全球已经历过"非典"、中东呼吸综合征、埃博拉等疫情，但来势凶猛的新冠疫情显然超出了各国的既往认知和能力。几乎所有国家的卫生系统在新冠疫情期间都遭遇了医疗挤兑、设备短缺等前所未有的冲击，暴露出全球在公共卫生应急处置能力、物资储备与协调以及国际合作等方面的短板。值得注意的是，新冠疫情防控得好坏与基于以往经验设定的卫生体系绩效和能力并非呈简单正相关关系，部分卫生体系绩效较高、基础设施完备且技术能力和投入均较高的国家新冠发病率和死亡率较高。全球和各国卫生体系的绩效与韧性需要重新审视。

（二）数字鸿沟加大医疗服务资源不平等

数字转型总体有利于全球更好应对卫生问题，但也应看到数字技术和数字经济发展不均衡给全球健康事业带来的挑战。数字鸿沟背景下，富裕国家和高收入群体有更多机会享受新技术带来的健康福利，而发展中国家和贫困人口则难以获得技术红利（Center for Global Health Inequalities Research，2020），不同国家、不同阶层间的卫生健康资源差距加大（Saeed and Masters，2021）。

一是获取健康信息机会的不平等。未获得数字技术覆盖的个人或地区可能因信息缺乏或接触错误、虚假信息而导致延误治疗或无效干预，而有健康信息的社区和个人则能

更有效地应对疾病，特别是传染病。

二是获得医疗专业知识的不平等。数字工具和方法能够有效扩大医务工作者专业技能和服务范围，弥补卫生工作者的短缺，然而数字鸿沟造成贫困地区难以同等享受数字工具对医疗服务的有效补充。

三是获得医疗产品和其他干预措施的不平等。数字工具和方法能够简化供应链并提供更好的数据预测，解决供应短缺问题。电子物流管理信息系统（eLMIS）提供了库存保障，帮助患病人群获得所需药品，而缺乏数字技术辅助地区则易产生供需错配、配送不及时等问题。

四是公共卫生服务的不平等。数字技术可能因数据不可得而严重低估了弱势社区的成员数量，导致卫生系统中诊断及服务的不公。部分老幼或不能使用数字工具地区的人群因健康数据难以获得而较难通过数字工具享有相关服务。

五是对灾难性医疗费用支持的不平等。健康保险和政府数字金融服务可以防止因病致贫，是对个人和家庭的重要保护。然而，没有银行账户或在不能使用数字工具地区的人群往往无法获得相应保护（WEF，2021）。

（三）全球卫生治理存在不足

世界卫生组织引领全球卫生治理作用有待提升。有效应对全球性公共卫生危机需要

强有力的、超越国界的、中立专业的多边机构。在新冠疫情应对过程中，世界卫生组织在领导和协调全球卫生治理、全球公共产品供给、开展防范和监测行动、加强全球团结等方面采取了一系列行动，在防控全球疫情方面发挥了重要作用。但世界卫生组织也因筹资等问题而面临自主决策能力弱化等挑战。

其他重要多边全球卫生治理机制面临多重挑战。近年来，以二十国集团、世界银行为代表的重要多边机制在全球卫生治理和融资议题设置、推动成员团结抗疫等方面发挥了积极作用。例如，新冠疫情期间，举办了二十国集团领导人应对新冠肺炎特别峰会、二十国集团领导人全球健康峰会、二十国集团财政和卫生部长联合会议讨论全球卫生治理和融资问题，倡议在世界银行设立疫情大流行基金以加强发展中国家防范和应对疫情大流行能力等，世界银行等多边开发银行为全球卫生融资作出了重要贡献。但是，重要多边全球卫生治理机制也面临发展中国家代表性和话语权不足，以及执行和落实机制不力等挑战。

非国家行为体作用不断提升，但仍需加强与其他治理机制的协调。在全球卫生治理中，慈善机构、专业机构等非国家行为体的作用不断增强。如比尔及梅琳达·盖茨基金会，全球抗击艾滋病、结核病和疟疾基金，全球疫苗免疫联盟等非国家行为体聚焦全球卫生治理专业议题，具有专业权威、目标明确、资金充足、财务透明、易于监管等优势，

容易在短期内取得成效，受到发达国家和国际机构的重视，成为重要的全球卫生合作伙伴。但也应看到，非国家行为体开展的工作受到捐助国和捐助机构影响，存在治理主体多元、优先事项冲突或重叠等问题，难以与其他治理机制形成合力。

三、合力构建人类卫生健康共同体

疾病特别是重大传染病是全人类的敌人。维护全人类的健康，建设惠及全人类、高效可持续的全球公共卫生体系，是摆在我们面前的一项重大紧迫课题。站在历史的十字路口，国际社会唯有团结一致、凝心聚力，坚持人民至上、生命至上，有效保障每个人的生命安全与身体健康，切实尊重每个人的生命价值和尊严，携手构建人类卫生健康共同体，才能有效应对全球卫生挑战，战胜关乎全人类安危的大流行病，共同守护人类健康（见专栏6-1）。

（一）持续防范和应对重大传染性疾病

合力将新冠疫情影响降至最低。遵循科学的防控策略和方法，采取医学和非医学手段相结合的方式，结合各国、各地区能够有效推进的方法开展防控，并根据疫情发生发展特点，本着科学精准、因时因势的原则优化调整防控策略和防控手段。应尽快解决"免

专栏 6-1　中美合作共同抗击非洲埃博拉疫情

埃博拉疫情在非洲蔓延期间，中国派出的医护人员和公共卫生专家与来自美国的工作人员携手帮助非洲疫区抗疫，为国际合作抗疫树立了典范。在塞拉利昂，中美两国派出人员在中国实验室共同开展抗疫工作。在利比里亚，美国空军部队主动派出多辆大型叉车协助中方卸载紧急物资。美方还表示协助中方可能受感染人员就近医治或提供转运服务。

此外，双方还就研发和生产埃博拉治疗药物和疫苗进行密切合作。美国公司迈普生物制药（Mapp Biopharmaceutical）开发了埃博拉治疗药物 ZMapp，但由于技术和设备限制导致药物生产速度过慢，不能满足抗疫需求。对此，中国人民解放军军事医学科学院和北京天广实生物技术股份有限公司获得 ZMapp 知识产权持有者的许可，对 ZMapp 工艺进行改造，研发出可以批量生产的 MIL-77，由非营利组织无国界医生批量订购并在疫区广泛使用，有效控制了疫情传播。此后，迈普生物制药和北京天广实生物技术股份有限公司签署协议，允许将 MIL-77 在全球范围内（除中国外）进行市场推广。

资料来源：美国卡特中心。

疫鸿沟"的问题，遵循新冠疫苗作为全球公共产品的第一属性，推进疫苗在全球的公平合理分配。积极推进国际合作，开展针对变异毒株的药物和疫苗的研发与应用，为全球各国提供有效、可负担的新冠治疗药物和疫苗。

持续开展新发突发传染病监测。合作完善全球及区域流行病应急监测体系，做好区域内各方资源的有效协调与管理。强化人畜共患传染病中动物传染源监测与控制，加强国家和区域动物疫病监测能力和基础设施建设。加强卫生安全技术合作和政策协调，加强社区抵御能力，探索更有效的预防和应对举措。加强对食品市场及食物供应链的监管。评估可能出现的新发或突发传染病风险，合作开展关于动植物利用与新发流行病风险联系的研究、监测和经验分享，探索生物多样性丧失与传染病暴发间的关系。

加快全球疫苗和药物研发合作。建立全球疫苗和药物合作研发中心、技术转移中心和联合研究实验室，开展针对新发流行病疫苗和药物的研发合作，成立流行病研究专家网络，促进流行病学科跨国交流访学，加强产学研合作和公私部门伙伴关系。

完善应急储备和资源调动系统。提高突发公共卫生事件应急响应速度，加快建立全球和区域应急医疗物资储备与调运机制，建立反应迅速、分配可及、随时可用的应急医疗储备中心，实现信息共享、储备完善、统一调配、标准协调的区域物资联盟。提升公私合作和临时应急生产能力。依托产业园和物流园深化产能合作并促进本地化生产，提升发展中国家应急医疗物资的临时生产和应急能力。合作开展卫生应急培训和应急人才队伍建设。依据区域国别需求制定有针对性的课程培训计划和举行模拟演练活动。

（二）建立更具韧性更加公平的全球健康保障体系

加快普及全民健康覆盖。进一步提升公共卫生服务和基本医疗服务的可及性与可负担性。确保让所有人群公平获得医疗保健服务的机会，减小健康不平等，特别是脆弱人群和社会经济地位较低人群的卫生服务覆盖率，减少其因病致贫风险。增加疾病覆盖种类，减轻非传染性疾病患者的卫生保健费用负担。

完善初级医疗卫生保健体系。增强卫生体系韧性，建立平急结合、医防融合的卫生应急体系，统筹公共卫生服务和基本医疗服务。加强医疗服务设施建设，尤其是基层医疗卫生服务设施建设。对各国、各地区人口发展趋势进行预判和评估，因地制宜地提供适应老龄人口特点的医疗和护理服务。

打造适应未来的卫生人才队伍。加大对卫生工作者的教育投入和保护力度，加强医学教育与卫生事业发展和人口结构变化的协同，确保卫生人力的可持续性。保障卫生工作者的就业权益，促进不同性别、人群的薪资平等，保护心理健康，强化社区服务和支持。

加大卫生健康筹资力度。高度重视卫生健康对人类可持续发展的重要作用，将卫生作为财政预算的优先项。保障儿童免疫接种、孕妇产前护理以及传染病和非传染性疾病的管理等基本医疗卫生服务。改善公共财政管理，采取措施确保卫生系统内的逆周期调节，从而确保贫困人口和脆弱人群的覆盖范围和基本福利。创新卫生融资机制，加强公私合作，扩大对卫生基础设施、卫生人力以及公共卫生产品等领域的投资与融资。

（三）激活数字健康技术潜能

夯实信息基础，增强新技术应用的可持续性。要加强新型基础设施建设，完善发展中国家通信技术和加强基础设施建设，弥合数字产能和技术鸿沟。完善个人信息安全与隐私保护法规，加快数字医疗保健普及覆盖和数字健康解决方案的有效部署。鼓励数字医疗技术领域的跨国联合研发，加快完善数字医疗知识产权保护立法，促进数字医疗技术联合攻关。

加快推进生物医药研发数字化赋能，促进新药可及和可负担。大力普及人工智能技术在医药研发中的应用，促进互联网与生物医药的深度融合，用数字化工具支撑新药研制，减少药物研发所需的时间和高昂成本。加快人工智能制药技术的突破和应用，降低新药研发成本，提升药物可及性与可负担性。

完善数字技术应用保障机制。强化新技术应用的顶层设计，打破公共卫生、疾病控制和健康监测数据的壁垒。坚守医疗质量管理与信息安全底线，构建信息安全保障体系。完善政策激励和保障措施，鼓励新常态新模式下的服务模式转型与创新。

（四）完善以世界卫生组织为核心的全球卫生治理体系

发挥世界卫生组织在全球卫生治理上的核心作用。要增加发展中国家的话语权和影响力。通过增加发展中国家在世界卫生组织等卫生相关国际组织的关键岗位席位，提升发展中国家的决策权和话语权。要提升世界卫生组织领导力和统筹协调能力。维护和改善以世界卫生组织为核心的全球卫生治理体系，提升世界卫生组织的领导力和权威性，有效协调应对突发公共卫生事件时的各方资源，规范成员国行为。

充分发挥二十国集团等多边机制和东南亚国家联盟等区域组织在全球卫生治理中的作用。二十国集团、金砖国家、亚洲基础设施投资银行、新开发银行可在全球卫生治理中发挥更大作用，但应维护世界卫生组织的中心协调地位，同时重点发挥东南亚国家联盟、非洲联盟、拉美和加勒比国家共同体等区域机制的灵活创新作用，在区域范围内形成成员国有效共识，共同推动机制创新和规则突破，更好回应发展中国家利益诉求，发挥对全球卫生治理体系的有效补充和先行先试作用。

完善和创新卫生援助，特别是融资机制。要以发展中国家需求为导向设置卫生援助议题、优先议程和制订解决方案，提升国际卫生援助与合作的可持续性。特别是大力提升对非洲等脆弱地区的援助力度，充分了解非洲等脆弱地区的发展需求，确保卫生合作的针对性、精准性。创新卫生融资机制，推动各类机构特别是发达国家有关机构和世界银行等传统多边开发机构兑现官方发展援助承诺，并持续加大对脆弱国家的援助力度，整合发达国家官方发展援助、世界银行及各区域开发银行、全球基金、各慈善机构等重要专项资金。加强统筹协调，根据全球特别是发展中国家健康需求合理、公正地进行资金分配，建立资金使用的优先顺序，减少重复浪费，提升资金使用效率。制定政策鼓励和规范私营部门对全球卫生的资金支持，建立问责和审查机制，确保资金公平获取和用于疾病预防。

参考文献

[1] 联合国. 2023. 世卫组织：55 个国家因新冠疫情造成卫生人力流失 [EB/OL]. [2023-03-01]. https://news.un.org/zh/story/2023/03/1116147.

[2] Aarestrup F. M., Bonten M., Koopmans M.. Pandemics–One Health preparedness for the next[J]. The Lancet Regional Health–Europe, 2021, 9(10): 100210.

[3] Africa Europe Foundation. 2022.Health-Addressing the health workforce crisis in Africa and in Europe[EB/OL]. [2023-03-01]. https://www.africaeuropefoundation.org/stories/health-addressing-the-health-workforce-crisis-in-africa-and-in-europe/.

[4] Balakrishnan V. S.. 2 years of the Access to COVID-19 Tools-Accelerator[J]. The Lancet Infectious Diseases, 2022, 22(7): 948.

[5] Center for Global Health Inequalities Research. 2020. Health Inequalities and Technology-HEAL Tech[EB/OL]. [2023-03-01]. https://www.ntnu.edu/chain/healtech.

[6] Chow E. P. F., Hocking J. S., Ong J. J., et al. Postexposure prophylaxis during COVID-19 lockdown in Melbourne, Australia[J]. The lancet HIV, 2020, 7(8): e528-e529.

[7] Davis H. E., McCorkell L., Vogel J. M., et al. Long COVID: major findings, mechanisms and recommendations [J]. Nature Reviews Microbiology, 2023, 21(3): 133-146.

[8] EFPIA (European Federation of Pharmaceutical Industries and Associations). Health systems after COVID-19: A perspective on the future of European health systems[R]. 2021.

[9] Glassman A., Keller J. M., Smitham E.. The Future of Global Health Spending Amidst Multiple Crises[R]. 2023.

[10] IPCC (Intergovernmental Panel on Climate Change). Climate Change 2023: Synthesis Report[R]. 2023.

[11] Kurowski C., Evans D. B., Tandon A., et al. From double shock to double recovery-implications and options for health financing in the time of COVID-19[M]. World Bank Group, 2022.

[12] Leifels M., Khalilur Rahman O., Sam I. C., et al. The one health perspective to improve environmental surveillance of zoonotic viruses: lessons from COVID-19 and outlook beyond[J]. ISME communications, 2022, 2(1): 107.

[13] Maharjan B., Gopali R. S., Zhang Y.. A scoping review on climate change and tuberculosis[J]. International Journal of Biometeorology, 2021, 65(10): 1579-1595.

[14] Menges D., Ballouz T., Anagnostopoulos A., et al. Burden of post-COVID-19 syndrome and implications for healthcare service planning: A population-based cohort study[J]. PloS one, 2021, 16(7): e0254523.

[15] Myers L. C., Liu V. X.. The COVID-19 pandemic strikes again and again and again[J]. JAMA Network Open, 2022, 5(3): e221760.

[16] Pifarré i Arolas H., Acosta E., López-Casasnovas G., et al. Years of life lost to COVID-19 in 81 countries[J]. Scientific reports, 2021, 11(1): 3504.

[17] PWC,European Federation of Pharmaceutical Industries and Associations. Health systems after COVID-19 A perspective on the future of European health systems[R]. 2021.

[18] Saeed S. A., Masters R. M. R.. Disparities in Health Care and the Digital Divide[J]. Current psychiatry reports, 2021, 23: 61.

[19] Sachs J. D., Kroll C., Lafortune G., et al. Sustainable development report 2022[M]. Cambridge University Press, 2022.

[20] Tanser F. C., Sharp B., Le Sueur D.. Potential effect of climate change on malaria transmission in Africa[J]. The lancet, 2023, 362(9398): 1792-1798.

[21] UNAIDS (Joint United Nations Programme on HIV/AIDS). In Danger: UNAIDS Global AIDS Update[R]. 2022.

[22] UNICEF (United Nations International Children's Emergency Fund). 2023a. COVID-19 Market Dashboard [EB/OL]. [2023-09-01]. https://www.unicef.org/supply/covid-19-market-dashboard.

[23] UNICEF (United Nations International Children's Emergency Fund). 2023b. New data indicates declining confidence in childhood vaccines of up to 44 percentage points in some countries during the COVID-19 pandemic [EB/OL]. [2023-04-20]. https://www.unicef.org/rosa/press-releases/new-data-indicates-declining-confidence-childhood-vaccines-44-percentage-points-some.

[24] UN (United Nations). The Sustainable Development Goals Report 2021[R]. 2021.

[25] UN (United Nations). 2022a. UN analysis shows link between lack of vaccine equity and widening poverty gap[EB/OL]. [2022-03-01]. https://news.un.org/en/story/2022/03/1114762.

[26] UN (United Nations). The Sustainable Development Goals Report 2022[R]. 2022b.

[27] UNDP (United Nations Development Programme). 2021. Global Dashboard for Vaccine Equity[EB/OL]. [2023-03-01]. https://data.undp.org/insights/vaccine-equity.

[28] UNDP (United Nations Development Programme). 2023.3 years of COVID, 3 myths to debunk[EB/OL]. [2023-03-15]. https://stories.undp.org/3-years-of-covid-3-myths-to-debunk.

[29] World Bank. Collapse and Recovery: How the COVID-19 Pandemic Eroded Human Capital and What to Do about It[R]. 2022.

[30] WEF (World Economic Forum). 2021. How digital technologies can address 5 sources of health inequality [EB/OL]. [2023-03-01]. https://www.weforum.org/agenda/2021/09/how-digital-technologies-can-address-5-sources-of-health-inequity/.

[31] WHO (World Health Organization). 2023a. Coronavirus disease (COVID-19) Pandemic[EB/OL]. [2023-08-17]. https://www.who.int/emergencies/diseases/novel-coronavirus-2019.

[32] WHO (World Health Organization). Committing to implementation of the Global Strategy for Women's, Children's and Adolescents' Health (2016-2030)[R]. 2023b.

[33] WHO (World Health Organization). 2023c. Global Health Expenditure Database[EB/OL]. [2023-03-01]. https://apps.who.int/nha/database/Select/Indicators/en.

[34] WHO (World Health Organization). 2023d. WHO Coronavirus (COVID-19) Dashboard[EB/OL]. [2023-06-27]. https://covid19.who.int/.

[35] WHO (World Health Organization). Global expenditure on health: Public spending on the rise?[R]. 2021a.

[36] WHO (World Health Organization). Costs of delivering COVID-19 vaccine in 92 AMC countries[R]. 2021b.

[37] WHO (World Health Organization), World Bank. Analysis of Pandemic Preparedness and Response architecture, financing needs, gaps and mechanisms[R]. 2022.

[38] WHO (World Health Organization). Global Tuberculosis Report 2022[R]. 2022a.

[39] WHO (World Health Organization). A universal truth: No health without a work force[R]. 2022b.

[40] WHO (World Health Organization). Ending the neglect to attain the sustainable development goals: a rationale for continued investment in tackling neglected tropical diseases 2021-2030[R]. 2022c.

第七章
共同弥合全球发展融资缺口

当前世界经济复苏动力不足，生态环境持续恶化，地缘政治局势紧张，发展鸿沟不断拉大，粮食、能源、经济、金融、公共卫生、气候变化等多重危机交织叠加，全球治理协作不足，人类社会面临前所未有的重大挑战。多重危机背景下，人类发展严重偏离正常轨道，全球落实可持续发展目标遭遇严峻挑战，发展中国家普遍面临发展融资需求持续增加但供给不足等困境。发达国家迟迟未兑现发展援助和气候资金承诺，传统国际金融机构在动员发展资金、纾解债务负担方面行动不足，进一步加剧了发展中国家面临的发展融资挑战。为应对急剧增大的全球性挑战、推动全球发展重回正轨，亟须弥合全球发展融资缺口、完善全球发展融资体系。本章主要聚焦双边、多边官方发展资金，旨在系统回顾全球发展融资的现状，全面分析全球发展融资不足的原因，探讨如何更好弥合全球发展融资缺口、推动全球共同和可持续发展。

一、全球发展融资缺口巨大

（一）发展中国家发展融资需求持续增加

确保稳定充足的资金支持是实现发展的关键。当前，全球多重挑战和危机交织叠加，世界经济复苏动力不足，发展鸿沟不断拉大，发展中国家面临巨大的发展融资缺口。以对经济结构性发展具有关键作用的基础设施领域为例，当前发展中国家基础设施投资需求依然巨大。根据二十国集团全球基础设施中心的预测，到 2040 年全球基础设施投资需求将累计达 93.9 万亿美元，资金缺口为 14.9 万亿美元，相当于有 16% 的基础设施投资赤字。如果希望实现可持续发展目标中家庭普遍获得饮用水和电力的目标，还需增加 3.7 万亿美元投资，总缺口将扩大至约 18.6 万亿美元（见表 7-1、图 7-1）。缩小全球基础设施投资缺口需将每年基础设施投资占全球 GDP 的比重从目前的 3.0% 增加到 3.5%（GIH，2018）。近年来，发达国家和多边开发银行对发展中国家的发展援助大部分用于社会发展（例如卫生和教育）和治理（例如透明度、法律和营商环境等）等软基础设施范畴，在一定程度上忽视了硬基础设施领域。除基础设施外，绿色转型、公共卫生等领域发展融资需求均持续增加。

（二）全球发展融资严重不足

2008 年国际金融危机后，流向发展中国家的资金有一定增长，但新冠疫情后有所下滑。根据世界银行数据，2010—2021 年，多边和双边机构的官方贷款承诺总额达 1.737 万亿美元。其中，59% 由多边机构提供，41% 由双边机构提供。多边机构提供的贷款与双边机构相比保持相对稳定，最近几年占比有所上升，从 2016 年的 58% 上升到 2021 年的

表 7-1　2016—2040 年全球基础设施投资情况　　　　　　　　单位：万亿美元

分类	非洲	亚洲	美洲	欧洲	大洋洲	全球
1. 当前投资	4.3	46.0	14.0	13.0	1.7	79.0
2. 投资需求	6.0	51.0	20.0	15.0	1.9	93.9
3. 不考虑可持续发展目标的投资缺口	1.7	5.0	6.0	2.0	0.2	14.9
4. 实现可持续发展目标所需的额外投资	1.6	1.6	0.3	0.1	0.1	3.7
5. 包括实现可持续发展目标的投资缺口	3.3	6.6	6.3	2.1	0.3	18.6
总缺口占总需求的百分比 [（5）/（2）×100%]	55.0%	12.9%	31.5%	14.0%	15.7%	19.8%

资料来源：全球基础设施中心。

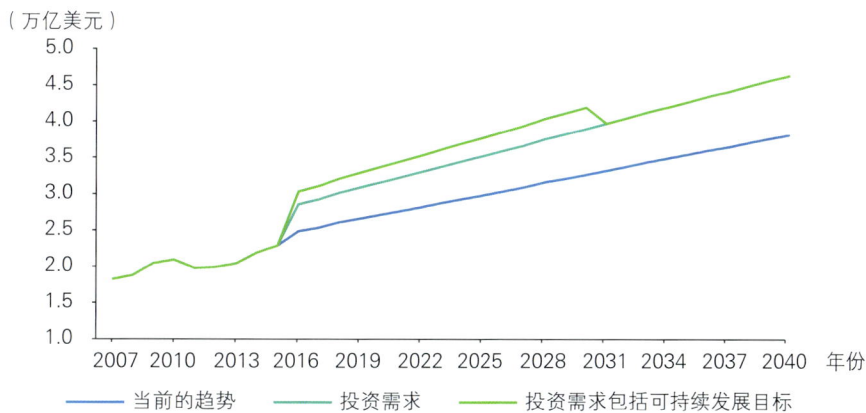

图 7-1　2007—2040 年全球基础设施投资需求

注：图中数据是单年预测值，正文数据是累积预测值
资料来源：全球基础设施中心。

68%。2000—2007 年，多边机构向发展中国家的净资金转移（NTR）[①]基本为负值，表明发展中国家还款高于新接受的援助或贷款，2007 年以后 NTR 转为正值。2020 年，多边机构向发展中国家的 NTR 及拨付总额均显著上升，主要用于应对新冠大流行，但 2021 年迅速下降（见图 7-2）。1995—2008 年，以双边渠道向发展中国家的 NTR 为负值，表明发展中国家的还款远高于传统援助国提供的新资金。2008 年后，双边渠道流向发展中国家的 NTR 转为正值，主要是新兴市场国家在南南合作框架下为全球发展融资作出了重要贡献（见图 7-3）。根据世界银行数据，2008 年国际金融危机以来，金砖国家提供了 3580

[①] 即资金流入减去资金流出。

亿美元的贷款，占全球向发展中国家贷款总额的 26%，为弥合全球发展融资缺口发挥了重要作用。除金砖国家外，中东国家也是重要的发展融资提供方。新冠疫情发生后，多边和双边渠道流向发展中国家的资金均有所减少。

全球发展融资供给仍远不能满足落实可持续发展目标需求。2010—2021 年，官方发展融资总额约为 27889 亿美元，平均每年约 2324 亿美元。其中，官方发展援助资金总额约为 13016 亿美元，年均金额为 1085

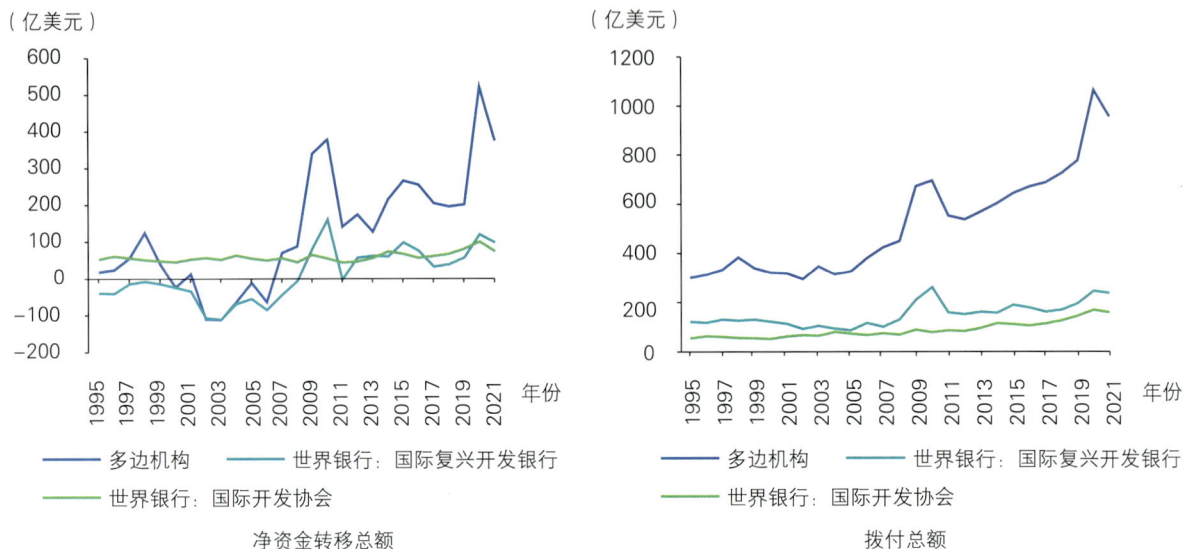

图 7-2　1995—2021 年流向发展中国家的多边资金（净资金转移总额和拨付总额）

资料来源：世界银行国际债务统计数据库。

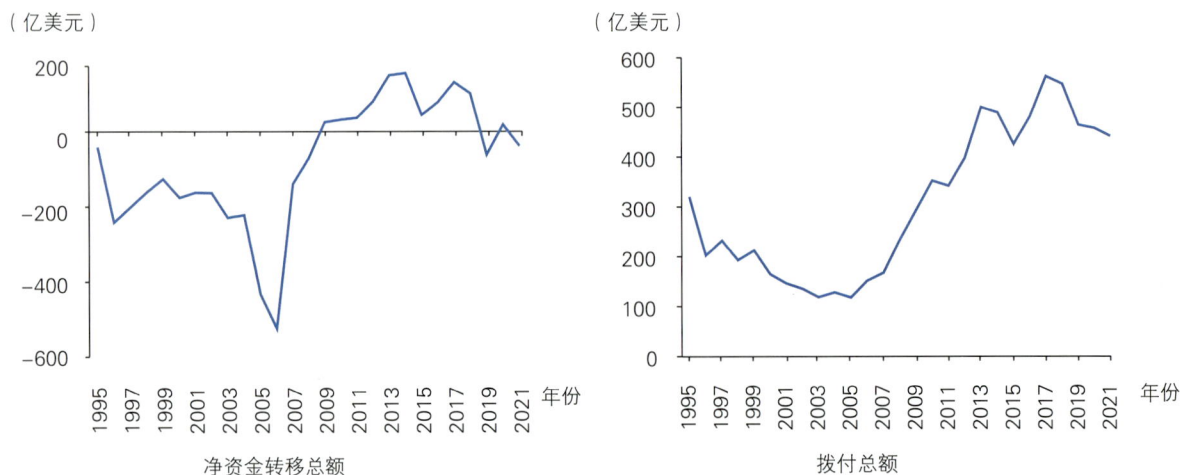

图 7-3　1995—2021 年流向发展中国家的双边资金（净资金转移总额和拨付总额）

资料来源：世界银行国际债务统计数据库。

亿美元。未来，全球发展融资仍将面临供给不足的挑战。根据世界银行 2010—2021 年的年度国际债务统计数据，我们使用自回归综合移动平均线（ARIMA）回归对 2022—2025 年数据进行预测[①]。估计 2022—2025 年全球发展融资总额为 11380 亿美元，年均发展融资为 2845 亿美元，仅占全球年均需求的 28.5%[②]（见表 7-2），剩余的 71.5% 的巨大资金缺口，需要通过国内财政、公共和私人资源、各国国家开发银行（Xu J. et al., 2020）、主权债券以及专注于可持续发展的外商直接投资来填补[③]。考虑到双边债权人对于地缘政治等风险的规避行为，双边发展融资额会从 2022 年的峰值开始下降（见表 7-3）。

专栏 7-1、专栏 7-2 分别为全球发展融资的概念界定、中国为全球发展融资作出重要贡献。

表 7-2　2010—2021 年流向中等偏下收入国家的官方发展融资以及对 2022—2025 年的估测

单位：亿美元，2021 年现价美元

	2010—2021 年合计	2010—2021 年均值	预测 2022—2025 年合计	预测 2022—2025 年均值	占全球年均需求比重（%）
官方发展援助（仅限赠款）	12329	1027	5162	1290	12.9
官方发展援助总额	13016	1085	7293	1823	18.2
双边官方发展融资额	6107	509	1946	486	4.9
多边官方发展融资额	9452	788	4273	1068	10.7
官方发展融资总额	27889	2324	11380	2845	28.5

注：官方发展援助和赠款已使用经济合作与发展组织数据库中的平减指数调整至 2021 年现价美元。最后一列的分母是每年 1 万亿美元（Songwe and Stern, 2022）。
资料来源：世界银行国际债务统计数据库，作者计算。

表 7-3　2021 年流向中等偏下收入国家的官方发展融资以及对 2022—2025 年的估测

单位：亿美元，2021 年现价美元

	2021 年	2022 年	2023 年	2024 年	2025 年
官方发展援助额（仅限赠款）	1169	1221	1279	1311	1350
官方发展援助总额	1293	1582	1734	1882	2093
双边官方发展融资额	460	992	342	321	290
多边官方发展融资额	996	763	1124	1191	1194
官方发展融资总额	2625	2977	2746	2824	2834

注：①2022 年只有官方发展援助额（仅限赠款）是估测数据。②由于世界银行于 2023 年 4 月宣布资产负债重组，其中包括未来 10 年增加 500 亿美元的贷款，本表中 2023—2025 年的预测值已进行调整，以反映每年增加 50 亿美元。
资料来源：世界银行国际债务统计数据库，作者计算。

---

① 预测理论的前提是可以使用当前和过去的知识来预测未来。参见 Petropoulos et al. (2022) 对预测方法的回顾。
② 此处分母为 1 万亿美元，根据 Songwe and Stern（2022）的估算。
③ 主权债券和外国直接投资超出了本章的论述范围。一方面因为很难确定这些资金的用途；另一方面与它们相关的问题和官方发展资金流动的问题大不相同。

专栏 7-1　全球发展融资的概念界定

传统意义上的全球发展融资主要指发达国家对发展中国家的官方发展援助（ODA）[①]。据经济合作与发展组织发展援助委员会（OECD DAC）统计，西方发达国家主导的官方发展援助累计超过 5 万亿美元（按 2020 年不变价计算），包括双边和多边援助以及部分非转移支付类援助（见专栏图 7-1）。但西方国家官方发展援助对促进发展中国家发展的有效性备受争议，学术界和政策界对此尚无共识[②]。

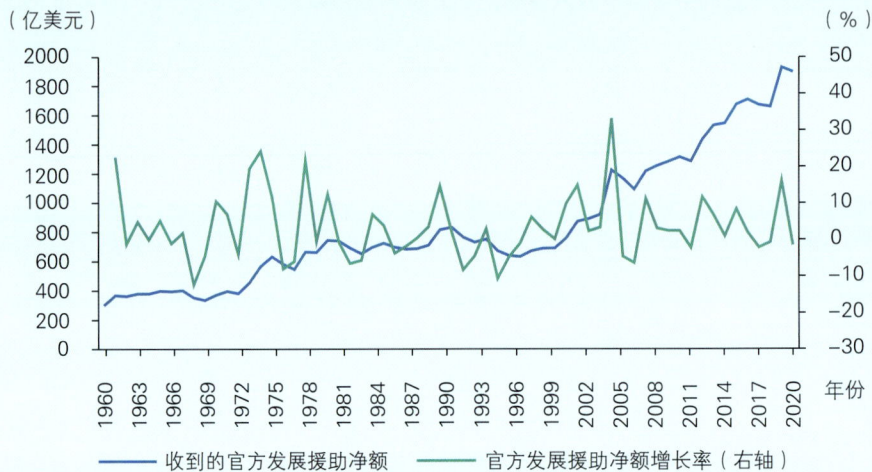

专栏图 7-1　1960—2020 年官方发展援助净额（2020 年不变价）

资料来源：世界银行、经济合作与发展组织的 AidFlow 数据。

当前，全球发展融资格局发生重大变化。南南合作、多边合作逐渐兴起，成为以西方援助国为主导的南北合作的有益补充。在南南合作框架下，金砖国家及沙特阿拉伯等发展中大国成为全球发展融资的重要提供方，为全球发展合作作出重要贡献。与

[①] 根据经济合作与发展组织的规定，官方发展援助包括赠款和优惠贷款（赠款成分占 25% 及以上），由官方提供给符合条件的受援国，用于促进其经济发展和增进社会福祉。它们须来源于国家政府或多边组织，并用于经济合作与发展组织发展援助委员会同意的发展中国家。

[②] Boone（1996）、Burnside and Dollar（2000）等学者的大量研究对于官方发展援助对经济发展的有效性缺乏基本共识。有学者认为官方发展援助是无效的，因为它会造成依赖、助长腐败、排挤私人投资（Easterly et al.,2004；Moyo,2009）。与之相反，Stiglitz（2002）认为援助总量太低，大幅增加官方发展援助有助于减少贫困，主张对如何提供国际援助进行重大反思。Rajan and Subramanian（2008）认为援助对经济增长没有显著影响，而 Arndt、Jones and Tarp（2010）认为从长远来看，援助对经济增长具有积极且统计上显著的因果影响。

官方发展援助概念不同的是，南南合作将贸易、援助和投资相结合，多渠道、多形式拓展发展融资，强调动员公私部门各类资金推动发展目标，而非片面突出援助和贷款的优惠性。南南合作在优惠贷款之外动员其他类似官方资金的商业贷款，并进一步拓展政府和社会资本合作（PPP）、混合融资等创新融资模式。受南南合作融资模式影响，经济合作与发展组织发展援助委员会突破传统官方发展援助框架，推出官方对可持续发展的总支持（TOSSD）概念，包括官方直接提供和官方撬动的、用于促进发展中国家可持续发展的所有优惠及非优惠资金。

　　基于全球发展融资新趋势，本章从宽口径定义发展融资。传统的经济合作与发展组织发展援助委员会界定的狭义发展融资仅包括官方发展援助和其他官方资金流动（OOF），但无法囊括旨在支持发展的所有形式的资金。正如货币供应量有M0、M1、M2和M3，我们可以类似地将发展融资（DF）从窄到宽定义为DF1、DF2、DF3和DF4，以包括各种形式的发展融资（见专栏图7-2）：

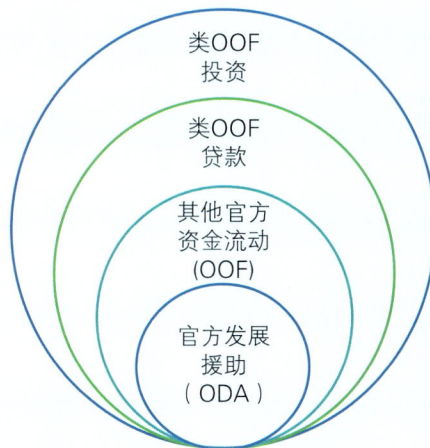

专栏图 7-2　广义发展融资

资料来源：Lin, J. Y. et al., 2017。

·DF1=ODA；

·DF2=DF1+OOF，主要包括优惠出口信贷等；

·DF3=DF2+类OOF贷款，主要包括来自国家实体的非优惠发展贷款（利率为市场利率）等；

· DF4[①]＝DF3+ 类 OOF 投资，主要包括主权财富基金（SWFs）、公共财富基金（PWFs）的股权投资，或国家担保支持的开发项目，以及 PPP 项目等。

广义的发展融资可以包括多种工具，包括官方发展援助、来自双边和多边发展融资机构[②]的融资、来自慈善机构和私人基金会的融资，以及发展中国家发行的绿色和可持续债券等。其中，双边和多边发展融资机构是履行发展融资职能的主体，也是本章讨论的重点。

专栏 7-2　中国为全球发展融资作出重要贡献

中国是发展中国家的一员，在实现自身发展的同时，尽己所能帮助其他发展中国家实现共同发展，是全球发展融资的重要提供方。中国始终坚持"大家一起发展才是真发展，可持续发展才是好发展"的理念，始终基于平等互利原则同其他发展中国家开展投融资合作。

中国稳步扩大对外援助资金范围，提高发展融资规模。根据《新时代的中国国际发展合作》，2013—2018 年，中国对外援助金额为 2702 亿元，覆盖 122 个国家和 20 个国际组织。近期，中方建立全球发展项目库、资金池，从国际货币基金组织增发给中国的特别提款权中拿出 100 亿美元转借给非洲国家，将南南合作援助基金整合升级为"全球发展和南南合作基金"，并在 30 亿美元基础上增资 10 亿美元，加强对中国—联合国和平与发展基金的投入，向联合国粮食及农业组织捐赠 5000 万美元用于支持第三期南南合作信托基金，向世界银行疫情大流行基金捐资 5000 万美元，为有关国家渡过难关提供了支持。

中国通过贸易投资合作为发展中国家多渠道筹集发展资金。中国已成为 140 多个国家和地区的主要贸易伙伴，对外投资保持平稳发展。"一带一路"倡议提出以来，

---

① DF4 与经济合作与发展组织发展援助委员会提出的可持续发展的总支持相似，但又有所不同。可持续发展的总支持框架包含由官方部门动员的私营部门。本章不讨论对外直接投资，因其与官方资金具有重大区别。

② 发展融资机构（DFI）是提供资金支持、以促进发展中国家经济发展的专门金融机构。发展融资机构通常向新兴市场中可能无法获得传统融资的企业和政府提供长期贷款、股权投资、担保、技术援助和其他金融服务。多边发展融资机构包括世界银行、欧洲复兴开发银行、非洲开发银行和亚洲开发银行等；双边发展融资机构包括德国复兴信贷银行、法国开发署等。

已有 180 多个国家、国际组织与中国签署 "一带一路" 合作文件，实施 3000 多个合作项目，为沿线国家创造 42 万个工作岗位，让将近 4000 万人摆脱贫困。2013—2022 年，中国与 "一带一路" 共建国家进出口总额累计 19.1 万亿美元，对 "一带一路" 共建国家直接投资超过 2400 亿美元。

中国高度重视并积极帮助其他发展中国家应对债务问题。2013—2018 年，中国免除最不发达国家、重债穷国、内陆发展中国家和小岛屿发展中国家共计 98 笔到期无息贷款债务，累计金额达 41.84 亿元。中方本着负责任的态度全面落实二十国集团 "暂缓最贫困国家债务偿付倡议"，缓债总额在二十国集团成员中最多、占比近一半，并同有关成员一道参与《缓债倡议后续债务处理共同框架》债务处理，参与了《缓债倡议后续债务处理共同框架》下全部已有债务处理个案，以实际行动为支持最贫困国家应对疫情等多重挑战作出了积极贡献。

中国发展融资在促进其他发展中国家经济社会发展上发挥了积极作用。中国发展融资以发展中国家的实际需求为前提，以提升发展中国家自主可持续发展能力为目标，注重发展导向和结果导向，主要投入基础设施建设和生产领域。21 世纪的头 20 年，中国贷款帮助非洲建成的公路铁路超过 13000 千米、大型电力设施 80 多个、医疗设施 130 多个。短期看，中国融资项目有力拉动当地经济增长，改善民生和就业；长期看，中国融资项目为东道国优化营商环境、进一步吸引投融资、持续推动经济社会发展营造良好环境，发挥了 "造血金融" 功能。总体看，中国融资项目执行速度快、效率高，对长期受制于资金瓶颈的发展中国家走出 "发展陷阱" "贫困陷阱" 发挥了显著作用。根据本章作者对 3126 个中国在非完工项目的研究，76% 的硬基础设施项目和 73% 的软基础设施项目解决了非洲国家发展瓶颈问题，形成了公共资产。根据世界银行评估数据，"一带一路" 项目可使全球货运时间平均缩短 1.2%~2.5%，全球贸易总成本降低 1.1%~2.2%，其中 "一带一路" 共建国家货运时间平均缩短 1.7%~3.2%，贸易成本降低 1.5%~2.8%；"一带一路" 项目可使沿线经济体的贸易增长 2.8%~9.7%，世界贸易增长 1.7%~6.2%；"一带一路" 项目可使 "发展中的东亚及太平洋国家" GDP 平均增长 2.6%~3.9%。

二、多重因素制约全球发展融资规模和成效

本章以问题树的形式①探讨发展资金长期存在缺口和难以满足发展中国家需求的根本原因（见图7-4）。如果核心问题得不到解决，发展中国家将无法实现经济结构转型和可持续增长，并在实现可持续发展目标和改善人民福祉方面面临持续挑战。发展融资长期存在缺口、无法满足发展中国家需求的成因主要有三个方面，即传统发展融资主要流向非生产领域，传统发展融资发挥作用的生态系统欠佳，传统发展融资机构治理不善、融资能力不足。

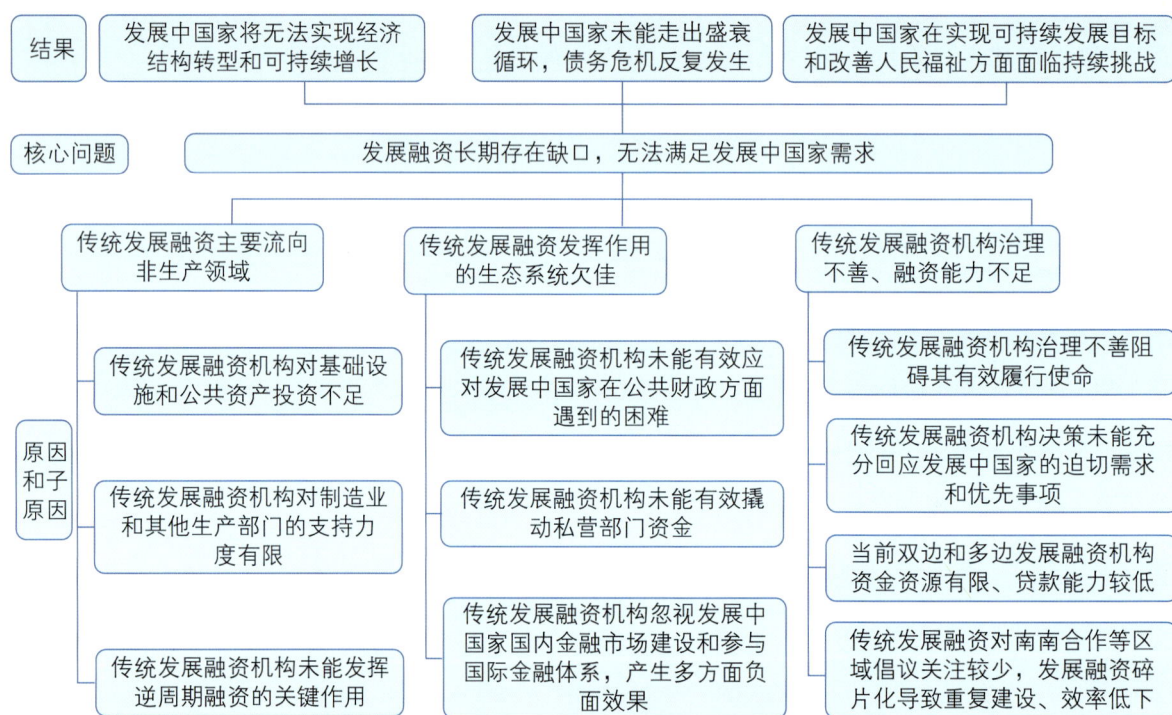

图7-4　问题树：全球发展融资面临挑战的主要原因

资料来源：作者自制。

（一）传统发展融资主要流向非生产领域

传统发展融资机构对基础设施和公共资产投资不足。世界银行在20世纪50年代和20世纪60年代曾将70%的贷款用于发展中国家基础设施建设，但到1999年，基础设施融资比重已减少至19%。1981年，美洲开发银行将70%的贷款用于基础设施建设，但这一数字在2003年降至10%。亚洲开发银

① 问题树分析是一种可视化工具，用于分析问题、识别根本原因和潜在因素。明确根本原因之后可用于寻找可能的解决方案或干预措施。

行的基础设施投资下降幅度不大，但也呈持续下降趋势（Humphrey，2015）。其原因主要包括：其一，相关国家政府和国际组织分配给不同发展领域的资源有限，卫生或教育等部门的投资优先于基础设施和公共资产领域（见图7-5）；其二，基础设施和公共资产带来的短期直接利益有限；其三，基础设施规划不足，条件完备的值得投资项目数量不足（ITFFD，2023）；其四，基础设施和公共资产投资要求较好的治理和营商环境；其五，投资基础设施和公共资产可能存在风险，特别是在政治和经济不稳定的发展中国家；其六，关于投资基础设施和公共资产的收益和成本的数据和信息较为缺乏，政府和国际组织难以就资源作出合理分配；其七，基础设施和公共资产需要不同利益相关方（包括政府、私人投资者和社区）之间的协调，缺乏协调会导致效率低下并阻碍投资（WEF，2019）。

传统发展融资机构对制造业和其他生产部门的支持力度有限。传统发展融资机构对发展中国家生产领域的支持通常侧重于中小企业等特定市场主体或能源效率等特定领域。这主要是因为：其一，低收入国家由于国内金融市场疲软获得制造项目配套融资的机会有限；其二，低收入国家缺乏如电力供应、运输网络等方面足够的基础设施（Runde et al.，2019）；其三，部分低收入国家监管薄弱，无法充分确保健康和安全标准或保护环境（WHO，2017）；其四，部分低收入国家政局不稳和有冲突、营商环境欠佳，难以吸引制造业投资（Hussain et al.，2014）。总体而言，传统发展融资机构对发展中国家产业部门的支持侧重于为企业创造公平竞争环境和促进可持续、包容性经济增长的政策和制度建设，产业政策一度是国际金融机构的禁忌话题，政府作用被刻意淡化。近年来，发展融资机构开始探讨产业政策，强调市场

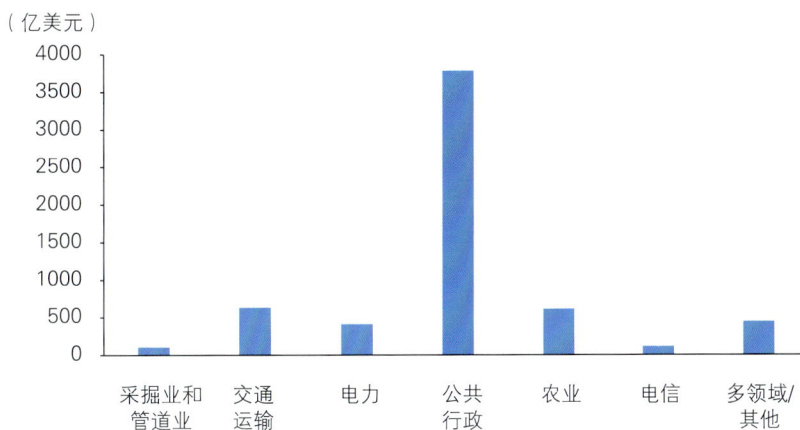

（亿美元）

图 7-5　2008—2021 年世界银行发展性贷款的行业分布

资料来源：世界银行。

友好、包容和透明的政府干预的重要性，承认政府可以在为私营部门发展创造支持性环境和促进战略性产业增长方面发挥作用，但不应扭曲市场或不公平地使某些企业或行业受益（Dickinson et al.，2008）。但是，发展融资机构对产业部门的直接融资支持不足，未能有效影响和引导传统产业向低碳和气候适应型新兴产业转型或跨越产业发展阶段，帮助发展中国家从新的低碳发展模式中受益。

传统发展融资机构未能发挥逆周期融

资的关键作用。逆周期融资是指在经济低迷或衰退期间，政府和金融机构采取措施增加公共支出、减税和增加贷款以刺激经济增长（IMF，2023b）。相反，在经济扩张期间，政策制定者减少支出或增加税收以防止过热和通货膨胀。传统发展融资机构未能有效发挥逆周期融资的关键作用，以减小危机中发展中国家面临的风险；相反，危机期间对发展中国家的资金支持下降甚至出现负转移（即净流出）[①]，最终加大而非减小发展中国家的经济社会挑战（见图7-6）。

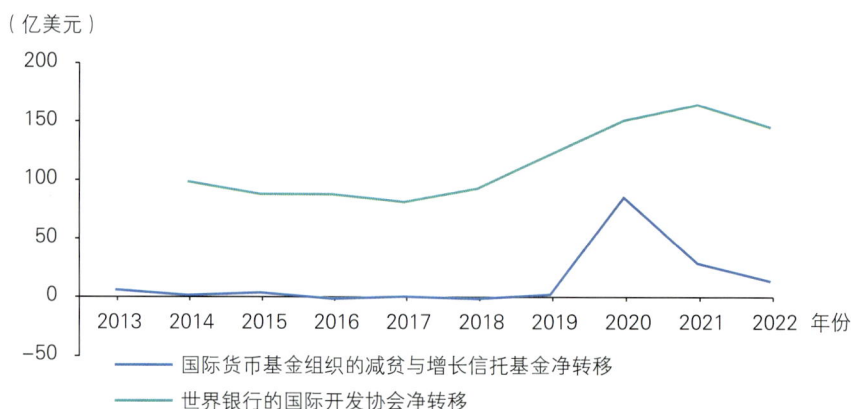

图 7-6 2013—2022 年世界银行的国际开发协会（IDA）和国际货币基金组织的减贫与增长信托基金（PRGT）的净转移

注：图中的两类净转移均主要流向发展中国家。
资料来源：全球发展中心。

以世界银行对当前多重危机的应对为例。2018 年世界银行增资只是为了应对 10 年一次的中度危机。为应对当前多重危机，世界银行资金规模面临严重不足（Ye et al.，

2023），亟须扩充发展资源。2022 年底以来，世界银行启用新一轮改革路线图，围绕其愿景、使命、财务和运营模式开展讨论。根据路线图，世界银行正面临资金不足并将

[①] 当贷款人向借款人支付的总额低于借款人向贷款人偿还的总额时，就会发生负转移。这可能发生在各种情况下，例如无法满足与可能不适合当地情况的政策改革相关的支付条件，因为某些政策，特别是在经济危机情况下可能会加剧现有的经济问题，例如不平等或社会动荡。此外，发展融资机构可能会考虑减少新增贷款，因为它们在危机时期面临着管理风险的挑战。如果发展融资机构不能有效地管理风险，它们最终可能会产生高水平的不良贷款，这可能会加剧借款国的经济问题。

在 2024 年再次面临"财政悬崖"。然而，世界银行实质性资源扩张面临着各种限制，如需要保持高水平的资本充足率、传统捐助国面临的财政压力等（Ye et al.，2023）。解决世界银行当前困境的重要途径是增资，但主要股东国对世界银行增资意愿不足，削弱了世界银行促进全球减贫和发展的作用。

面对经济危机和萧条周期，另一项逆周期措施是帮助发展中国家应对债务危机，并解决不良债务（Qian et al.，2023）。以当前发展中国家面临的债务困境为例，多边发展融资机构作为发展中国家主要债权人之一，在解决困境债务方面尚未发挥领导作用。特别是多边发展融资机构尚未承诺参与债务处理，削弱了其他债权人参与债务处理的积极性。截至 2021 年，多边机构在 49 个非洲国家的外债中所占的份额约为 1/3，而私营部门债权人（即商业银行、债券持有人和其他私营部门债权人）所占的份额已大幅增加至近一半（见图 7-7）。

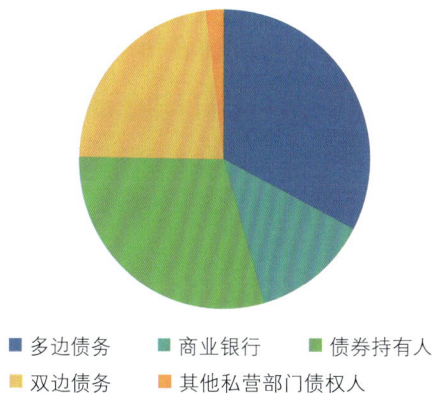

■ 多边债务　■ 商业银行　■ 债券持有人
■ 双边债务　■ 其他私营部门债权人

图 7-7　2021 年 49 个非洲国家的债务分布

资料来源：世界银行国际债务统计数据库。

（二）传统发展融资机构发挥作用的生态系统欠佳

传统发展融资机构未能有效应对发展中国家在公共财政方面遇到的困难（Te Velde et al.，2011）。主要原因包括：其一，传统发展融资机构资金使用效率低下，对发展中国家公共财政的影响有限；其二，未能将资源用于发展中国家最需要的领域；其三，与政府、社会组织和其他发展伙伴等的协调不足，导致重复建设、资源利用效率低下和影响有限；其四，对发展融资机构自身投资的长期可持续性关注有限。

传统发展融资机构未能有效撬动私营部门资金（Ingram et al.，2018）。主要原因包括：其一，私营部门投资者规避风险，认为传统发展融资机构投资的某些项目风险太大而不愿参与；其二，私营部门投资者可能没有资源或兴趣投资大型项目，而发展融资机构通常需要大量资本投资；其三，潜在私营部门投资者不了解发展融资机构支持的项目；其四，货币兑换限制、税收法规和对发展中国家公司外国所有权的限制等使来自海外的私人投资变得困难；其五，私营部门投资者往往需要税收减免或投资担保等激励政策，而发展融资机构较难提供这些措施，从而降低私营部门投资者投资其项目的意愿。

传统发展融资机构忽视发展中国家国内金融市场建设和参与国际金融体系，产生多方面负面后果（ADB，2023）。这些后果主要包括：其一，发展中国家企业和项目无法获得充足资本，导致在基础设施、能源和医疗保健等关键领域投资不足。其二，发展中国家的企业更难与更发达市场的同行竞争，限制了它们扩大业务和创造就业机会的能力，反过来又对经济增长和发展产生负面影响。其三，从发展中国家发展经验看，发育成熟的国内金融市场和国内融资体系是发展中国家获取发展资金、助力经济社会自主可持续发展的关键，外部资金支持是重要补充。此外，如缺乏强劲的国内金融市场，发展中国家的企业和项目可能会面临更大的风险，并使其更难吸引投资，进而导致投资者缺乏信心。其四，如错失金融创新带来的增长机遇，发展中国家企业和项目难以保持竞争力。

（三）传统发展融资机构治理和融资能力有待提升

传统发展融资机构治理有待改善（Prizzon et al.，2022）。机构治理水平直接关系资金管理和资源分配效率，进而影响发展项目的实施效果。传统发展融资机构通常拥有大量资金，需要进一步提升治理水平，从而降低腐败概率，减少出资方政府的政治干预，更好满足目标人群的需求，进而提升自身声誉和实现发展目标的能力。

传统发展融资机构决策需要更好回应发展中国家的迫切需求和优先事项（Nelson et al.，2020）。目前，发展中国家在传统发展融资机构的决策过程中代表性和话语权有待提升；发展中国家资源、专业知识或机构能力有限，缺乏与发展融资机构开展有效合作并阐明其需求和优先事项的能力；发展中国家信息和数据获取有限，对分配资源的标准和优先级了解不足。

双边和多边发展融资机构的融资渠道有待拓展。目前，双边和多边发展融资机构来自捐助国的资金有限；投资回报率较低，需要通过提升投资回报加强自身资金实力；从资本市场融资的额度有限；撬动私营部门参与的能力不够强。

传统发展融资机构需要加强对南南合作及相关区域、次区域倡议的关注（UNDESA，2017）。传统发展融资机构倾向于关注个别国家或特定项目，而不是更广泛的区域、次区域倡议。此外，一些发展融资机构对于某些地区更加熟悉，或已与特定政府建立联系，因此更倾向于在这些地区开展业务。

发展融资的系统性和协调性有待加强。发展融资同时发生在国内和国际层面，涉及政府、多边机构、双边捐助者、慈善组织和私营部门等一系列相关方。因此，要避免因发展融资协调性不足而产生的重复建设和议程冲突、项目评估难度大、透明度不足和问责缺失，以及资源使用效率低下等多种负面结果（Nishio et al.，2021）。

三、合力完善全球发展融资体系

本章基于问题树分析绘制了目标树[①]（见图 7-8）。发展融资的核心目标应该是满足发展中国家的迫切发展需求，需要以下具体目标支撑：优化发展融资支持方向、建设更加高效的发展融资生态系统、完善发展融资机构治理并提升融资能力。上述举措将有助于帮助发展中国家实现经济社会可持续发展，成功走出经济增长和衰退的繁荣—萧条周期，避免反复出现的债务危机，在实现可持续发展目标和改善人民福祉方面取得积极成就。

（一）优化发展融资支持方向

加大对基础设施和其他公共资产的投资力度（Dickinson et al.，2008）。发展融资机构在促进基础设施建设和其他公共资产增长方面发挥着关键作用，可多措并举帮助释放发展中国家基础设施发展潜力，推动经济增长和社会进步。主要举措包括：一是与发展中国家政府合作确定基础设施投资的优先领域，通过技术援助项目制订实施公共项目计划，提供融资战略，并与当地利益相关者合作，确保项目满足社区需求。二是提供创新融资解决方案（例如长期贷款、夹层融资[②]和 PPP 等），

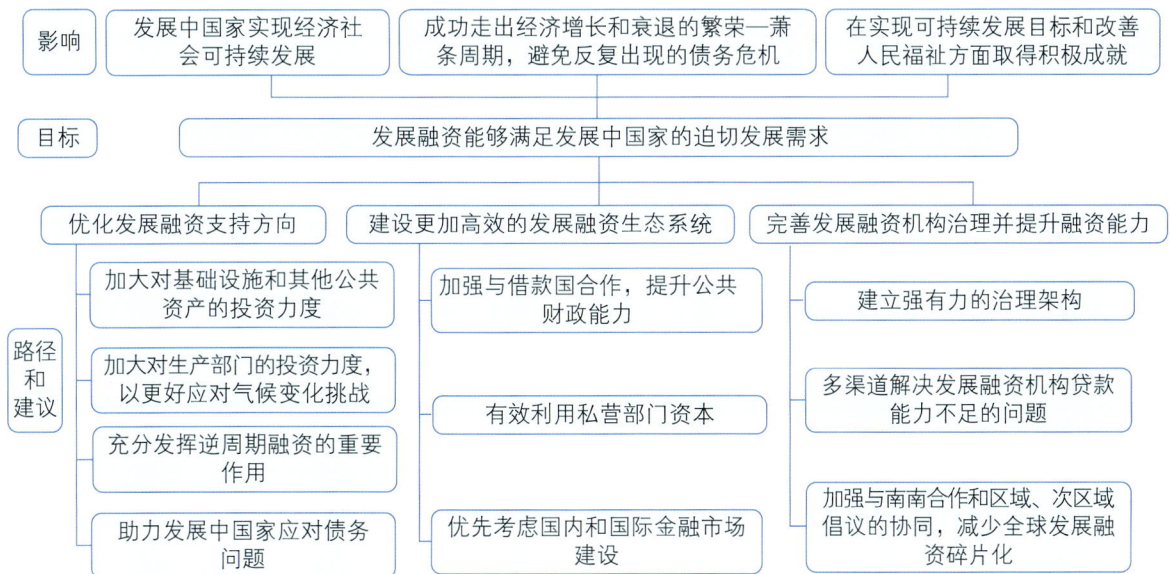

图 7-8　目标树：共同完善全球发展融资体系

资料来源：作者自制。

[①] 目标树有助于将高级目标或结果分解为更小、更易于管理和具体的子目标。
[②] 夹层融资是指风险收益介于股权融资和债权融资之间的一种金融工具。夹层基金主要以股权或债权相结合的形式进行投资，在融资到期时由融资人或第三方以回购股权或偿还债务的方式实现退出。

以吸引私营部门投资并降低投资者风险，使基础设施项目在财务上更具可行性。三是将投资重点放在对经济发展至关重要的特定部门，例如交通、能源和电信，以弥补关键的基础设施缺口并促进经济可持续增长。四是加大对能力建设的投资力度，帮助国家和社区更好地管理和维护公共资产，包括为地方官员提供技术培训、投资机构发展以及促进利益相关者之间的知识共享等（Hanif et al.，2021）。五是优先考虑促进社会和环境可持续性的投资，例如可再生能源项目、绿色基础设施和支持弱势社区项目，应对关键发展挑战并促进更公平和可持续增长。

加大对生产部门的投资力度，以更好应对气候变化挑战。对生产部门（包括制造业、农业、基础设施、能源和技术等）的投资可创造就业机会、提高生产率和促进经济增长。通过为这些行业的企业提供融资，发展融资机构可以帮助刺激经济活动并支持可持续发展。发展融资机构还可以提供技术援助和其他非金融支持，帮助企业改善运营并提高竞争力。对生产部门的投资有助于减少温室气体排放并减轻气候变化的影响。除了投资清洁能源，投资生产部门还可以通过其他方式应对气候变化挑战。例如，投资可持续农业实践（如再生农业）可以帮助将碳封存在土壤中并减少农业排放；投资可持续交通解决方案（例如电动汽车和公共交通）可以帮助减少交通部门的排放。发展融资机构应积极帮助发展中国家改善基础设施，调整经济结

构，以适应气候变化议程。

充分发挥逆周期融资的重要作用。发展融资机构是支持发展中国家发展、专门为发展项目提供长期投融资的金融机构（Lee et al.，2020）。其一，发展融资机构可以通过为关键基础设施项目提供融资来应对经济衰退。在经济衰退期间，私营部门投资往往会减少，从而导致经济活动减少。发展融资机构可以通过为包括公路、铁路和能源等基础设施在内的项目提供融资来填补缺口，创造就业机会并刺激经济活动，从而助力应对经济衰退。其二，发展融资机构可以支持中小企业渡过难关。中小企业往往在经济低迷时期受打击最为严重，发展融资机构可以为中小企业提供融资和技术援助，避免其陷入衰退。其三，发展融资机构可以在危机期间帮助稳定金融体系。通过提供长期融资和风险担保，发展融资机构可以帮助解决市场失灵问题，并在经济压力下为金融部门提供支持。为避免对发展中国家的资金出现负转移，发展融资机构需要注意借款方当地情况并与当地利益相关者密切合作，以确保投资符合当地优先事项和需求；还应努力保持跨部门和跨地区的多元化投资组合，缓解经济失衡；此外，还应制定有效的风险管理战略，以确保其投资具有可持续性并有助于长期经济增长和发展。

助力发展中国家应对债务问题。其一，多边发展融资机构作为发展中国家的主要债权方之一，应坚持"共同行动、公平负担"

的原则，与双边债权人和商业债权人一道，帮助减轻相关国家债务负担，全面、系统、有效解决债务问题。多边发展融资机构可以借鉴重债穷国倡议（Ramos et al.，2023）、多边减债倡议等历史经验，提升脆弱国家债务可持续性。此外，多边发展融资机构还应加大对发展中国家提供新的优惠资金和赠款力度，帮助发展中国家渡过难关。其二，2021 年，国际货币基金组织增发了 6500 亿美元的特别提款权（SDR）。债务重组谈判可以充分利用新增 SDR 提供新的流动性，促进增信、帮助债务国降低再融资或债务重组成本。SDR 还可以用来撬动公益组织、国际组织以及环境、社会责任和公司治理（ESG）投资者的多方资金，同时起到良好的宣传和示范作用。其三，国际货币基金组织和世界银行还应加强现有的债务可持续性分析（DSA），使其能够更好地为改善发展中国家债务可持续性的政策实践提供参考（Xu et al.，2022）。其四，二十国集团一直敦促世界银行等多边开发机构讨论并提出在自身治理框架内扩大贷款能力的方案，同时维持其长期财务可持续性、稳健的信用评级和优先债权人地位。

（二）建设更加高效的发展融资生态系统

加强与借款国合作，提升公共财政能力[1]。加强公共财政能力对于经济可持续发展来说至关重要，发展融资机构应与借款国和其他利益相关者共同努力解决这一问题。发展融资机构应与借款国密切合作，全面了解其公共财政能力和需求（Runde，2019），通过提供技术援助和培训等加强国家和各级政府的公共财政管理。同时，应与其他类型的国际组织合作，制定协调一致的公共财政能力建设方案，确保与国家优先事项保持一致，并且能够长期持续。

有效利用私营部门资本。一是与私营部门投资者密切合作，开发对双方都具有吸引力和可行性的投资机会。二是提供技术援助，帮助私营部门投资者应对在发展中国家投资的复杂性。三是与政府合作消除监管障碍并提供资金激励措施，鼓励私营部门在发展中国家进行投资。

优先考虑国内和国际金融市场建设（Energy Catalyst，2020）。国内和国际金融市场建设可以帮助促进经济增长和减贫，创造新的就业机会，支持发展中国家关键基础设施建设和服务业发展。发展融资机构在支持发展中国家金融市场发展方面发挥着关键作用，应优先支持金融市场发展，包括支持资本市场的发展、促进金融部门改革和完善监管框架。金融市场的发展有助于增加中小企业和其他服务不足的人群获得融资的机会，包括提供信贷渠道、提升金融知识

---

[1] 公共财政能力是指一国政府有效管理公共财政的能力，包括税收征收、预算编制和支出管理。

水平以及支持创新金融产品和服务的开发等。发展融资机构还可以通过投资于银行和小额信贷机构等金融机构来支持金融市场的发展，为中小企业和其他服务不足的人群提供资金，促进经济增长和减贫。通过支持金融市场发展，发展融资机构可以为私营部门投资创造有利环境，增加服务欠缺人群获得融资的机会，并促进金融部门的创新。

（三）完善发展融资机构治理并提升融资能力

建立强有力的治理架构。建立突出透明度、问责制和独立性等的治理架构有助于确保发展融资机构有效地将资源分配给发展项目，并获得利益相关者的信任（Kenny et al.，2020）。这要求确保发展中国家在发展融资机构治理架构中发挥更突出的作用（Prizzon et al.，2022），包括增加发展中国家在多边发展融资机构董事会中的代表性，提供能力建设支持以帮助发展中国家更有效地参与多边发展融资机构，以及提高发展融资机构决策过程的透明度。此外，发展融资机构应努力确保以发展中国家可以使用的语言提供信息和数据，并积极寻求发展中国家利益相关者的意见和反馈。

多渠道解决发展融资机构贷款能力不足的问题。世界银行等多边开发银行应坚持促进减贫与发展的核心职能，将改革重点放在

通过增资等多种形式增强自身资金实力、扩充发展资源、加大对发展中国家资金支持上，并不断提升广大发展中国家的代表性和话语权。2022 年，二十国集团设立相关专家小组并研提一系列政策建议，主要包括：其一，从捐助国、资本市场或其他来源调动额外资源以提高其贷款能力；其二，通过开发强大的风险管理系统、投资于尽职调查和监测活动以及使贷款组合多样化来有效控制风险；其三，通过提供技术援助、能力建设支持和其他资源来帮助私营部门参与发展项目，从而加强发展中国家私营部门的能力建设；其四，与其他发展融资机构或多边机构等发展参与者加强协调，以撬动相关资源和专业知识来提高其贷款能力。

加强与南南合作和区域、次区域倡议的协同，减少全球发展融资碎片化（UNDESA，2019）。发展融资机构可以通过提供资金和技术援助，以及与区域组织和政府合作促进政策改革和监管协调来支持相关举措。应进一步加强利益相关者之间的协调，解决发展融资的碎片化问题（World Bank，2021a）。具体措施包括：建立对话和信息共享平台；制定联合规划和监测机制；简化和统一筹资机制和程序；提高透明度和实施问责制，确保发展资金得到高效使用。

多重危机挑战下，世界经济脆弱性更加突出、不确定性加大，全球发展融资缺口巨大。如果这一核心问题得不到解决，发展中国家将无法实现经济结构转型和可持续增长、

陷入反复发生的债务危机，在实现可持续发展目标和改善人民福祉方面面临持续挑战。为更好弥合多重危机下的全球发展融资缺口，应对全球发展融资面临的挑战，应积极引导发展融资流向基础设施和生产部门并发挥逆周期融资作用、建设更加高效的发展融资生态系统、完善发展融资机构治理体系并提升融资能力。各方迫切需要加强国际协调，完善国际金融架构，改革多边开发机构，缓解债务问题。

各国应立足自身禀赋，打破基础设施瓶颈，释放可持续发展潜力，通过采取适当的政策和融资策略调动所需资源，实现自主、可持续、韧性和包容性的发展。一是要重视绿色基础设施投资，推动发展中国家经济结构转型和创造就业，助力实现低碳发展和可持续发展目标。二是发达国家要尽快履行官方发展援助占国民总收入 0.7% 以及每年为发展中国家提供 1000 亿美元气候资金的承诺。二是加强发展中国家公共部门资产负债表分析，将公共部门净值（公共资产减去债务）作为债务可持续性的综合衡量标准，助力发展中国家建设关键基础设施等公共资产。四是创新债务处理方法，探索债转债券、债转发展、基于资产的再融资等在应对当前债务挑战中的可行性。五是与多边开发银行、国家开发银行、主权财富基金、公共财富基金和资产管理公司等"耐心资本"加强合作，确保流向发展中国家资金的稳定性。

参考文献

[1] ADB (Asian Development Bank). 2023. Finance Sector in Asia[EB/OL]. [2023-04-01]. https://www.adb.org/what-we-do/topics/finance/overview.

[2] ADB (Asian Development Bank). Meeting Asia's Infrastructure Needs[R]. 2017.

[3] Akramov, K.T.. Foreign Aid Allocation, Governance, and Economic Growth[M]. Philadelphia, PA: University of Pennsylvania Press, 2012.

[4] Arndt, C., Jones, S. and Tarp, F.. Aid, Growth, and Development: Have We Come Full Circle?[J]. Journal of Globalization and Development, 2010, 1(2):5-34.

[5] Belot, Philippe. 2020. The 10 Challenges Facing Development Finance Institutions, GBRW[EB/OL].[2020-04-20]. https://gbrw.com/challenges-facing-development-finance-institutions/.

[6] Bhattacharya, A., K.P. Gallagher, M. Muñoz Cabré, M. Jeong, and X. Ma. Aligning G20 Infrastructure Investment with Climate Goals and the 2030 Agenda[R]. 2019.

[7] Blanchard, O. Deciding When Debt Becomes Unsafe[J]. Finance & Development (IMF), 2022,59(1):8-9.

[8] Boone, P. Politics and the Effectiveness of Foreign Aid[J]. European Economic Review ,1996, 40(2):289-329.

[9] Burnside, C. and D. Dollar. Aid, Policies, and Growth[J]. American Economic Review ,2000,90 (4): 847-868.

[10] Das, M.B., A. Yuko, T.B. Chapman, and V. Jain. Silver Hues: Building Age-Ready Cities[R]. 2022.

[11] Deaton, A. The Great Escape[M]. Princeton, NJ: Princeton University Press, 2013.

[12] Deloitte. Developmental Financial Institutions Strategic Choices to Build a Sustainable Operating Mode[R]. 2021.

[13] Development Initiatives. Investments to End Poverty: Real Money, Real Choices, Real Lives[R]. 2013.

[14] Dickinson, Thomas. Development Finance Institutions: Profitability Promoting Development[R]. 2008.

[15] Dreher, A., Fuchs, A., Parks, B., Strange, A., & Tierney, M. Banking on Beijing: The Aims and Impacts of China's Overseas Development Program[M]. Cambridge: Cambridge University Press, 2022.

[16] Easterly, W., R. Levine, and D. Roodman. Aid, Policies, and Growth: Comment[J]. American Economic Review,2004, 94 (3): 80-774.

[17] Energy Catalyst. Investment Guide: Development finance institutions[R]. 2020.

[18] Fay, M., H.I. Lee, M. Mastruzzi, S. Han, and M. Cho. Hitting the Trillion Mark: A Look at How Much Countries Are Spending on Infrastructure[R]. 2019.

[19] G20 2023. Chair's Summary and Outcome Document First G20 Finance Ministers and Central Bank Governors Meeting Bengaluru[R]. 2023.

[20] G20 Expert Panel. Boosting MDBs' Investing Capacity—An Independent Review of Multilateral Development Banks' Capital Adequacy Frameworks[R]. 2022.

[21] Galiani, S., Knack, S., Xu, L.C. and Zou, B. The Effect of Aid on Growth: Evidence from a Quasi-experiment[J]. Journal of Economic Growth, 2017, 22:1-33.

[22] Gallagher, K. and Y. Wang . Sovereign Debt Through the Lens of Asset Management: Implications for SADC Countries[R]. 2020.

[23] Gerschenkron, A. On the Concept of Continuity in History[J]. Proceedings of the American Philosophical Society,1962, 106(3):195-209.

[24] GIH (Global Infrastructure Hub). Global Infrastructure Outlook: Infrastructure Investment Needs – 50 Countries, 7 Sectors to 2040[R]. 2018.

[25] Gu, Bin and Tong Liu. Shareholding Formulas in International Financial Institutions: Learning From the Asian Infrastructure Investment Bank[J]. Journal of International Economic Law, 2022, 25(4): 643-658.

[26] Hanif, N., Lombardo, C.E. and Platz, D. eds. Managing Infrastructure Assets for Sustainable Development: A Handbook for Local and National Governments[R]. 2021.

[27] Humphrey, C.. Developmental revolution or Bretton Woods revisited? The prospects of the BRICS New Development Bank and the Asian Infrastructure Investment Bank[R]. 2015.

[28] Hussain, Zahid. 2014. World Bank Blog. Can Political Stability Hurt Economic Growth?[EB/OL].[2014-06-

01]. https://blogs.worldbank.org/endpovertyinsouthasia/can-political-stability-hurt-economic-growth .

[29] IMF (International Monetary Fund). Debt Sustainability Analysis: Low-Income Countries[R]. 2023a.

[30] IMF (International Monetary Fund). Monetary Policy: Stabilizing Prices and Output[R]. 2023b.

[31] Ingram, George and Robert A. Mosbacher, Jr. 2018.Development Finance: Filling Today's Funding Gap [EB/OL].[2018-07-31]. https://www.brookings.edu/articles/development-finance-filling-todays-funding-gap/ .

[32] ITFFD (Inter-agency Task Force on Financing for Development) of the United Nations, Closing the infrastructure gap[R]. 2023.

[33] Izquierdo, A., R. Lama, J.P. Medina, J. Puig, D. Riera-Crichton, C. Vegh, and G. Vuletin. Is the Public Investment Multiplier Higher in Developing Countries? An Empirical Exploration[R]. 2019.

[34] Kaplan, S.B. Globalizing Patient Capital: The Political Economy of Chinese Finance in the Americas[M]. Cambridge: Cambridge University Press, 2021.

[35] Kenny and Charles.Transparency at Development Finance Institutions: Moving to Better Practice[R]. 2020.

[36] Kuznets, S. Modern Economic Growth: Rate, Structure, and Spread[M]. New Haven, CT and London: Yale University Press, 1966.

[37] Lee and Nancy. Eight Principles for the DFI Crisis Response[R]. 2020.

[38] Lin, J. Y., & Wang, Y. Going Beyond Aid: Development Cooperation for Structural Transformation[M]. Cambridge: Cambridge University Press(Chinese version was published in 2016 by Peking University Press), 2017.

[39] Lin, J. Y., and Wang, Y. G20: Financing Infrastructure[R]. 2022.

[40] Lin, J.Y. New Structural Economics: A Framework for Rethinking Development[J]，World Bank Research Observer, 2011, 26(2): 193-221.

[41] Lin, J.Y. and Y. Wang. The New Structural Economics: Patient Capital as a Comparative Advantage[J]. Journal of Infrastructure, Policy and Development.2017, 1(1):4-23.

[42] Lin, J.Y. and Y. Wang. Seventy Years of Economic Development[J]. China and the World Economy,2020, 28(4): 1-25.

[43] Massa and Isabella. A Brief Review of the Role of Development Finance Institutions in Promoting Jobs and Productivity Change[R]. 2013.

[44] Mazzucato, M. The Value of Everything: Making and Taking in the Global Economy[M]. London: Public Affairs,2018.

[45] Morgan, P. The Political Economy of Bilateral Lending from Emerging Creditors[J]. Journal of Globalization and Development , 2022,13(2):305-338.

[46] Moyo, D. Dead Aid: Why Aid is Not Working and How There is A Better Way for Africa[M]. London: Penguin Books, 2009.

[47] Nelson, Rebecca M.. Multilateral Development Banks: Overview and Issues for Congress[R]. 2020.

[48] Nishio, Akihiko and Gaiv Tata. 2021. How the Structure Of Global Aid And Development Finance is Changing[EB/OL].[2021-11-03]. https://www.brookings.edu/articles/how-the-structure-of-global-aid-and-development-finance-is-changing/.

[49] OECD (Organization for Economic Cooperation and Development). Mapping Support for Africa's Infrastructure Investment[R]. 2012.

[50] OECD (Organization for Economic Cooperation and Development). Infrastructure Financing Instruments and Incentives[R]. 2015.

[51] OECD (Organization for Economic Cooperation and Development). Climate Finance and the USD 100 billion goal[R]. 2022.

[52] OECD (Organization for Economic Cooperation and Development). ODA Levels in 2022-preliminary data Detailed summary note[R]. 2023a.

[53] OECD (Organization for Economic Cooperation and Development).Official Development Assistance[R]. 2023b.

[54] Petropoulos, F. et al.. Forecasting: Theory and Practice[J]. International Journal of Forecasting, 2022, 38 (3) : 705-871.

[55] Piketty, T. Capital in the 21st Century[M]. Cambridge, MA: Harvard University Press, 2014.

[56] Prizzon, Annalisa, Mandeep Bains, Suma Chakrabarti and Jessica Pudussery. Governance of multilateral development banks: Options for reform[R]. 2022.

[57] Qian, Ying. Brady Bonds and the Potential for Debt Restructuring in the Post-Pandemic[R]. 2021.

[58] Qian, Ying. Evaluating the Potential of Asset Management Companies to Relieve Global Debt Distress: The Role of Development Finance Institutions[R]. 2023.

[59] Rajan, R.G. and Subramanian, A. Aid and Growth: What Does the Cross-Country Evidence Really Show? [J]. The Review of Economics and Statistics ,2008, 90(4):643-665.

[60] Ramos L., Ray, R., Bhandary, R.R., Gallagher, K.P., and W.N. Kring. Debt Relief for a Green and Inclusive Recovery: Guaranteeing Sustainable Development[R]. 2023.

[61] Rozenberg, J. and Fay, M. eds. Beyond the Gap: How Countries Can Afford the Infrastructure They Need while Protecting the Planet[R]. 2019.

[62] Runde, D.F., Bandura, R. and Ramanujam, S.R. The Role of Development Finance Institutions in Enabling the Technology Revolution[R]. 2019.

[63] Runde, Daniel F., and Aaron Milner. Development Finance Institutions: Plateaued Growth, Increasing Need[R]. 2019.

[64] Saldinger and Adva. Development finance institutions grapple with their growing role[R]. 2019.

[65] Songwe and Stern. Finance for Climate Action: Scaling up investment for climate and development[R]. 2022.

[66] Stiglitz, J.. Development Policies in a World of Globalization[R]. 2002.

[67] Te Velde, Dirk Willem. the role of development finance institutions in tackling global challenges[R]. 2011.

[68] UNDESA (United Nations Department of Economic and Social Affairs).2019. What is 'South-South cooperation' and why does it matter?[EB/OL].[2019-03-20]. https://www.un.org/development/desa/en/news/intergovernmental-coordination/south-south-cooperation-2019.html .

[69] UNDESA (United Nations Department of Economic and Social Affairs) for DCF (the Development

Cooperation Forum), Fostering the 2030 Agenda for Sustainable Development: The Role of Multilateral Development Banks in South-South Cooperation[R]. 2017.

[70] Wang, Y. and Xu, Y. Debt Restructuring in Africa: Building Public Assets and Addressing Bottlenecks for Low-Carbon Economic Transformation[R]. 2022.

[71] World Bank. 2022. Evolving the World Bank Group's Mission, Operations, and Resources: A Roadmap [EB/OL].[2022-12-18]. https://documents1.worldbank.org/curated/en/099845101112322078/pdf/SECBOS0f51975e 0e809b7605d7b690ebd20.pdf .

[72] World Bank. A Changing Landscape: Trends in Official Financial Flows and the Aid Architecture[R]. 2021a.

[73] World Bank, Development Committee (Joint Ministerial Committee of the Boards of Governors of the Bank and the Fund on the Transfer of Real Resources to Developing Countries2020. Shareholding Review: Concluding Report to Governors at the Annual Meetings[R]. 2021b.

[74] World Bank. A Changing Landscape: Trends in Official Financial Flows and the Aid Architecture[R]. 2021c.

[75] World Bank, Joint IDFC (International Development Finance Club), and MDBs (the Multilateral Development Banks) Statement. 2017. Together Major Development Finance Institutions Align Financial Flows with the Paris Agreement[EB/OL].[2017-12-12]. https://www.worldbank.org/en/news/statement/2017/12/12/ together-major-development-finance-institutions-align-financial-flows-with-the-paris-agreement .

[76] World Bank. 2022. IDS (International Debt Statistics)[DB]. Washington D.C.

[77] WEF (World Economic Forum), Institutional Investors. 2019.5 Reasons Infrastructure Projects Fail— and What We Can Do About It[EB/OL]. [2019-04-24]. https://www.weforum.org/agenda/2019/04/fixing-the-development-finance-funding-gap/ .

[78] WHO (World Health Organization). 2017. Protecting Workers' Health[EB/OL]. [2017-11-30]. https:// www.who.int/news-room/fact-sheets/detail/protecting-workers'-health .

[79] Xu, J., R. Marodon, and X. Ru. Identifying and Classifying Public Development Banks and Development Finance Institutions[R]. 2020.

[80] Xu, Jiajun, Xiaomeng Ren, and Xinyue Wu. Mapping Development Finance Institutions Worldwide: Definitions, Rationales, and Varieties[R].2019.

[81] Xu, Qiyuan. et al. Policy Measure to Deal with Debt Crisis in Developing Countries (in Chinese)[R]. 2022.

[82] Ye, Yu. A Larger World Bank Group for a More Integrated Sustainable Development Agenda: Constraints and the Way Out prepared for the Council of Councils Annual Conference[R]. 2023.

第八章
共同推进能源绿色低碳发展

能源是人类文明进步的基础和动力。从薪柴、煤炭、油气到新能源，能源革命一直推动着人类生产生活方式的变革。工业革命以来，以煤炭、石油、天然气等化石类燃料为主的能源成为人类社会赖以生存的物质基础。能源行业产生了全球 3/4 以上的温室气体排放量和大部分的空气污染物，能源绿色低碳转型已成为应对气候变化和改善生态环境的必由之路。当前，全球应对气候变化进展不及预期，虽然能源绿色低碳转型已是全球共识，可再生能源也实现成本迅速下降，成为全球新增电力装机容量主力，但可再生能源的发展尚未充分惠及所有国家，部分发展中国家仍面临能源供应可及性、稳定性、可负担性、可持续性以及资金、公正包容等挑战。主要症结在于发达国家转型进度缓慢，承诺兑现不足；发展中国家持续面临资金、技术和能力短板问题。

正如新全球融资契约峰会达成的共识"任何国家都不应在减少贫困、实现绿色转型和保护地球之间作出选择"，实现可持续发展目标 7，确保人人获得负担得起的、可靠和可持续的现代能源，是人类的共同责任。加速全球能源绿色低碳转型是赢得人类与气候变化赛跑的关键举措，共同但有区别的责任原则是全球气候治理的基石，在能源绿色低碳转型进程中发达国家既要展现更大的雄心和行动，也要看到发展中国家的贡献，照顾一些发展中国家的国情和特殊困难。国际金融机构和各国在南北合作和南南合作等框架下为发展中国家提供资金、技术、能力建设等方面的支持，帮助其以更大的力度在能源体系发展中实现绿色低碳化，在发展中转型，在转型中发展。

一、全球能源绿色低碳发展有待提速

（一）全球应对气候变化进展不顺

多重危机下温室气体[①]排放再创新高。新冠疫情前，全球新增煤电装机量有所下降、可再生能源加速部署，煤电消费替代和转型升级稳步推进，温室气体排放年均增长率已开始放缓。2010—2019 年，全球温室气体排放量年均增速为 1.1%，显著低于 2000—2009 年的 2.6%（UNEP，2022）。受新冠疫情影响，2020 年全球温室气体排放量比 2019 年下降了 4.7%，是 1970 年以来最大的单年度降幅。但是，新冠疫情和乌克兰危机对全球产业链和能源供需格局产生了深刻影响，紧迫的经济复苏需求和动荡的国际局势迫使各国将能源安全视

---

① 温室气体是指大气中由自然或人为产生的导致温室效应的气体成分，主要有水汽、二氧化碳、氧化亚氮、甲烷和臭氧等，其中二氧化碳对全球变暖影响最大。

作政策优先事项，化石能源消费开始反弹，化石能源投资或将回温，未来排放趋势不确定性增大。2021 年，全球能源相关碳排放量达到了 363 亿吨的历史峰值（IEA，2022b），全球平均地表二氧化碳浓度为工业化前水平的 149%（WMO，2022），浓度和年度增幅均创有系统记录以来的新高。

全球减排雄心不足，排放差距显著。实现《巴黎协定》2℃温控目标，要求在 21 世纪 70 年代初实现全球碳中和或净零排放，但当前各国国家自主贡献（NDC）目标力度完全不足以实现《巴黎协定》目标，现行政策与 2℃温控目标间的排放差距约为 140 亿~230 亿吨二氧化碳当量[①]。在当前政策情景下，到 21 世纪末全球升温幅度将达 2.8℃（IPCC，2022；UNEP，2022），2030 年预期排放量与全面实现国家自主贡献目标情景下的排放量之间的差距约为 40 亿～70 亿吨二氧化碳当量。其中，二十国集团成员的年实施差距约为 18 亿吨二氧化碳当量。2021 年全球的 NDC 更新理论上能够带来每年 48 亿吨二氧化碳当量的额外减排，但由于实施政策滞后，一年内实现的额外减排量仅为 5 亿吨二氧化碳当量（IPCC，2022）。

（二）当前全球能源供应紧张引发连锁负面反应

全球能源价格总体居于高位。2020 年以来，受新冠疫情、极端天气、乌克兰危机等因素叠加影响，全球能源供应紧张，大宗商品市场急剧震荡，各国对能源安全形势的担忧日渐加深。全球原油实际产量持续低于协议目标，增产空间有限。2022 年，布伦特原油每桶均价约为 100 美元，为 2013 年以来最高；2022 年 3 月，全球能源价格达到峰值，同比增幅达 100%（World Bank，2023）。欧盟受能源价格上涨影响最为严重。2022 年 9 月，欧洲电力和天然气批发价格与 2021 年初相比上涨了 15 倍，用能支出飙升（Heussaff et al.，2022）。2022 年，英国家庭平均年电费支出高达 1220 英镑，较 2021 年的 760 英镑上涨了超六成（Bolton et al.，2023）。2022 年上半年，欧洲非家用电价达到了每千瓦时 0.16 欧元，价格和涨幅都为有史以来最高值（Eurostat，2023）。图 8-1 为 2018—2022 年欧盟和部分欧洲国家电价变化情况。各国政府不得不将能源安全提升为政策优先事项。世界银行预计，2023 年全球能源价格将有所回落，但仍将远

---

① 二氧化碳当量是一种用作比较不同温室气体排放的量度单位。为统一度量整体温室效应的结果，需要一种能够比较不同温室气体排放的量度单位。由于二氧化碳对全球变暖的影响最大，因此规定二氧化碳当量为度量温室效应的基本单位，以在统一标准下比较不同温室气体的增温效应。

（欧元/千瓦时）

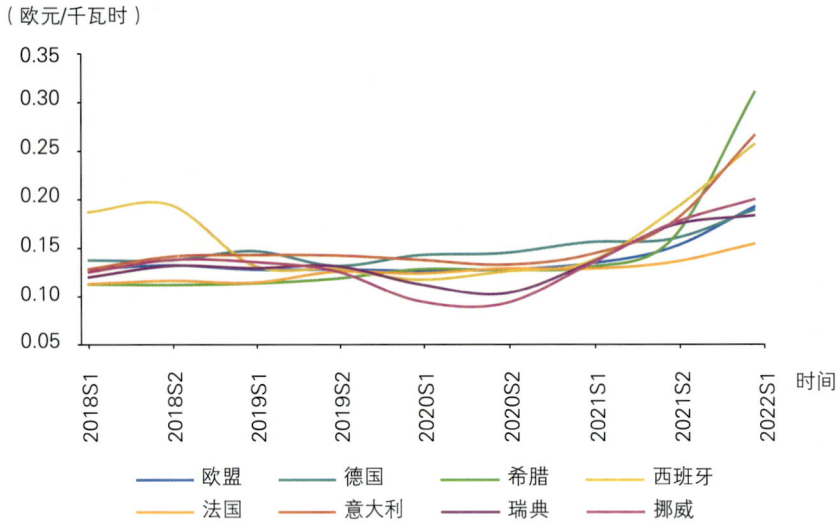

图 8-1　2018—2022 年欧盟和部分欧洲国家电价变化情况

注：S 指 Semester，S1 为上半年，S2 为下半年。
资料来源：欧盟统计局。

高于过去 5 年的平均水平和此前的预测水平（World Bank，2022）。

全球能源供需紧张。地缘政治冲突引发了全球能源格局重构，全球能源供应稳定性将持续受损。俄罗斯是全球最主要的化石能源出口国，曾是欧盟最重要的能源贸易伙伴。

2021 年，欧盟 40% 的天然气、27% 的石油和 46% 的煤炭来自俄罗斯，能源进口占贸易比重达 77%（European Commission，2022）。乌克兰危机后，尽管欧盟正通过欧盟能源转型计划（REPowerEU）等力求摆脱对俄罗斯能源依赖，但是能源政策改革和基础设施建设绝

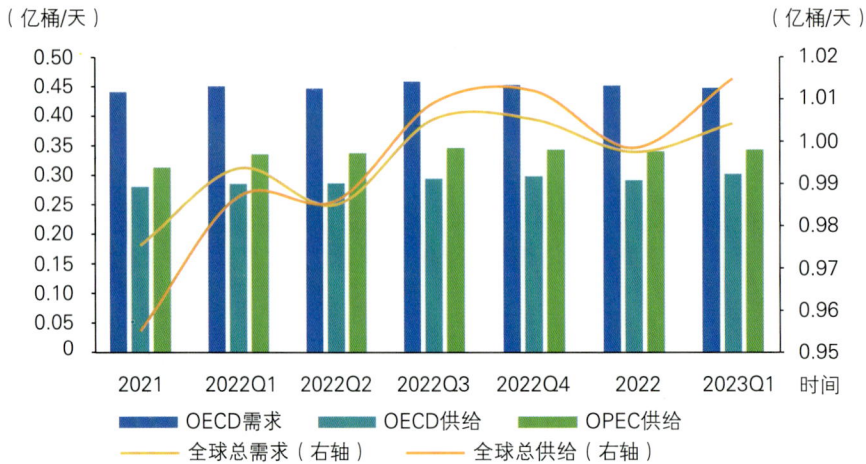

图 8-2　2021—2023 年全球石油供需情况

资料来源：国际能源署。

非一蹴而就。2023 年，全球石油需求预计将达到每天 1.019 亿桶的新高，全球石油供给在第一季度稳定在每天 1.016 亿桶（见图 8-2），预计年内将实现每天 120 万桶的增幅。随着商业和交通逐渐复苏，下半年全球石油供给将从紧平衡快速演变为大幅短缺的局面，欧盟天然气缺口或达 270 亿立方米（IEA，2022d）。

新兴市场国家和发展中国家经济困境加剧。欧洲为寻求俄罗斯能源替代品，在全球能源市场上高价采购天然气，能源依靠进口的新兴经济体和欠发达经济体被卷入能源竞购，许多国家通货膨胀率飙升，经济困境进一步加深。2022 年，亚洲新兴经济体天然气消费下降 4%。巴基斯坦和孟加拉国因无法负担昂贵的进口天然气，经历了严重的停电和外汇流失，两国天然气进口量分别出现了历史最高降幅 18% 和 17%（IEA，2023d）。能源价格持续攀升还波及了其他产业链，尤其是农业。生物燃料需求增长造成了粮食短缺，

能源价格高昂导致化肥、农药等农资农机价格上涨，全球农产品价格上行，能源危机与粮食危机并行交织。世界银行预测，由于能源和粮食价格持续上扬，大宗商品以进口为主的新兴市场和发展中经济体经济增长率将从 2021 年的 6.9% 下降至 2023 年的 4.0%（World Bank，2023）。

（三）发展中国家能源可及性和可负担性问题仍然突出

全球能源普及面临困境。过去 10 年，全球提升能源可及性成效显著，通电率从 2010 年的 84% 提升至 2021 年的 91%（见图 8-3）（IEA et al.，2023）。受新冠疫情、基础设施、地理、气候和经济状况等多重因素制约，电力普及进程逐渐放缓。目前，全球仍有 6.75 亿人用不上电，2021 年非洲无电人口数量出现了 2013 年来的首次反弹，现有进度无

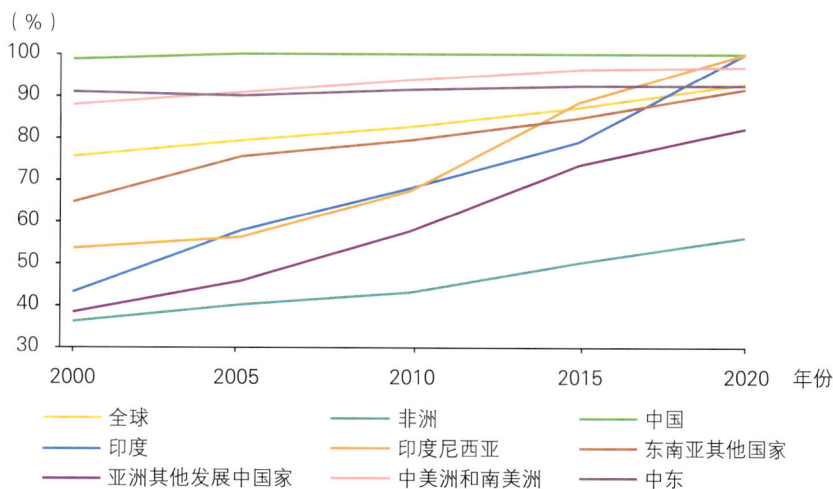

图 8-3　2000—2020 年全球不同国家和地区通电率

资料来源：国际能源署。

法按时实现联合国可持续发展目标 7（IEA et al.，2023）。

发展中国家受能源贫困持续困扰。整体来看，全球一半以上的无电人口生活在低收入国家，电力普及程度最低的 20 个国家都集中在撒哈拉以南非洲。在无电人口最多的尼日利亚和刚果（金），电力普及速度低于人口增长速度。2020 年，非洲和亚洲发展中国家有 9000 万人因承担不起费用而无法用电（IEA et al.，2022）。到 2030 年，全球无电人口数量仍将有 6.7 亿~7.64 亿，且绝大多数生活在撒哈拉以南非洲（UN，2022a）。

发展中国家能源可负担性进一步下降。预计到 2050 年，新兴市场和发展中经济体的家庭年均能源开销将飙升 80%，增速高于平均可支配收入上涨速度（IEA，2021b）。

（四）化石能源依然主导全球能源结构

化石能源仍是近中期主体能源，能效改善进展不足。2021 年，化石能源占一次能源消费比重为 82%，较 2019 年的 83% 只有小幅降低（BP，2022）。尽管全球掀起了煤改气浪潮，但是 2022 年煤炭的二氧化碳排放量仍旧达到了 155 亿吨的新高，较上年增加 2.43 亿吨，远远抵消了天然气带来的

减排量（IEA，2023a）。全球化石能源需求预计在 2030 年左右达峰，石油需求峰值为 1.03 亿桶 / 日。2030—2050 年，天然气需求将平稳在 4.4 万亿立方米的水平，煤炭需求将下降 25%。到 2050 年，化石能源占全球能源结构比重约为 60%，仍是全球市场的主体能源（IEA，2022g）。2010—2015 年全球能源强度年均降幅仅为 2.1%，2016—2019 年进一步下降至 1.6%，远不及可持续发展目标要求的 2010—2030 年降幅保持在年均 2.6% 的水平（IEA et al.，2022）。

可再生能源整体开发利用程度有待进一步提升。过去 10 年，可再生能源成本大幅下降，发电装机容量持续增加（见图 8-4），特别是中国的可再生能源实现迅速发展，为推动全球可再生能源成本的下降发挥了重要作用。2010—2021 年，全球新投产的并网规模太阳能光伏加权平均平准化度电成本（LCOE）[1] 下降了 88%，陆上风电下降了 68%，海上风电下降了 60%（见图 8-5）。这期间，中国新增可再生能源发电装机容量在全球占比约 42.8%（IRENA，2020；IRENA，2023a）。2021 年，新建并网规模太阳能光伏和水电的全球加权平均 LCOE 比最便宜的新增化石能源发电成本还低 11%，可再生能源价格竞争力直线上升（IRENA，2022）。截至 2022 年底，全球可再生能源发电装机总容量为

---

[1] LCOE 是将项目生命周期内的成本和发电量按照一定折现率进行折现后计算得到的发电成本，最早被用于火电、水电、气电等传统能源项目的发电成本计算，之后拓展到新能源行业，被用于横向比较不同类型（如光伏发电、风电、火电等）发电项目的成本。

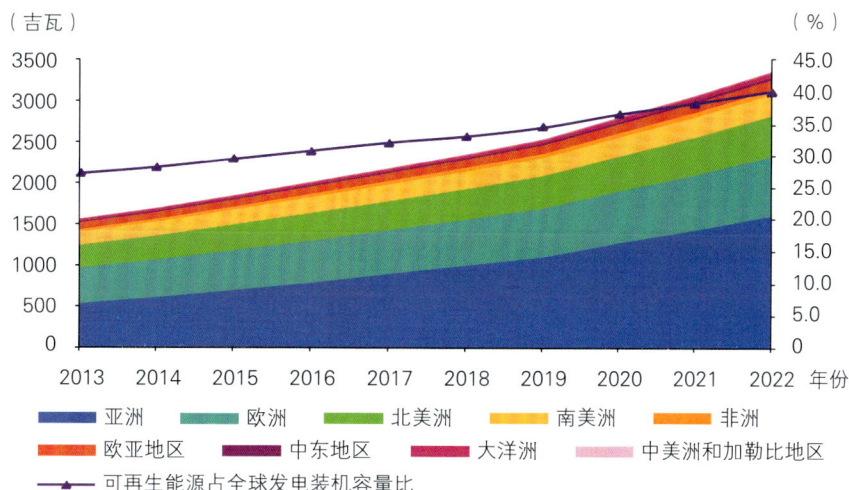

（吉瓦）　（%）

图 8-4　2013—2022 年全球可再生能源发电装机情况

注：左轴为可再生能源发电装机容量，右轴为可再生能源占全球发电装机容量比。
资料来源：国际可再生能源署。

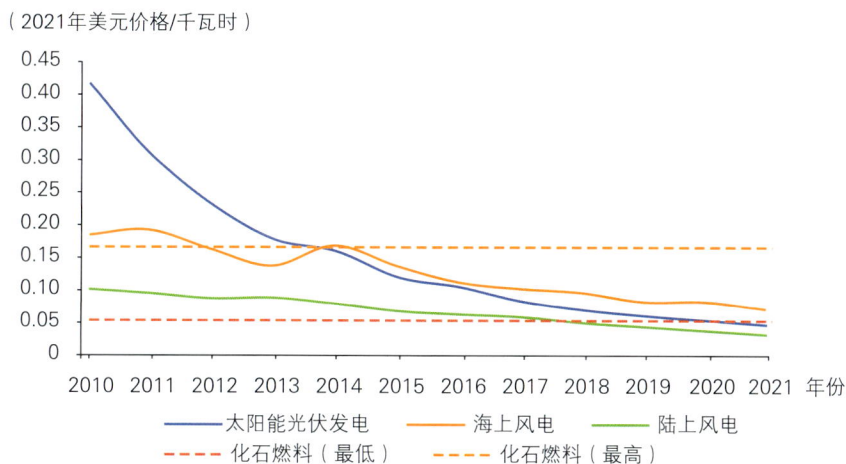

（2021年美元价格/千瓦时）

图 8-5　2010—2021 年全球风光发电 LCOE 变化

资料来源：国际可再生能源署。

3372 吉瓦，占全球发电总装机容量的 40.2%，年增幅达 9.6%。其中，60% 的新增装机在亚洲，太阳能和风能贡献了 2022 年九成以上的新装机容量（IRENA，2023a）。尽管可再生能源发展势头迅猛，但其发电量占比仍远低于煤炭（见图 8-6），占全球终端能源消费

的比重上升缓慢，2019 年仅占 11.46%（见图 8-7）（IEA et al.，2023）。即使是在资源禀赋可观的国家和地区，可再生能源的开发利用程度也不尽如人意，如东南亚国家联盟可再生能源仅占终端能源消费比重的 8.46%（ASEAN，2022）。

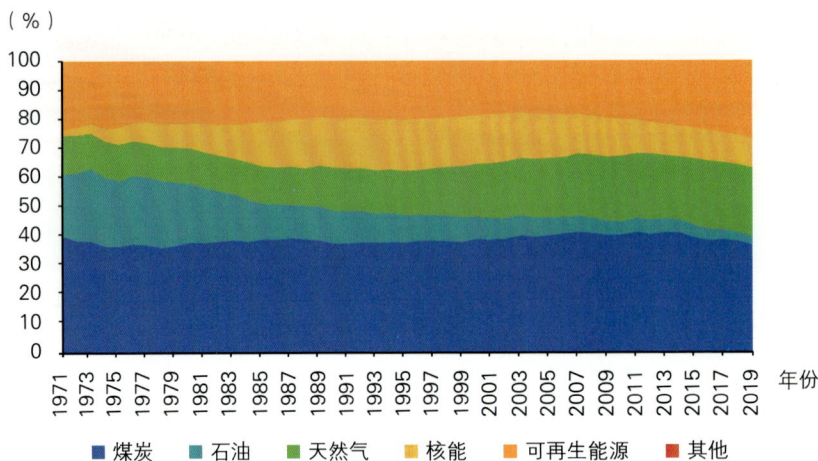

图 8-6　1971—2019 年各类能源发电量占比

资料来源：国际能源署。

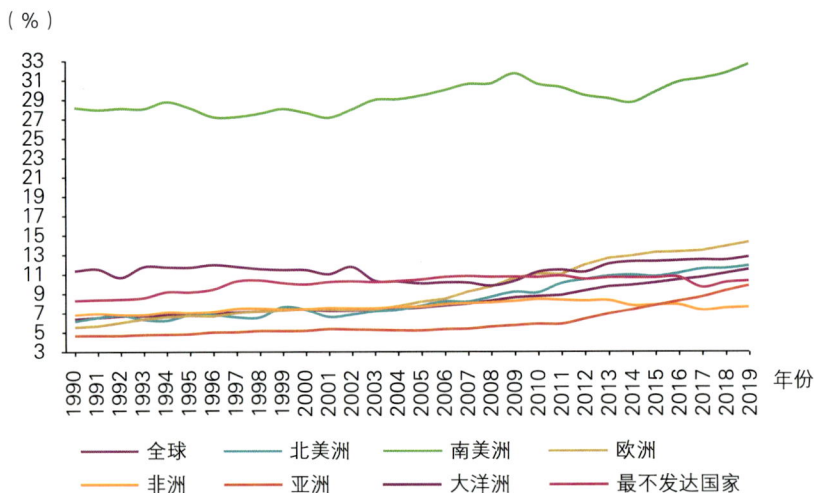

图 8-7　1990—2019 年不同区域可再生能源占终端能源消费比重

资料来源：联合国。

化石能源依赖和补贴额不降反升。受能源危机影响，以欧盟为代表的各国政府正大力推进能源转型，以期维护能源安全。未来 5 年，全球可再生能源装机增量有望达到 2400 吉瓦，较过去 5 年增幅约为 85%，可再生能源发电量将占全球新增发电能力的九成

以上（IEA，2022e），能源危机有可能成为全球能源绿色转型的历史转折点。但是，能源系统性转型无法一蹴而就，一些国家迫于当下能源供应紧缺的燃眉之急，对化石能源的依赖短期内可能不降反增。尽管《联合国气候变化框架公约》第 26 次缔约方大会通过

的《格拉斯哥气候公约》就逐步淘汰低效的化石能源补贴达成共识，但是 2022 年全球化石能源消费补贴仍旧飙升至 1 万亿美元的历史最高点，是 2021 年的 2 倍、2020 年的 10 倍（IEA，2023c）。

二、多重因素影响全球能源绿色低碳发展进程

（一）发达国家带头减排和援助承诺落实不力

发达国家减排力度不足。工业革命以来的温室气体排放大部分来自发达国家，发达国家是全球气候变化和历史碳排放的主要责任方。发展中国家面临消除贫困和发展经济的迫切需求，同时还不成比例地承受着气候危机的损害。过去 170 年里，发达国家累计温室气体排放总量占世界总量的 58%；最不发达国家仅 3%，承受着过去 50 年里全球气候相关灾害造成的 69% 的人员死亡。从当前排放量来看，最不发达国家和小岛屿发展中国家人均排放量远低于 6.8 吨二氧化碳当量的全球均值，最不发达国家占全球碳排放总量比仅为 1.1%（IPCC，2023）。当前，发达国家减排信心不足，未能承担起应对气候变化的历史责任，关键领域变革没有得到有力推动落实。2021 年《联合国气候变化框架公约》第 26 次缔约方大会前夕，各国更新了 NDC，但不少国家相较 2015 年并无提升，甚至有所倒退，

更新后的 NDC 仅在原先预测的 2030 年温室气体年排放量基础上减少了 7.5%，远低于《巴黎协定》2℃温控目标最低成本路径 30% 的减排量（UNEP，2021）。美国一次能源消费中近八成为化石能源，2022 年美国碳排放量较上年增长 0.8%（IEA，2023a）。

发达国家未能兑现承诺。发达国家未能为发展中国家绿色转型和发展提供应有的资金和技术支持，不少发展中国家面临严重的资金和技术短缺，仅靠自身能力几乎无法实现绿色低碳转型。一方面，发达国家和多边开发银行至今未兑现 2009 年作出的每年提供 1000 亿美元的气候资金承诺。发达国家提供的官方发展援助尚未达到占其国民总收入 0.7% 的目标，缺口约为每年 1500 亿美元（UN，2023c）。2012—2020 年，气候相关官方发展援助总额仅从 232 亿美元增长至 529 亿美元，增速和总量都远远不够实现《巴黎协定》目标。2020 年，45% 的绿色发展相关官方发展援助以债务工具方式提供，中等偏下收入国家和中等偏上收入国家获得的绿色官方发展援助中分别有 75% 和 67% 由债务工具提供（UN，2023a），这种趋势在中等收入国家尤甚。另一方面，欧盟公正转型机制、亚洲开发银行"能源转型机制"、气候投资基金"加速煤炭转型投资计划"等现有支持发展中国家转型的融资机制都拒绝支持油气管道和煤炭开发利用相关基础设施建设，却未能充分支持绿色技术分享和转移。2020 年，全球官方发展援助总额中仅有 2% 用于

技术创新，其中只有不到 2.5% 的资金用于能源领域的研发。2018—2021 年，发达国家绿色技术进出口总额分别增长了约 990 亿美元和 960 亿美元，而发展中国家绿色技术进口增量仅为 150 亿美元（UN，2023b）。预计到 2030 年，人工智能、绿氢、生物燃料、物联网等前沿科技将创造 9.5 万亿美元的市场，约为当前印度经济体量的 3 倍，但大多数市场机会由发达经济体享有，与发展中国家技术差距进一步拉大（UN，2023b）。

投资贸易"绿色壁垒"倾向持续增强。发达国家在后工业化发展阶段已经实现碳排放自然达峰的情况下，要求发展中国家提高减排信心，大力推动快速退煤脱碳，对石油和天然气行业也基本不给予投资。但是，自然资源开采、初级商品生产等产业在多数发展中国家经济结构中仍旧发挥着关键作用。例如，计划于 2024 年完工的全球最长加热输油管道东非原油管道项目预计将为乌干达带来每年 15 亿~35 亿美元的净收入，创造超 6 万个就业岗位，提升约 20% 的 GDP，对乌干达经济社会发展至关重要。然而，2022 年欧洲议会通过决议，以维护人权、保护环境、控制碳排放为由谴责东非原油管道项目，石油和天然气保险公司安联保险已退出该项目，英国巴克莱银行和瑞士信贷也拒绝为该项目提供融资。同时，欧盟、美国等发达国家和地区的相关气候政策正在形成新的贸易"绿色壁垒"。例如，欧盟于 2023 年 1 月 1 日启动碳边境调节机制，对进口产品引入碳

价格，将欧盟成员国选择的环境标准强加给发展中国家贸易伙伴。碳边境调节机制直接影响发展中国家碳密集型产业的出口，如果以嵌入式二氧化碳排放每吨 44 美元的价格实施，发展中国家碳密集型行业的出口将减少 1.4%，收入将减少 59 亿美元，而发达国家的收入则将增加 25 亿美元（UNCTAD，2021）。

（二）发展中国家资金缺口巨大且融资成本高

全球能源转型面临巨大投资缺口，尤其需要加大转型技术投资。要在 2050 年前实现碳中和或净零排放，全球能源转型所需的投资总额约为 150 万亿美元，缺口约为 47 万亿美元。成本上浮和不断增加的经济不确定性、能源安全风险以及气候紧迫性进一步降低了能源转型投资效率。技术是实现转型的关键，80% 的转型投资需求来自技术。2022 年全球能源转型技术投资额达到创纪录的 1.3 万亿美元，2021 年全球能源技术研发公共支出约 380 亿美元，其中 90% 被用于低碳能源技术研发，但仍不能满足转型需求。要大幅降低化石能源比重，实现碳中和或净零排放，年均能源转型技术投资总额必须增加到当前水平的 4 倍以上（IEA，2022a）。

转型融资分布不平衡，公共投资需大幅提升。新冠疫情以来，全球 95% 的清洁能源

投资都流向了发达经济体（IEA，2022f）。全球 2/3 的人口居住在新兴市场和发展中经济体地区，但流向这些地区的清洁能源投资仅占全球总量的 1/5。2022 年，非洲新增可再生能源产能仅占全球增量的 1%。据估算，到 21 世纪 20 年代末，新兴市场和发展中经济体每年获得的清洁能源投资需超 1 万亿美元，相当于当前水平的 7 倍以上，才能够确保全球在 2050 年前实现碳中和或净零排放。全球能源研发公共投资呈下滑趋势，1980 年化石能源供应危机时全球公共能源研发投资占 GDP 的 0.1%，现在该比例仅为 0.04%。2019 年发展中国家清洁能源公共投资总量仅为 109 亿美元，还不到 2017 年的一半（IEA et al.，2022）。

发展中国家经济复苏压力大、财政资源紧缺，对能源转型投资力度有限。多重危机下的全球经济增长复苏缓慢，国际社会普遍对发展中国家增长前景持谨慎态度。世界银行指出，七成新兴市场和发展中经济体 2023 年增长预测较前都有所下调，除中国外的新兴市场和发展中经济体 2023 年预期增长率约 2.7%。未来两年，新兴市场和发展中经济体人均收入年均增长率约为 2.8%，到 2024 年整体 GDP 水平将比新冠疫情前低 6% 左右。国际货币基金组织认为，撒哈拉以南非洲 GDP 增长情况难以回到新冠疫情前水平，2023 年增长率预计为 3.8%，2024 年和 2025 年预计恢复到 4% 以上（IMF，2023；World Bank，2023；UN，2023a）。增长下行使

得本就不堪财政压力重负的发展中国家更无力加大能源转型投入。例如，在技术研发方面，欧盟成员国研发支出普遍占本国 GDP 的 2.3% 左右，以色列、韩国等国研发支出占比最新数据高达 5%，而该比重在巴西、埃及、泰国等发展中国家为 1%，在南非、越南为 0.5%~1%，在墨西哥仅为 0.3%，中等偏下收入国家均值为 0.53%（见图 8-8）（UN，2023b）。能源技术研发投入不足，势必影响能源转型进度。

发展中国家债务前景恶化，融资成本高昂，绿色低碳能源投资低迷。2022 年，全球公共债务占 GDP 比重高达 91%，比新冠疫情前水平高 7.5 个百分点。疫情影响尚未恢复，美元持续加息、疲软的经济形势和动荡的国际局势使发展中国家的国际收支状况进一步恶化。新兴市场和发展中经济体名义融资成本约是美国和欧洲的 7 倍（IEA，2021a），基础设施建设、清洁能源投资等风险较高领域的投资吸引力进一步下降，很多国家充沛优良的可再生能源资源无法得到开发利用。例如，2021 年，新兴市场和发展中经济体建造一座太阳能光伏电站的成本是发达经济体的 2~3 倍，其中融资成本约占总平均成本的 50%，显著高于发达经济体的 25%~30%。如果新兴市场和发展中经济体的资金成本能够降低 200 个基点，当前政策情境下，到 2050 年这些地区的清洁能源融资成本将累计减少 11 万亿美元，相当于清洁能源总投资需求的 20%（IEA，2022f）。2022—2024

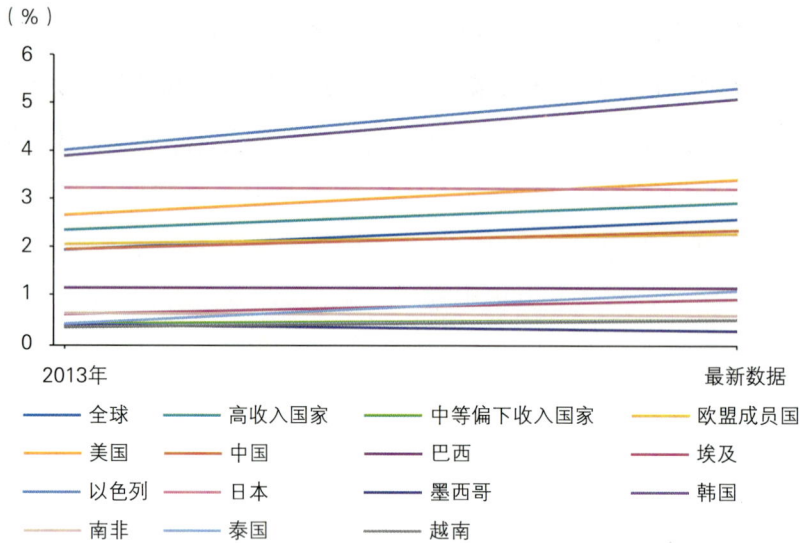

图 8-8　部分国家和地区技术研发支出占 GDP 比重

注：图中大部分国家的最新数据为 2020 年数据，中等偏下收入国家的最新数据为 2017 年数据，巴西、南非、越南的最新数据为 2019 年数据，泰国的最新数据为 2018 年数据。

资料来源：联合国。

年，新兴市场和发展中经济体总投资年均增长预计约 3.5%，不到过去 20 年增幅的一半（World Bank，2023）。要在 2050 年实现碳中和或净零排放，2030 年前全球每年清洁能源投资额需求约为 4 万亿美元，当前政策情境下，到 2040 年年均投资额仅能达到 2 万亿美元。如不考虑中国，每年全球新兴市场和发展中经济体获得的清洁能源投资一直维持在 2015 年《巴黎协定》时的水平，甚至更低（UN，2023b）。

（三）发展中国家技术和能力建设严重不足

大部分发展中国家可再生能源发展缓慢，终端用能可再生能源比例及能效水平亟待提升。发展中国家可再生能源发展与发达国家存在巨大差距。截至 2022 年底，全球太阳能和风力发电总装机容量中，非洲分别占 1.2% 和 0.86%，亚洲除中国、印度、日本和韩国以外的其他国家合计占比分别为 3.0% 和 1.1%（IRENA，2023a）。全球终端用能低碳发展明显滞后，特别是发展中国家，工业过程和家庭供暖仍然严重依赖化石能源，石油继续占据交通用能主导地位。截至 2020 年底，全球供热消耗中可再生能源份额为 10.4%，仅比 2015 年提升 1.2 个百分点，交通运输用能中可再生能源份额为 4%，仅比 2015 年提升 0.9 个百分点。发展中国家能源效率提升缓慢，西亚和北非年均提升率仅为 0.6%，拉美和加勒比地区及撒哈拉以南非洲年均提升率仅约 1.0%（IEA et al.，2023）。

多数发展中国家低碳能源发展能力滞后，

新型电力系统建设差距大。大多数新兴市场和发展中经济体能源结构以传统化石能源为主，需要新建大量的基础设施并对现有设施进行大规模改造。尽管拥有丰富的可再生能源潜力，但由于缺乏有效的技术、融资和政策机制，大多数发展中国家的低碳能源发展受到严重限制。例如，撒哈拉以南非洲估计约有10000吉瓦的太阳能发电、350吉瓦的水力发电和400吉瓦的天然气发电潜力，总计约为11000吉瓦，但极低的电力利用水平使得当地工业、商业甚至住宅消费者不得不大量使用低效且昂贵的自发电设施。由于资源基础数据的缺乏，政府、企业和其他利益相关方无法充分了解可再生能源潜力，进一步限制了发展中国家可再生能源资源的开发。虽然部分国家如莱索托、巴布亚新几内亚、越南、尼日利亚、赞比亚、马达加斯加等制定了资源测绘方案，但仍处于初始阶段。与传统化石能源相比，可再生能源对输配电基础设施要求更高，能源基础设施的管理不善也进一步加剧了发展中国家电力低碳发展的困境。发达国家的输配电损失一般在5%~7%，但在发展中国家，由于常年的管理不善、电网维护缺失，输配电损失差异巨大，撒哈拉以南非洲输配电损失平均约为11.7%，中东和北非输配电损失平均约为13.5%（IEA，2019）。

传统能源产业结构性衰退增加社会就业压力，可再生能源行业发展对人力资本提出更高要求。碳密集型行业是许多发展中国家经济增长的引擎，集中了很大一部分资本和大量劳动力就业。低碳产业的兴起、发展及投资趋势的大幅转变对以化石能源为基础的能源产业造成冲击，导致长期依赖化石能源生产的岗位流失明显，给受影响的地区带来巨大的社会压力。2019年，全球能源部门劳动力超过6500万人，化石能源相关劳动力近3200万人，其中煤炭行业工人约630万人，主要集中在亚太地区；石油供应行业工人近800万人，主要分布在中东地区（近20%）、北美洲（约15%）、非洲（约15%）；炼油行业工作岗位主要集中在亚太地区（IEA et al.，2022）。尽管可再生能源产业可以创造新的就业岗位，但由于知识密集度相对更高，传统产业的工人需要一定程度的教育培训，才能转入清洁能源行业。例如，海上风电行业不仅需要大量建设、安装、运营和维护方面的技术人员和工程师，还需要具备更广泛技能的从业人员，包括资产管理、项目管理、工程技能、科学救援以及离岸特定技能等（IEA，2022h）。对电动汽车而言，在考虑包括电池和充电基础设施在内的整个生产价值链情况下，电动汽车制造需要的劳动力可能与传统汽车制造业相当，但电动汽车制造的劳动强度更低、技术要求更高，汽车产业工人仍需要经过培训才能将技能从内燃机汽车生产转向电动汽车制造。按照国际能源署的预计，到2030年，约有1600万名工人需要转向与清洁能源相关的岗位，其中约60%需要接受一定程度的高等教育培训（IEA，2022b）。

三、合力加快全球能源绿色低碳发展

实现"确保人人获得负担得起的、可靠和可持续的现代能源"的可持续发展目标，根本上要求各国既要提高能源的可及性和包容性，也要提高能源的绿色低碳水平。为了实现双重目标，扩大清洁能源的供应和使用范围，特别是发展中国家，清洁能源的供应和使用是必由之路。但是，方向明确并不足以实现《巴黎协定》目标，速度才是人类能否在与气候变化赛跑中获胜的决定性变量。为此，各国政府、国际金融机构、企业等应各尽所能，推动建立全球清洁能源合作伙伴关系，打造全球能源绿色低碳发展"加速器"。

（一）发达国家和发展中国家应各尽所能、各尽其责

各国应坚持《联合国气候变化框架公约》及《巴黎协定》确定的目标和原则，坚持共同但有区别的责任原则，各尽所能加大自主贡献力度，将目标转化为可落实的政策、措施和具体行动。发达国家需带头减排、切实兑现国际承诺，坚定执行能源转型战略。发展中国家需作出力所能及的贡献，制定明确的能源绿色低碳发展目标，建立长期稳定的可再生能源发展政策环境。

发达国家应及时履行发展援助义务，尽快落实其每年向发展中国家提供 1000 亿美元气候资金的承诺。改进援助资金分配结构，加大对能源技术创新和发展中国家绿色技术发展的支持力度。建立透明的资金跟踪和报告机制，确保气候资金公平地分配给需要的国家和地区。

（二）拓宽发展中国家融资渠道并降低融资成本

针对发展中国家的特点优化融资条件，改进国际金融机构清洁能源投资评估框架，提供更多的优惠融资方式，降低发展中国家清洁能源融资成本。鼓励多边金融机构设立清洁能源项目前期筹备专项资金，减少项目开发成本。

开发清洁能源项目可融资性标准，促进国际金融机构投资标准协同，疏通清洁能源融资渠道堵点，实现资金和项目高效对接。加大公共私营部门合作，减少投资限制和障碍，提供透明竞争机会，撬动更多社会资本投入。扩大包括赠款、长期贷款和混合融资等在内的低成本资金规模，促进发展中国家清洁能源基础设施投资。

（三）加大技术转移、知识分享和能力建设

加强南北合作、南南合作和三方合作，建立更多有效的国际合作机制。加强跨国、

跨地区清洁低碳技术创新和标准合作，促进清洁能源技术转移和推广普及。重点围绕电网稳定性管理及灵活性提升，以容纳高比例可再生能源，使发展中国家尽早获得可负担的清洁能源技术。

推动清洁能源技术发展的同时，加强清洁能源终端用能技术合作，包括能源效率提升和终端电气化等，及时完善所需基础设施。针对欠发达地区能源可及性问题，结合各自国情推广可行的技术方案。

结合联合国等包容性较强的现有国际组织和论坛网络，建立能源低碳发展知识平台，增加各国清洁能源发展对话途径，分享有关政策选择、监管机制、金融支持、技术创新和人才培养等的良好实践，支持发展中国家加强清洁能源发展能力建设。

国际社会特别是国际机构应加大对发展中国家的支持，协助其提升能源政策设计的包容性。构建区域差异化能源发展计划，加强各类能源方式组合，提高能源可及性；加大化石能源产业转型和可再生能源产业发展政策协同，扩大清洁能源产业链供应链就业机会；加大劳动力培训和再教育投入，提升传统能源产业工人技能及适应能力，培养清洁能源产业合格的劳动力队伍。

参考文献

[1] 世界资源研究所 . 2022. 6 张图鸟瞰全球能源转型 [EB/OL]. [2023-06-30]. https://wri.org.cn/guandian/energy-transition-worldwide.

[2] ASEAN (Association of Southeast Asian Nations). The 2022 ASEAN SDG Snapshot Report[R]. 2022.

[3] Bolton, Stewart. Domestic Energy Prices[R]. 2023.

[4] BP. BP Statistical Review of World Energy[R]. 2022.

[5] European Commission. In focus: Reducing the EU's dependence on imported fossil fuels[R]. 2022.

[6] Eurostat. Electricity Price Statistics[R]. 2023.

[7] Heussaff, Tagliapietra, Zachmann, Zettelmeyer. An assessment of Europe's options for addressing the crisis in energy markets[R]. 2022.

[8] IEA (International Energy Agency). Electric Power Transmission and Distribution Losses (% of output)[R]. 2019.

[9] IEA (International Energy Agency). Financing clean energy transitions in emerging and developing economies[R]. 2021a.

[10] IEA (International Energy Agency). World Energy Outlook 2021[R]. 2021b.

[11] IEA (International Energy Agency), IRENA (International Renewable Energy Agency), UN (United Nations), World Bank, WHO (World Health Organization). Tracking SDG7 Progress across Targets: Indicators and Data[R]. 2022.

[12] IEA (International Energy Agency). Energy Efficiency[R]. 2022a.

[13] IEA (International Energy Agency). Global Energy Review: CO_2 Emissions in 2021[R]. 2022b.

[14] IEA (International Energy Agency). Government Energy Spending Tracker[R]. 2022c.

[15] IEA (International Energy Agency). How to Avoid Gas Shortages in the European Union in 2023[R]. 2022d.

[16] IEA (International Energy Agency). Renewables 2022[R]. 2022e.

[17] IEA (International Energy Agency). World Energy Investment 2022[R]. 2022f.

[18] IEA (International Energy Agency). World Energy Outlook 2022[R]. 2022g.

[19] IEA (International Energy Agency). Skills Development and Inclusivity for Clean Energy Transitions[R]. 2022h.

[20] IEA (International Energy Agency), IRENA (International Renewable Energy Agency), UNSD (United Nations Statistics Division), World Bank, WHO (World Health Organization). Tracking SDG7: The Energy Progress Report 2023[R]. 2023.

[21] IEA (International Energy Agency). CO_2 Emissions in 2022[R]. 2023a.

[22] IEA (International Energy Agency). Electricity Market Report 2023[R]. 2023b.

[23] IEA (International Energy Agency). Fossil Fuels Consumption Subsidies 2022[R]. 2023c.

[24] IEA (International Energy Agency). Gas Market Report, Q1-2023[R]. 2023d.

[25] IEA (International Energy Agency). Oil Market Report-February 2023[R]. 2023e.

[26] IEA (International Energy Agency). World Energy Employment 2023[R]. 2023f.

[27] IMF (International Monetary Fund). World Economic Outlook[R]. 2023.

[28] IPCC (Intergovernmental Panel on Climate Change). Climate Change 2022: Mitigation of Climate Change[R]. 2022.

[29] IPCC (Intergovernmental Panel on Climate Change). AR6 Synthesis Report: Climate Change 2023[R]. 2023.

[30] IRENA (International Renewable Energy Agency). Renewable capacity statistics 2020[R]. 2020.

[31] IRENA (International Renewable Energy Agency). Renewable Power Generation Costs in 2021[R]. 2022.

[32] IRENA (International Renewable Energy Agency). Renewable capacity statistics 2023[R]. 2023a.

[33] IRENA (International Renewable Energy Agency). World Energy Transitions Outlook 2023: 1.5℃ Pathway[R]. 2023b.

[34] UN (United Nations). Energy Compacts Annual Progress Report 2022[R]. 2022a.

[35] UN (United Nations). The Least Developed Countries Report 2022[R]. 2022b.

[36] UN (United Nations). Financing for Sustainable Development Report 2023[R]. 2023a.

[37] UN (United Nations). Technology and Innovation Report 2023[R]. 2023b.

[38] UN (United Nations). United Nations Secretary-General's SDG Stimulus to Deliver Agenda 2030[R].

2023c.

[39] UNCTAD (United Nations Conference on Trade and Development). A European Union Carbon Border Adjustment Mechanism: Implications for developing countries[R]. 2021.

[40] UNCTAD (United Nations Conference on Trade and Development). Trade and Development Report Update[R]. 2023.

[41] UNEP (United Nations Environment Programme). Emissions Gap Report 2021: The Heat Is On[R]. 2021.

[42] UNEP (United Nations Environment Programme). Emissions Gap Report 2022: The Closing Window [R]. 2022.

[43] World Bank. Commodity Markets Outlook[R]. 2022.

[44] World Bank. Global Economic Prospects[R]. 2023.

[45] WMO (World Meteorological Organization). WMO Greenhouse Gas Bulletin[R]. 2022.

第九章
共同推进发展中国家工业化

纵观世界历史，工业化是大多数国家实现经济社会发展、从低收入跨越到高收入的必经阶段[①]。从欧美到东亚，发达经济体历史上的经济增长和国民收入提高都与工业化发展密切相关。工业化影响 17 项可持续发展目标中的至少 10 项，具有系统重要性（UNIDO，2020）。近年来，发展中国家工业化水平稳定提升，但不充分不均衡的问题突出，不少发展中国家难以共享工业化的发展红利。部分发展中国家工业化难以顺利发展，既有中长期结构性原因，也受当前多重危机干扰。提升发展中国家工业化水平是弥补全球发展赤字、共享全球发展成果的重要方面。发展中国家应基于各自国情制定工业化发展战略并积极融入全球价值链，发达国家和国际机构应各尽所能加大资金、技术和知识等方面的支持力度。各方应携手努力、加快行动，共同推进发展中国家工业化。

一、发展中国家工业化发展不充分不均衡

工业化通常被定义为工业部门加快发展，在 GDP 中占比持续上升[②]、就业人数在总就业人数中比重增加的过程（Jones，2018）。本文参考联合国《世界经济形势和展望 2023》的国家分类，对全球 110 个发展中国家 1990—2021 年的工业化情况进行分析[③]。基于钱纳里等的研究，本章主要以人均 GDP 和制造业比重两个指标为标准衡量工业化水平，将不同国家的所处阶段划分为前工业化、工业化初期、工业化中期、工业化后期和后工业化 5 个阶段[④]。当前发展中国家工业化发展具有以下 4 个主要特点。

（一）发展中国家工业化水平稳步提升，但近年有所放缓

总体来看，20 世纪 90 年代以来，发展中国家工业化水平有显著提升。这主要得益于

---

① 除少数资源禀赋突出的国家外。

② 除因经济周期可能造成的中断外。

③ 根据联合国《世界经济形势和展望 2023》的分类，全球共有 125 个发展中国家。其中，韩国、新加坡、以色列、文莱、巴哈马和巴巴多斯在 1990 年时的发展水平已经很高，亚洲的巴林、伊拉克、科威特、阿曼、卡塔尔、沙特阿拉伯和阿联酋等 7 个石油出口国的发展与其他国家显著不同，朝鲜、叙利亚缺乏可得数据。因此，本文主要关注除以上国家之外的其余 110 个发展中国家，这 110 个国家覆盖了 46 个最不发达国家。

④ 在钱纳里等（Chenery et al.，1986）的研究中，主要以人均 GDP 作为划分工业化阶段的标准。在后来的研究中，特别是在对中国工业化水平的研究（黄群慧、李芳芳 等，2017）中，又增加了其他衡量标准，如三次产业比重、就业结构、城镇化率等。本研究发现，对于不少人口规模较小的发展中国家而言，产业结构、就业结构和城镇化等指标的规律性不强且变动很大。因此，本文仍以人均 GDP 作为划分工业化阶段的主要标准。钱纳里等的研究以 1970 年的美元计算工业化阶段的划分阈值，工业化初期、中期、后期及后工业化阶段的阈值分别为 280 美元、560 美元、1120 美元和 2100 美元。考虑到美元的价格变化，本文以现价美元计算，将 1990 年这 4 个阶段的阈值分别确定为 810 美元、1620 美元、3241 美元、6077 美元，2000 年这 4 个阶段的阈值分别确定为 922 美元、1844 美元、3688 美元、6194 美元，2010 年这 4 个阶段的阈值分别确定为 1154 美元、2308 美元、4617 美元和 8656 美元，2021 年这 4 个阶段的阈值分别确定为 1400 美元、2800 美元、5600 美元和 10501 美元。

发展中国家自身重视工业化发展、全球价值链迅速扩张降低发展中国家工业化门槛等因素。1990 年，110 个发展中国家中共有 56 个国家属于前工业化阶段，占比为 50.9%；共有 31 个国家处于工业化初期阶段，占比为 28.2%；共有 23 个国家进入或越过了工业化中期阶段，占比为 20.9%。2021 年与 1990 年相比，有 62 个国家实现了工业化阶段提升，其中有 37 个国家提升了一个阶段，有 22 个国家提升了两个阶段，有 3 个国家提升了 3 个阶段（赤道几内亚、中国和圭亚那 3 个国家分别从前

工业化阶段提升到工业化后期阶段）。分阶段看，2000—2010 年是发展中国家工业化阶段提升最快的时期，这一时期，处于前工业化阶段的国家数量从 55 个大幅度减少到 35 个，处于工业化中期的国家数量从 14 个增加到 21 个，处于工业化后期的国家数量从 12 个增加到 20 个，完成工业化的国家数量也从 4 个增加到 11 个。与这一时期相比，1990—2000 年和 2010—2021 年这两个时期，发展中国家工业化阶段提升显著偏慢（见图 9-1）。

约 40% 的发展中国家长期难以实现工业

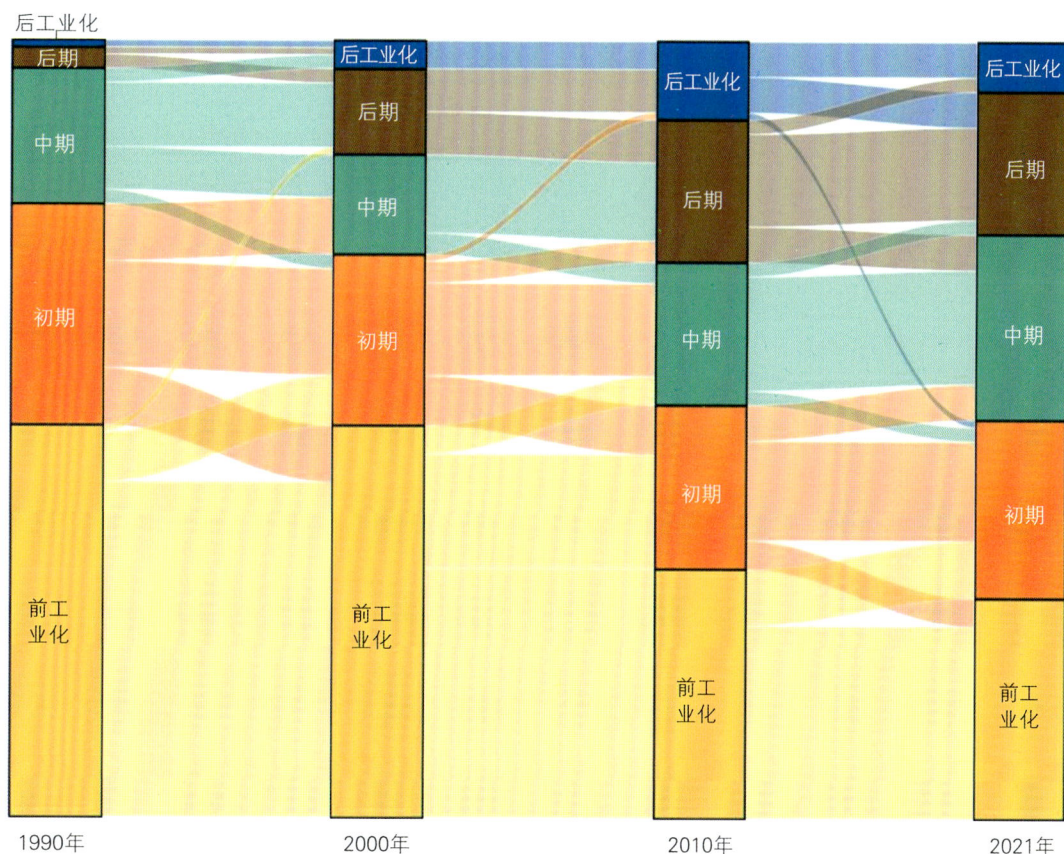

图 9-1　1990—2021 年 110 个发展中国家所处工业化阶段的变迁

注：本图的发展中国家是按 2023 年的标准来界定的，从中选取了 110 个国家。1990 年、2000 年、2010 年和 2021 年一直计算的是这 110 个国家。
资料来源：世界银行。

化阶段提升。不少发展顺利的后发国家在工业化快速发展时期，10年左右就可以提升一个工业化阶段。但在许多发展中国家中，工业化水平提升较为困难。2021年与1990年相比共有44个国家的工业化阶段完全没有提升。例如，2010—2021年处于工业化初期的23个国家中，只有5个国家升级进入工业化中期，14个国家仍然处于工业化初期，有4个国家降级进入前工业化阶段；在20个处于工业化中期的国家中，共有16个仍然处于工业化中期阶段，只有2个国家升级进入工业化后期，还有2个国家降级进入了工业化初期；在20个处于工业化后期的国家中，只有2个国家完成工业化，进入后工业化阶段，13个国家仍然处于工业化后期，还有5个国

家降级进入工业化中期；在11个进入后工业化阶段的国家中，有5个跌入工业化后期阶段，还有1个跌回工业化初期阶段。

（二）发展中国家工业化发展水平很不均衡

当前，超过40%的发展中国家已经进入工业化中期或后期，但仍有近30%的发展中国家尚未启动工业化进程。2021年，在110个发展中国家中，共有31个国家处于前工业化阶段，25个处于工业化初期，26个处于工业化中期，21个处于工业化后期，只有7个已经完成工业化进入后工业化阶段（见表9-1）。从区域看，发展中国家中工业化水平较高的

表 9-1　2021 年 110 个发展中国家所处的工业化阶段

	前工业化	工业化初期	工业化中期	工业化后期	后工业化	总计
非洲	27	12	8	6	0	53
北非	1	1	4	1	0	7
东非	10	2	1	0	0	13
中非	2	3	0	2	0	7
西非	10	4	1	0	0	15
南部非洲	4	2	2	3	0	11
亚洲	4	9	13	5	1	32
东亚	1	6	7	3	1	18
南亚	2	3	3	1	0	9
西亚	1	0	3	1	0	5
拉美和加勒比地区	0	4	5	10	6	25
南美	0	1	1	5	3	10
墨西哥和中美	0	3	2	3	2	10
加勒比	0	0	2	2	1	5
合计	31	25	26	21	7	110

资料来源：世界银行。

主要位于亚洲及拉美，而非洲工业化进程普遍落后，在非洲的 53 个国家中，仍有 27 个国家处于前工业化阶段，12 个处于工业化初期。从禀赋看，东亚、南亚和拉美等地的劳动力资源密集型国家融入全球产业分工体系较深、工业化水平相对较高。

（三）不少发展中国家制造业发展严重滞后

典型的工业化理论认为，工业化时期往往是制造业发展较快、制造业在 GDP 中占比较高的时期。从工业化发展较为顺利的典型经济体看，工业化阶段的制造业比重往往较高，多数为 20%~30%，少数经济体甚至达到

30% 以上（见图 9-2）。较高的制造业比重才能带来较大的制造业规模，才能享有较好的制造业规模经济性，才能更好地发挥工业迂回[①]、加速发展的红利。

不少发展中国家的制造业比重偏低，制造业没能充分发展。图 9-3 显示了 2021 年 44 个发展中国家（这些国家在 1990—2021 年工业化阶段完全没有提升）的制造业在 GDP 中的比重，其平均值为 10.7%（简单平均）。在这 44 个国家中，只有 4 个国家的制造业在 GDP 中的比重大于 20%，总体来看存在制造业在 GDP 中的比重偏低的问题。另外还可以发现，到 2021 年这些国家人均 GDP 水平大多在 2000 美元以下，也就是说 1990—2021 年，这些经济体长期处于"低收

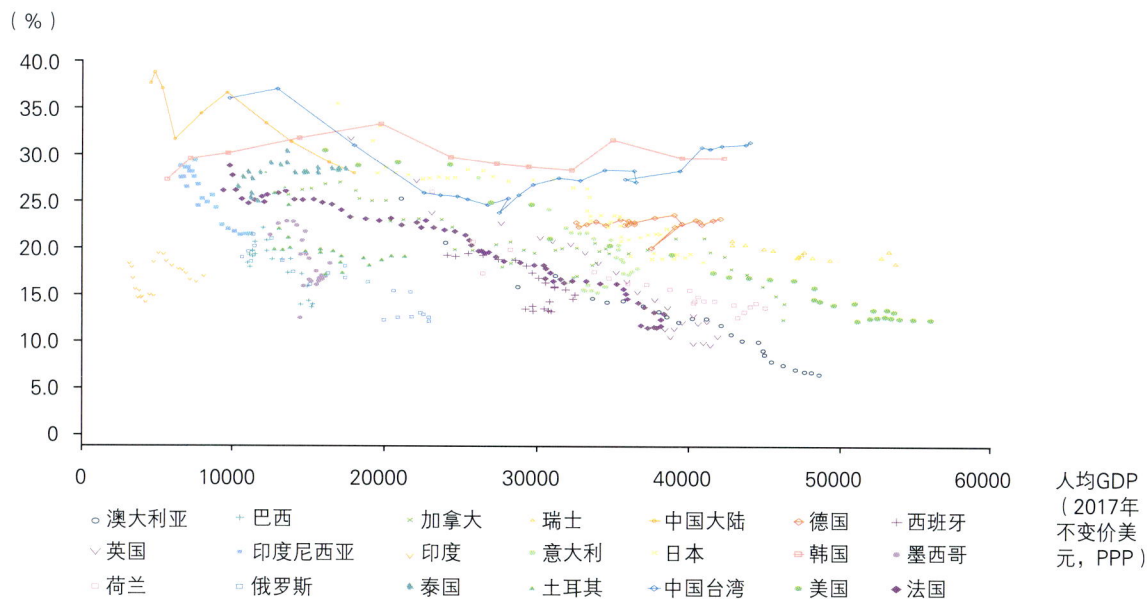

图 9-2　21 个经济体的制造业在 GDP 中的比重

资料来源：许召元、李德轩，2021。

① 工业生产的很大部分活动是为生产劳动工具和劳动对象进行的生产，因此相对于最终的直接消费使用过程而言是间接的和迂回的。工业生产的迂回性构成错综复杂的投入—产出关系，有利于促进高度分化和提高劳动生产率。

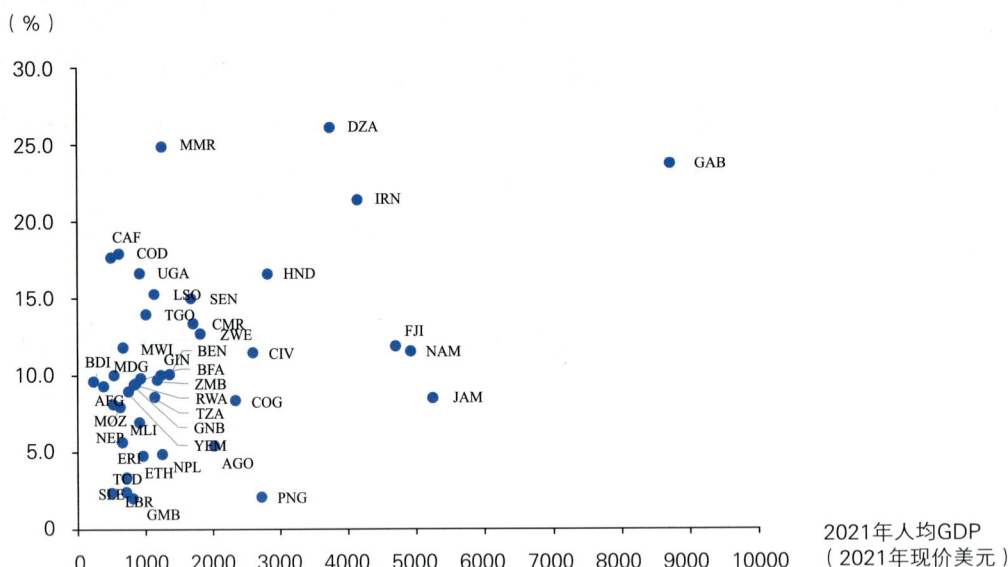

图 9-3　2021 年 44 个发展中国家的制造业在 GDP 中的比重

注：图中各国名称是各国在世界组织的标准代码。
资料来源：世界银行。

入陷阱"中。

不少发展中国家的制造业国际竞争力偏弱。图 9-4 显示了 2019 年 30 个发展中国家的制造业出口占 GDP 的比重（其余 14 个国家缺乏数据），其平均值为 3.2%（简单平均），显著低于全球 15.1% 的平均比重，说明在工业化水平难以提升的国家中，多数国家制造业参与国际竞争的能力不足，不能充分把握全球技术和经济发展的机遇，难以实现工业部门引领性增长。

（四）发展中国家难以充分享受全球技术进步红利

很多研究表明，工业化对于各国顺利推进发展具有重要意义。工业化受阻将直接制约发展中国家消化吸收全球先进技术的能力，使其难以充分共享全球经济和技术发展红利。

制造业是全球先进知识和技术的核心载体。制造业的生产加工过程较为复杂，需要使用大量相互配套的工具和设备，广泛运用专业性技能，推进持续性技术研发。因而，制造业往往能够汇集时代最前沿的技术成果，成为技术研发和创新的主要载体。在新一轮技术革命情况下，制造业仍然是提高基础技术和中等技术生产能力的核心产业，制造企业依旧是主要的技术学习中心（UNIDO，2019）。工业化带来的创新还可以为绿色发展提供技术解决方案，如提高能源效率、低碳生产和循环经济等。

发展中国家工业化水平低和难以分享全

（%）

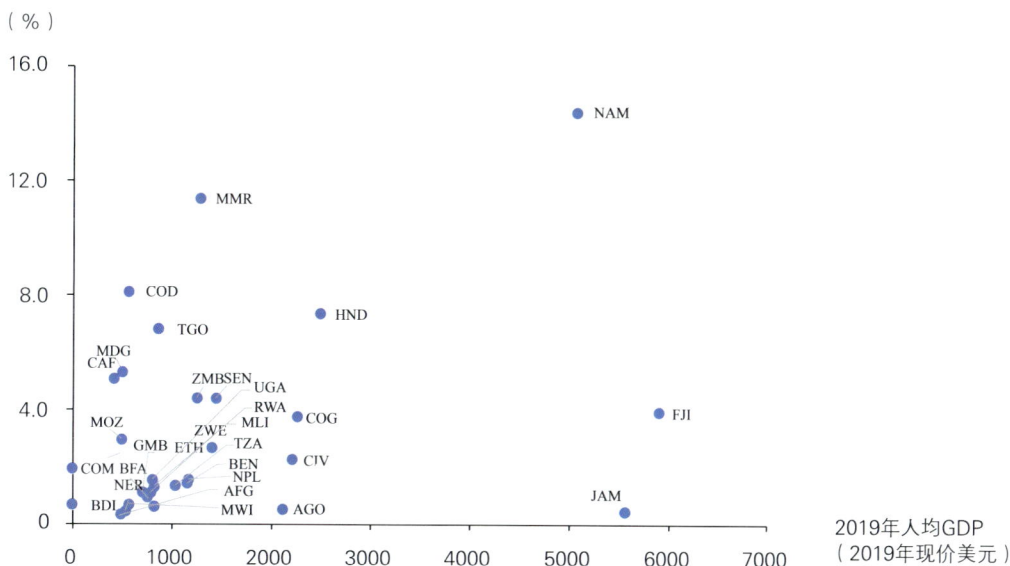

图9-4　2019年30个发展中国家的制造业出口占GDP比重

注：图中各国名称是各国在世界组织的标准代码。
资料来源：世界银行。

球技术进步红利往往相互影响。工业化水平低使发展中国家难以通过工业生产来学习、消化和吸收隐含在其中的全球知识，难以享受全球技术进步的溢出效应，而这又进一步拉大了发展中国家与全球先进国家间的技术水平差距。由于全球工业处于激烈的竞争和发展中，各国工业生产能力和竞争能力不进则退。不能充分融入和消化吸收全球先进技术，可能会进一步削弱发展中国家工业化的能力。

二、多重因素阻碍发展中国家工业化进程

　　部分发展中国家工业化难以顺利推进，既有中长期结构性原因，也有短期因素影响

的原因。从中长期看，关键要素资源短缺、综合营商环境欠佳和国际社会支持不足阻碍了发展中国家的工业化发展。从短期看，在新冠疫情和地缘政治紧张、全球经济疲软和债务困难、能源危机和气候变化、数字鸿沟等多重危机下，发展中国家工业化面临更加复杂严峻的形势。

（一）关键要素资源短缺

　　工业化离不开基础设施、资金和人才等一系列关键要素的支撑。然而，大多数发展中国家都面临的基础设施短缺、发展资金紧张和人力资源不足等问题，制约了其工业化的发展。

　　许多发展中国家缺乏可靠和可负担的道

路、通信、卫生、电力和水等基础设施供应。全球约 10 亿人居住在距离全天候道路 1 英里以外的地方，10 亿~11.5 亿人无法享受可靠的电话服务，4.5 亿人居住在宽带信号覆盖范围之外的地方，25 亿人缺乏基本的卫生设施，7.6 亿人家中尚未通电，近 8 亿人缺水，这些人绝大多数生活在亚非拉的发展中国家（UN，2023b）。在这些国家，即使一些地方能够提供部分基础设施，它们通常也不稳定且不可负担。基础设施不可靠造成的服务中断，每年给个人和企业带来数千亿美元的经济损失（Puliti，2022）。在非洲，基础设施不足更是降低了约 40% 公司的生产力（UN，2023b）。

不少发展中国家难以吸引外国直接投资，难以为企业提供足够的长期融资和信贷。外国直接投资是发展中国家工业化的主要资金来源之一，但是不少发展中国家较难吸引到足额优质的投资。2021 年，全球外国直接投资达到 1.58 万亿美元，其中约 40% 流入亚洲发展中国家和地区，8.5% 流入拉美和加勒比地区，而流入非洲的只有 5.2%（UNCTAD，2022）。长期融资和信贷是工业发展的重要支撑，但对发展中经济体的工业企业来说往往较难获得。2006—2020 年的产业层面调查显示，全球有近 1/3 的小型工业企业得益于贷款或信贷额度，但不同国家获取信贷的机会很不均衡，撒哈拉以南非洲国家和最不发达国家缺乏信贷最为严重，仅约 1/6 的小型工业企业获得贷款或信贷额度

（UN，2021）。

许多发展中国家虽然拥有较大的劳动力规模，但是素质有待提高。2021 年，全球约 82% 的劳动力分布在非高收入地区，其中 33.1%（11.5 亿人）在东亚和太平洋非高收入地区，18.9%（6.6 亿人）在南亚，13.0%（4.5 亿人）在撒哈拉以南非洲，8.0%（2.8 亿人）在拉美和加勒比非高收入地区（World Bank，2023）。尽管发展中国家的劳动力储备丰富，但身体素质较差、受教育水平不高，难以满足新时期工业化发展和全球产业竞争的需要。2021 年，发展中国家人口出生时的预期寿命为 69.9 岁、平均受教育年数为 7.5 年，比经济合作与发展组织国家平均水平分别低 9.1 岁和 4.8 年，比世界平均水平分别低 1.5 岁和 1.1 年。撒哈拉以南非洲国家甚至比发展中国家平均水平还要分别低 11.3 岁和 2.6 年（UNDP，2023）。

（二）综合营商环境欠佳

良好的市场环境和体制机制能够吸引投资、鼓励创新、便利经营，为工业化提供有利的制度条件和商业环境。然而，许多发展中国家的综合营商环境欠佳，不利于企业的日常经营和产业的发展壮大。

根据世界银行营商环境评估数据，2020 年，亚洲、拉丁美洲和非洲的发展中国家在全球 190 个经济体中的综合平均排名分别为第 95 位、第 114 位和第 137 位，与

发达国家平均排名的第 39 位存在明显差距[①]。在这些发展中国家，企业经营活动耗时较长、成本较高，对产业发展造成诸多负面影响。

例如，在开办企业方面，在发达国家的企业平均只需要花费 11.7 天和 3.2% 的人均收入。然而，在拉丁美洲发展中国家的企业平均需要花费 28.1 天，比在发达国家的企业多一倍多。在非洲发展中国家的企业需要耗费 34.2% 的人均收入，比在发达国家的企业高 31 个百分点。

在纳税方面，在发达国家的企业每年需要耗费 174.4 个小时，总税率是商业净利润的 37.8%。而在拉丁美洲发展中国家的企业需要耗费 316.5 小时，约是在发达国家的企业耗费时间的 1.8 倍。在非洲发展中国家的企业的总税率为 47.3%，比在发达国家的企业高 9.5 个百分点。

在执行合同方面，在发达国家的企业平均只花费 588.1 天和标的额的 23.2%。然而，在亚洲、拉丁美洲和非洲发展中国家的企业需要比在发达国家的企业分别多花费 50.7 天、178.4 天和 70 天的时间以及 12.9%、8.6% 和 16.7% 的标的额。

在跨境贸易方面，在拉丁美洲发展中国家的企业的进出口用时与在亚洲和非洲发展中国家的企业相比较短，但是仍是发达国家企业的 5~10 倍。在亚洲发展中国家的企业的进出口边界合规成本比在拉丁美洲和非洲发展中国家的企业都低，但仍是发达国家企业的 3~4 倍。在非洲发展中国家的企业的边界合规出口时间和成本分别是在发达国家的企业的 8.3 倍和 4.5 倍（见表 9-2）。

（三）国际社会支持不足

帮助发展中国家顺利开展工业化进程、实现经济社会可持续发展，是国际社会特别是发达国家和国际机构的重要国际义务。许多发展中国家的产业基础薄弱、国内市场狭小，难以获得工业发展所需要的规模效应，必须借助区域和全球的产业体系和市场空间才能发展。工业（尤其是制造业）的发展始终面临激烈的国际竞争，发展中国家要启动工业化，顺利融入全球经济体系，需要充足的外部支持。全球经济治理机制能够在一定程度上促进自由贸易、跨国投资、金融流动、技术扩散和政策沟通。然而，发展中国家在当前的全球治理体系中经常遭遇不公待遇，全球治理机制对发展中国家工业化的支持范围、援助力度和执行落实仍不能满足实际需求。

---

① 截至 2021 年 12 月，根据联合国 M49 标准对发展中地区和发达地区的分类，在这 190 个经济体中，有 47 个发达国家、52 个亚洲发展中国家、33 个拉丁美洲发展中国家和 54 个非洲发展中国家。

表 9-2　不同国家的营商环境比较

指标			发达国家	亚洲 发展中国家	拉丁美洲 发展中国家	非洲 发展中国家
综合平均排名			39	95	114	137
时间	开办企业（天）		11.7	19.7	28.1	20.9
	纳税（小时数 / 每年）		174.4	192.0	316.5	284.6
	执行合同（天）		588.1	638.8	766.5	658.1
	跨境 贸易	出口用时：单证合规（小时）	5.2	61.6	35.3	71.2
		进口用时：单证合规（小时）	4.5	63.8	43.0	95.7
		出口用时：边界合规（小时）	11.1	54.1	55.4	91.6
		进口用时：边界合规（小时）	7.8	71.6	55.5	126.7
成本	开办企业（人均收入百分比）		3.2	14.0	30.6	34.2
	总税率（商业净利润百分比）		37.8	33.5	46.6	47.3
	执行合同（标的额的百分比）		23.2	36.1	31.8	39.9
	跨境 贸易	出口成本：单证合规（美元）	36.8	171.2	98.7	169.7
		进口成本：单证合规（美元）	30.0	177.2	105.5	289.1
		出口成本：边界合规（美元）	128.9	374.7	509.3	583.2
		进口成本：边界合规（美元）	100.9	427.1	617.9	678.0

资料来源：作者根据世界银行数据计算。

　　例如，贸易是促进工业化的有效方式，世界贸易组织是全球经济治理中最重要的多边机制之一。在世界贸易组织规则下，发展中国家（特别是最不发达国家）在关税、补贴、市场准入和技术转让等方面可以享有特殊与差别待遇。然而，乌拉圭回合谈判增加了《服务贸易总协定》《与贸易有关的知识产权协定》和《与贸易有关的投资措施协定》内容，使发展中国家可以利用的政策空间大大缩小，权利和义务也出现巨大反差（UNECA，2016）。在多哈回合谈判中，由于发达国家拒绝实质性参与，对发展议题的谈判未取得进展。世界贸易组织尚未以具有法律约束力的条款明确规定对发展中国家的援助类型、期限和程度，特殊和差别待遇条款一直存在不够精确有效、不易操作的问题。

（四）新的动荡变革带来新挑战

　　近年来，受新冠疫情和地缘政治紧张、全球经济疲软和债务困难、能源危机和气候变化、数字鸿沟等一系列危机的影响和冲击，发展中国家的工业化面临多重挑战。

新冠疫情和地缘政治紧张冲击传统的全球产业布局，发展中国家产业发展面临的竞合局面更为复杂。20世纪八九十年代以来，不少发展中国家通过嵌入全球产业链、利用比较优势和专业化分工发展本国工业、提升产业竞争力。然而，新冠大流行使全球产业链的脆弱性集中暴露，地缘政治紧张使减少产业的外部依赖成为产业布局的重要考量，尤其是半导体、高科技和能源等战略性新兴产业。一些发达国家纷纷推出再工业化和促进制造业回流的产业政策，世界多国开始重视统筹产业链供应链发展、韧性和安全，跨国公司更加关注产业链供应链的多元化。全球制造业可能出现分散化、多中心化格局，发展中国家面对的全球产业竞争与合作局面变得更为复杂。

全球经济复苏乏力和债务困难使生产投资持续疲软，工业品市场有效需求不足。在新冠疫情、乌克兰危机、全球通胀高企等一系列相互交织的因素影响下，全球经济大幅持久放缓，发展中国家的产业投资不景气，2022年最不发达国家的外国直接投资甚至收缩了30%（UN，2023）。全球金融环境日益趋紧，发展中国家的收支平衡压力和债务脆弱性大大增加。许多资金流动性紧张的经济体将有限的财政资金分配给紧急价格补贴，牺牲了对基础设施和福利项目的公共投资（UNCTAD，2023）。在全球经济复苏乏力的背景下，国内外工业品市场有效需求不足，出口对工业经济的提振作用减弱，工业品消费对产业投资的正向激励弱化。

能源危机和气候变化倒逼绿色转型提速，发展中国家推进工业化面临的限制增多。乌克兰危机加剧了近年来的全球能源危机，高耗能、高污染的传统工业化增长模式难以延续，能源结构、产业结构和生产生活方式的绿色转型正在加速推进。这深刻影响了企业竞争优势和跨国投资贸易，发展中国家面临经济发展与环境保护平衡的巨大挑战。绿色转型对环境标准和能源结构的要求超过大多数发展中国家现阶段的经济承受能力，需要发展中国家和发达国家共同努力，寻找切实可行的低成本发展新路径。

数字鸿沟弱化了发展中国家的传统比较优势，不利于其工业化进展。数字技术的深度应用催生了海量的数据资源，数据日益成为新的关键生产要素，与土地、资本、劳动等传统生产要素相比，其重要性快速提升。新的生产要素及其新的组合应用引发生产方式的重大变革，推动制造业向数字化、智能化和个性化发展，产业形态向平台化、网络化和深度服务化发展。在数字经济条件下，发达经济体在资金、复合型人才、数据基础设施、知识经验、核心技术积累、营商环境等方面的竞争优势提高。而发展中国家面临数字鸿沟，廉价土地和劳动力等传统优势正在被弱化，工业化的难度有所加大。

三、合力促进发展中国家工业增长

推动发展中国家工业化，既要依靠发展中国家自身的努力，也离不开国际社会的团结合作，特别是发达国家和国际机构的大力支持，不但要加强国际产能合作的互利共赢，而且要增进各类发展知识的交流互鉴。

（一）因地制宜推动发展中国家工业化

发展中国家要更加重视工业部门发展在经济中的引领作用，制定符合本国国情的工业发展战略。根据资源禀赋结构和市场经济规律，客观评估本国产业在区域产业网络和全球产业链中的角色，动态分析产业发展的优势和劣势，找准产业分工定位和升级方向，精心选择并重点发展符合比较优势的产业。借鉴先行国家工业化经验，特别是优先发展经济特区或产业园区的经验，可以策略性地选择地理位置便利、产业基础良好和人文条件优越的重点城市优先开放、参与区域和全球生产网络。在发展中国家整体资源有限的情况下，可以集中有限资源发展经济特区或建立产业园区，在区域内适度超前建设传统基础设施和数字基础设施，按产业集聚发展思路重点发展支柱产业，并提供税收、经营、金融和贸易等方面的政策便利，从而优化营商环境、降低企业运营成本，增强对投资的吸引力。要高度重视优化营商环境，对外要加强对外资的保护与支持政策，增强对外资的吸引力；对内要加强对企业权益的全方位保护，形成有利于产业发展的制度环境。此外，还要积极把握新工业革命机遇，促进先进技术的推广应用，鼓励企业以新技术、新工艺、新商业模式改造提升传统产业，加快发展数字经济和新能源等新兴产业，助力实现跨越式发展。

（二）促进形成更加合理的国际产业分工格局

加强区域性和国际产能合作是推进发展中国家工业化的切实途径，也是实现其发展成果全球共享的可行方式。发展中国家可以加强区域性市场一体化建设，和周边国家共同构建统一市场，从而有效拓展本国企业的市场空间，实现工业生产的规模经济性。可以充分利用联合国 2030 年可持续发展议程、"一带一路"倡议和全球发展倡议等发展契机，构建完善双边和多边的工业化产业化合作，帮助发展中国家提高工业生产能力和制造业水平。积极开展全球产业链供应链安全稳定合作，推进产业链供应链数字化和绿色化转型，保障全球产业体系稳定、高效和绿色发展。

（三）加强对发展中国家的资金、技术和贸易支持

国际社会要促进宏观政策的跨国沟通和

全球发展资源的国际协调，促进全球、区域、国别发展合作进程协同增效。要更好发挥联合国、二十国集团、国际货币基金组织、世界银行、亚洲基础设施投资银行和新开发银行等多边平台在完善国际经济治理体制中的作用，帮助各国加强财政、金融、货币、数据流动等方面的政策沟通，及时研判化解系统性风险，为发展中国家提供必要的基础设施和产业发展融资支持。维护以世界贸易组织为核心的多边贸易体制，支持世界贸易组织改革和贸易规则谈判朝着更加公平公正的方向发展，维护发展中国家使用产业政策的空间。在《联合国气候变化框架公约》框架下，根据共同但有区别的责任原则和各自能力原则积极稳妥推进全球气候治理，充分照顾发展中国家工业化的特殊关切，为其加快绿色低碳转型提供必要的技术支援和能力支持。发达国家需尽快兑现每年为发展中国家提供 1000 亿美元气候资金的承诺。

（四）增进各国发展知识交流互鉴

除了资金、设备和基础设施等物质保障外，发展中国家工业化还需要多种发展知识的智力支持。要充分发挥世界银行、联合国工业发展组织等国际发展机构和金砖国家新工业革命伙伴关系等多边合作机制以及智库、企业、高校等非政府组织的作用，构建工业化相关领域的对话机制和分享网络，促进南北和南南之间的知识合作。鼓励各国政府和产业工作者增进发展理念的沟通交流，加强对最佳实践案例的研究借鉴，帮助发展中国家寻找适合本国国情的发展道路和发展方案。加强多方合作，在发展中国家实施技术转让和商业模式开发等试点项目，开展企业家精神、数字技术和职业技术教育等人力资源培训与开发，提升发展中国家企业和劳动力适应新技术和产业变革的能力。

参考文献

[1] 黄群慧，李芳芳，等 . 中国工业化进程报告 (1995~2015)[M]. 北京：社会科学文献出版社 , 2017.

[2] 许召元，李德轩 . 制造业比重变化的内在规律和政策选择——基于 21 个经济体的经验分析 [J]. 甘肃社会科学，2021(6):190-202.

[3] Chenery, H.,S. Robinson, and M. Syrquin. Industrialization and Growth: A Comparative Study[M]. Oxford University Press. 1986.

[4] Jones, G.. The New Palgrave Dictionary of Economics[M]. Palgrave Macmillan. 2018.

[5] Puliti, R.. 2022. The Infrastructure of Recovery, Project Syndicate[EB/OL]. [2023-07-01]. https://www.project-

syndicate.org/commentary/infrastructure-investment-promotes-green-resilient-economic-recovery-by-riccardo-puliti-2022-04.

[6] UN (United Nations). The Sustainable Development Goals Report 2021[R]. 2021.

[7] UN (United Nations), Inter-agency Task Force on Financing for Development. Financing for Sustainable Development Report 2023: Financing Sustainable Transformations[R]. 2023.

[8] UN (United Nations). World Economic Situation and Prospects[R]. 2023a.

[9] UN (United Nations). 2023b. Goal 9: Build Resilient Infrastructure, Promote Sustainable Industrialization and Foster Innovation[EB/OL]. [2023-07-01]. https://www.un.org/sustainabledevelopment/infrastructure-industrialization/.

[10] UNCTAD (United Nations Conference on Trade and Development). World Investment Report 2022: International Tax Reforms and Sustainable Investment[R]. 2022.

[11] UNCTAD (United Nations Conference on Trade and Development). Trade and Development Report 2022: Development Prospects in a Fractured World: Global Disorder and Regional Responses[R]. 2023.

[12] UNDP (United Nations Development Programme). 2023. Human Development Index (HDI)[EB/OL]. [2023-07-01]. https://hdr.undp.org/data-center/human-development-index#/indicies/HDI.

[13] UNECA (United Nations Economic Commission for Africa). Transformative Industrial Policy for Africa [R]. 2016.

[14] UNIDO (United Nations Industrial Development Organization). Industrial Development Report 2020: Industrializing in the Digital Age[R]. 2019.

[15] UNIDO (United Nations Industrial Development Organization). Industrialization as the Driver of Sustained Prosperity[R]. 2020.

[16] World Bank. 2019. Doing Business 2004-2020[EB/OL]. [2023-07-01]. https://archive.doingbusiness.org/en/doingbusiness.

[17] World Bank. 2023. World Development Indicators[EB/OL]. [2023-07-01]. https://databank.worldbank.org/source/world-development-indicators.

第十章
共同塑造普惠包容数字
新时代

当前，数字化带来了巨大便利，已经成为世界发展的主要驱动力之一。但同时，数字经济正面临新旧动能转换，不同国家之间、城乡之间、人群之间的数字鸿沟大量存在，数字治理规则碎片化问题凸显。需要进一步推动全球数字经济合作，共塑充满活力、普惠包容的数字新时代。本章旨在从数字化驱动增长与发展、让数字化红利惠及更多区域和群体以及推进全球数字治理等3个方面，描绘全球数字化转型图景，深入分析当前推进数字化进程面临的主要困难和障碍，并提出解决这些问题的思路和建议。

一、全球数字化转型持续推进但发展不平衡

（一）数字化转型加速但新动能未充分释放

新冠疫情倒逼数字化发展提速。新冠疫情的持续影响对人流和物流产生了不可避免的阻碍作用，但是也在某种程度上促进了数字化的进一步扩散。2021年，全球47个国家数字经济增加值规模为38.1万亿美元，同比名义增长15.6%，占GDP比重为45.0%。产业数字化仍是数字经济发展的主引擎，占数字经济比重为85.0%。其中，第三产业数字化引领行业转型发展，一二三产业数字经济占行业增加值比重分别为8.6%、24.3%和45.3%（中国信息通信研究院，2022）。全球互联网使用人数创新高，2022年，世界80亿人口中约53亿人（66%）使用互联网，增长率为6.1%，高于2021年的增长率（5.1%）（ITU，2022）。移动互联网已经成为互联网使用的主要方式。2022年，移动技术和服务在全球创造了5.2万亿美元的经济增加值，占GDP的5%，广泛的移动生态系统支持了2800万个工作岗位（GSMA，2023）。尤其是在发展中国家，移动设备越来越多地用于经济目的，包括支持创业、广泛赋能和普惠金融（UNCTAD，2023a）。

数字化一定程度上正驱动新一轮经济全球化。数字贸易[①]保持高速增长，并在经济下行期间展现了较强韧性。数字化交付服务逐渐成为服务贸易的重要组成部分，为促进全球经济稳定复苏注入新动能。2021年，全球数字化交付服务贸易规模超过3.8万亿美元，其中发达国家占比78%，同比增长14%（见图10-1）；全球数字化交付服务贸易额在服务贸易总额中占比约63%（见图10-2）。过去5年里，前100强数字化跨国企业的销售额增速是前100强传统跨国企业的5倍，其中新冠疫情起到了巨大的推动作用。数字化跨国企业的投资对发展全球数字经济具有较大的潜在贡献。数字化跨国企业的项目中，超过1/3位于发展中国家（UNCTAD，2022）。

---

① 数字贸易是指以数字方式订购或以数字方式交付的商品和服务贸易。

（万亿美元）

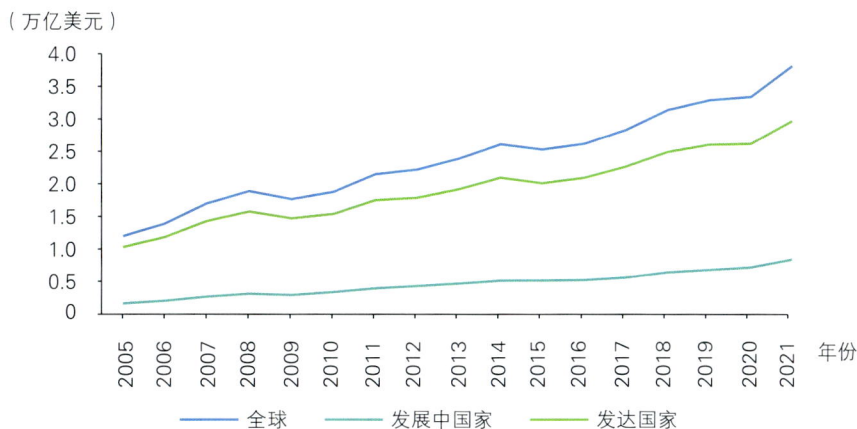

图 10-1　2005—2021 年数字化交付服务贸易额

资料来源：联合国贸易和发展会议。

（%）

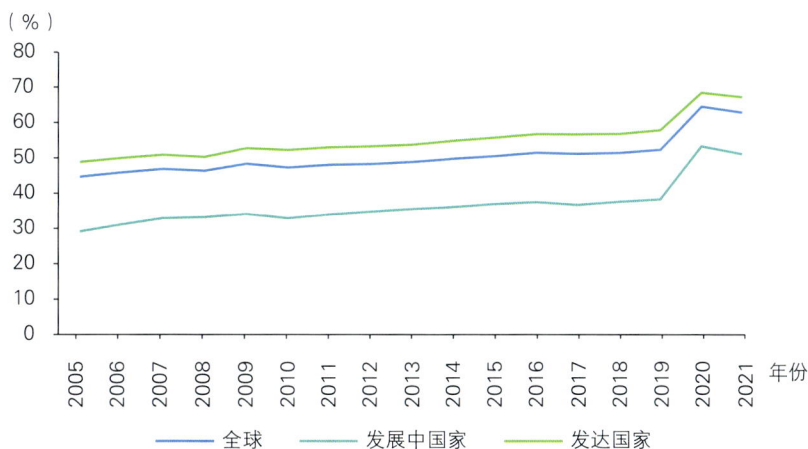

图 10-2　2005—2021 年数字化交付服务贸易额占服务贸易总额的比重

资料来源：联合国贸易和发展会议。

各方对数字化重视程度不断增加。许多国家和地区强化数字化发展战略和政策指导，并在发展合作中重视数字经济。例如，中国制定了《数字中国建设整体布局规划》，强调促进数字经济和实体经济深度融合，建设数字中国是数字时代推进中国式现代化的重要引擎。德国更新了"数字战略 2025"，将推

进国家数字化进程作为优先事项。《二十国集团领导人巴厘岛峰会宣言》强调了各国认识到数字互联互通以及打造有利、包容、开放、公平和非歧视的数字经济的重要性。中国也提出了《二十国集团数字创新合作行动计划》《中国—东盟全面战略伙伴关系行动计划（2022—2025）》，明确加强数字经济、数

字治理等方面的交流与合作。

数字经济企业正在经历新旧动能转换期，龙头企业发展存在明显波动。数字化跨国企业的国际生产持续增长，对国际贸易和投资产生深刻影响。前 100 强数字跨国企业 2021 年销售额（1.744 万亿美元），比 2016 年（6750 亿美元）增长 158%，净收入年均增长 23%（2021 年较 2020 年增长 60%）。不过，前 100 强企业排名呈现出显著的动态变化，5 年间多达 39 家新公司进入排名，取代了其他被收购或超越的公司，并且在地理上仍然高度集中在发达国家（81%）（UNCTAD，2022）。全球排名靠前的数字经济企业中，有很多企业采取了较大力度的裁员措施。根据裁员追踪机构（Layoffs.fyi）统计，2022 年全球范围内 1054 家科技公司累计裁员超过 16 万人。

新技术、新概念、新模式层出不穷，但尚未形成有效的增长新动力。元宇宙、非同质化通证（NFT）、web3.0 等新模式在经历了一轮热潮之后，并没有展现出足够的持续发展动力，产业界和投资界的热情正在冷却。ChatGPT 显著推动通用人工智能的发展和应用，发展前景为世人瞩目，但目前仍处于产业应用初期。而且，新动能一旦被释放出来，数字化基础较为薄弱的经济体和企业可能面临后退的风险。很少有发展中国家具备利用前沿技术的能力，这些技术依赖于数字化和连通性，包括区块链、无人机、基因编辑、纳米技术等。拉美和加勒比地区以及撒哈拉以南非洲国家在使用或适应前沿技术方面缺乏准备，并有可能错失当前的技术机会。数字技术在大多数发展中经济体的传播速度很慢，较发达经济体的制造业企业更有可能使用工业 4.0 技术，相较之下，劳动力技能水平较低的国家从中受益的可能性较小。发展中国家企业之间也存在差异，只有少数较大型的企业倾向于采用先进数字技术（UNCTAD，2023a）。

（二）不同区域、群体间数字鸿沟巨大

发展中国家数字化步伐加快迈进，但与发达国家相比仍存在差距。发展中国家正加快融入全球数字经济发展格局，有巨大的机会促进增长并成为推动经济全球化的新力量。随着制造业和科技水平的发展，发展中国家信息与通信技术（ICT）产品双边贸易额自 2007 年超过发达国家后，继续稳定上涨（见图 10-3）。2021 年，发展中国家 ICT 产品贸易额占贸易总额的比重为 20%，高于全球平均水平（13%）。从数字经济增速上看，2021 年，发展中国家数字经济同比名义增长 22.3%，高于同期发达国家数字经济增速 9.1 个百分点。然而，从数字经济总量上看，发达国家数字经济规模达到 27.6 万亿美元，占全球比重约 72.5%。发达国家数字经济占 GDP 的比重为 55.7%，远超发展中国家 29.8% 的水平（中国信息通信研究院，2022）。

（万亿美元）

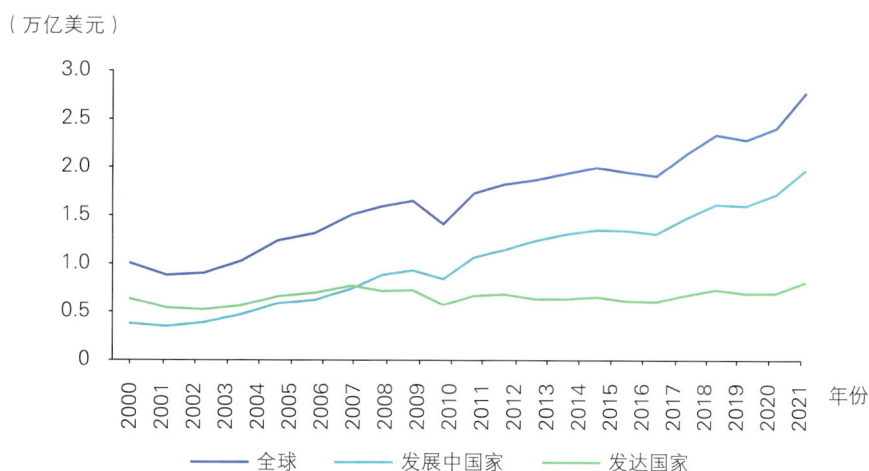

图 10-3 2000—2021 年信息与通信技术产品双边贸易额

资料来源：联合国贸易和发展会议。

　　数字化进程、经济发展和对外开放差异导致数字鸿沟逐渐显现。尽管 2021 年发达经济体、发展中经济体（不包含最不发达国家）跨境数字服务出口分别同比增长 13.5%、17.1%，然而最不发达国家同比下降 4.5%，已经连续两年出现负增长（国务院发展研究中心对外经济研究部、中国信息通信研究院，2022）。除了数字贸易，国际数据流作为全球数字经济的标志也正在迅速增长，大多数跨境流动发生在北美洲和欧洲之间以及北美洲和中国之间。发展中国家有限的数字技术利用水平限制了其公民参与不断发展的数据驱动型数字经济并从中受益的可能性。有迹象表明，大多数发展中国家的数据外流是以原始数据的形式出现的，而这些数据大多流入那些享有主要数据优势和原始数据处理能力较强的国家，与数据有关的鸿沟正在加大（UNCTAD，2023a）。

　　不同国家和地区间在数字化发展的基础

条件上存在差异。互联网接入作为实现数字化的基础条件，在全球仍然存在明显的不平等发展情况（见图 10-4）。全球仍有约 27 亿人处于完全离线状态。发展中国家使用互联网的人口比例在新冠大流行期间显著增加，2021 年首次超过一半（57%），但仍远低于发达国家（90%）（UNCTAD，2023a）。2022 年，阿拉伯国家和亚太地区国家约有 2/3 的人口使用互联网，而非洲仅为 40%。在最不发达国家和内陆发展中国家，仅有 36% 的人口使用互联网（ITU，2022）。

　　同一国家内部不同群体和区域间获取数字红利的能力差距也较大。发展中国家和发达国家无法使用数字技术的弱势群体可能在疫后复苏中更加落后，从而导致严重的连锁反应（GSMA，2023）。从区域层面来看，城市和农村地区使用互联网仍然存在着巨大的差距。2022 年，全球 82% 的城市居民使用互联网，是农村地区的 1.77 倍；非洲 64%

的城市居民使用互联网，农村地区为 23%，比值为 2.8；亚太地区这一比值为 1.76，与全球情况基本等同（见图 10-5）。从群体层面来看，过去 3 年中，全球互联网使用一直在朝着性别均等的方向迈进。2022 年全球男性中使用互联网的比例为 69%，女性为 63%，

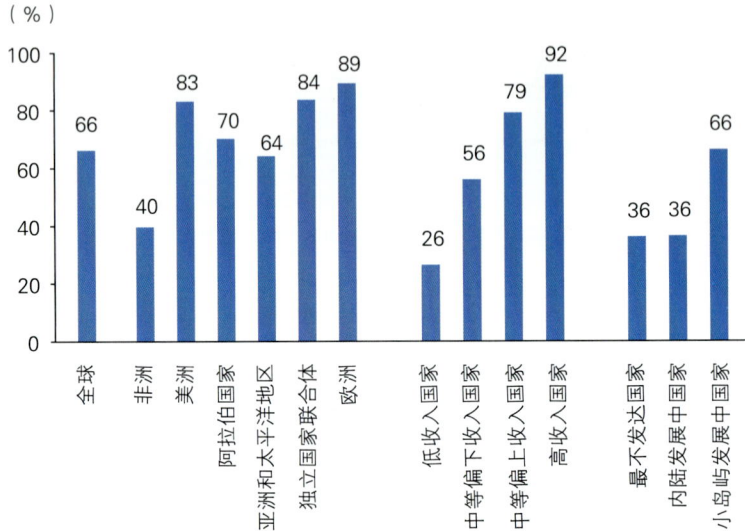

图 10-4　2022 年全球各地区使用互联网的人口占比

资料来源：国际电信联盟。

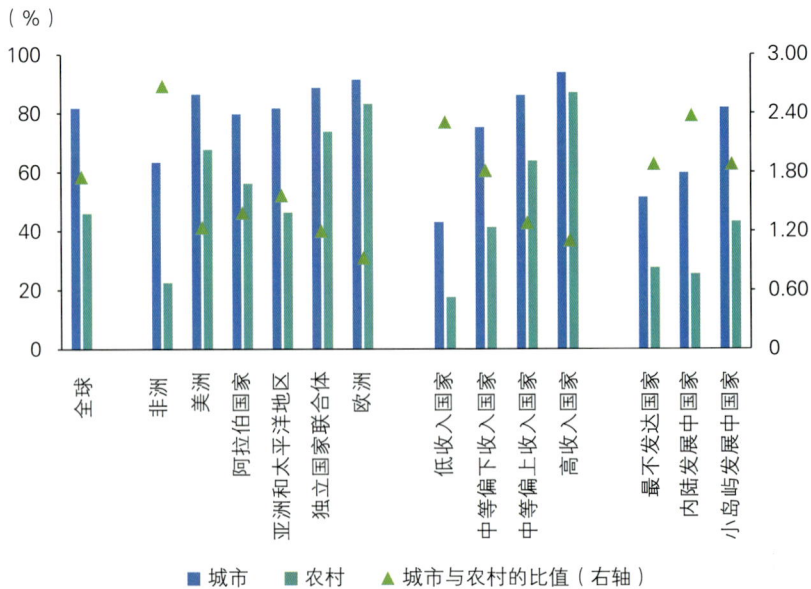

■ 城市　　■ 农村　　▲ 城市与农村的比值（右轴）

图 10-5　2022 年全球各地区城乡互联网使用情况

资料来源：国际电信联盟。

性别均等分数①从 2019 年的 0.9 变为 2022 年 0.92。但是,互联网使用的性别差距依然存在, 特别是在最不发达国家、低收入国家和非洲国家(见图 10-6)(ITU,2022)。

（%）

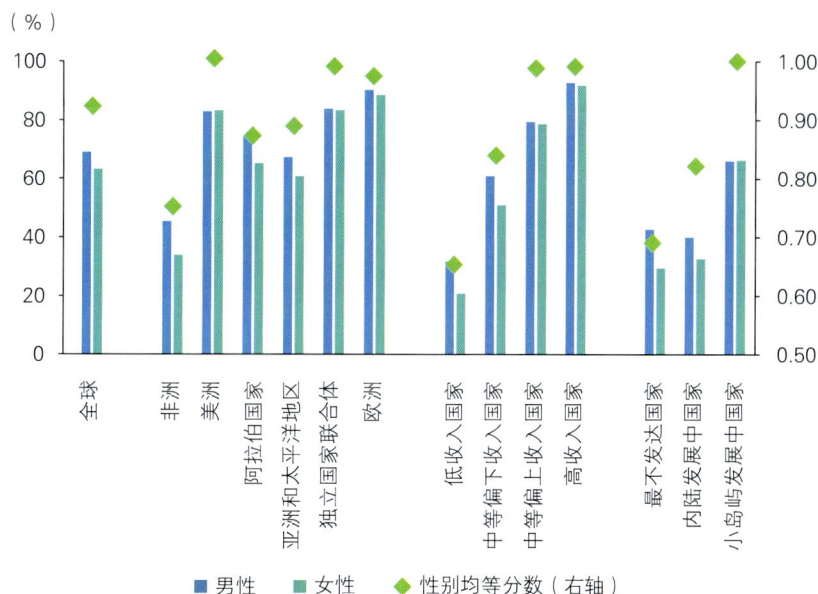

图 10-6　2022 年全球各地区互联网使用性别均等情况

资料来源：国际电信联盟。

（三）全球数字治理赤字日益凸显

多数国家都制定了不同角度的数字治理法规体系。2021 年,全球 194 个联合国贸易和发展会议成员国中,158 个国家(81%)有电子交易相关法律,其中,几乎所有欧洲国家都有相关法律,美洲国家为 89%,但非洲国家仅为 61%。115 个国家(59%)制定了网络消费者保护相关法律。欧洲国家相关法律覆盖率为 78%,非洲为 52%。137 个国家(71%)有数据隐私保护相关法律。非洲和亚洲采取相关法规的国家分别占比 61% 和 57%。

156 个国家(80%)颁布了网络犯罪相关法律。欧洲覆盖率最高,非洲覆盖率最低(见表 10-1)(UNCTAD,2023b)。

不同国家和地区数据治理理念、方法和能力存在差异,发展中国家在相关国际合作中仍处于被动地位。各国对于数据治理的理念存在差异。欧盟高度注重隐私保护,设立高标准的通用数据保护条例(General Data Protection Regulation,简称 GDPR),仅允许个人数据流入与欧盟隐私保护水平相当的国家和地区,同时积极推动成员国之间数据自由流动。美国通过《美墨加协定》

---

① 性别均等分数 = 女性使用互联网的比例 / 男性使用互联网的比例（该分数为 0.98~1.02 则性别均等）。

表 10-1 全球各地区数字相关立法及覆盖情况

地区	电子交易	网络消费者保护	数据隐私保护	网络犯罪
非洲国家（54 个）	33 个（61%）	28 个（52%）	33 个（61%）	39 个（72%）
美洲国家（35 个）	31 个（89%）	25 个（71%）	26 个（74%）	30 个（86%）
亚洲国家（60 个）	50 个（83%）	27 个（45%）	34 个（57%）	46 个（77%）
欧洲国家（45 个）	44 个（98%）	35 个（78%）	44 个（98%）	41 个（91%）
最不发达国家（46 个）	29 个（63%）	19 个（41%）	22 个（48%）	32 个（70%）

资料来源：联合国贸易和发展会议（截至 2021 年 12 月）。

（USMCA）、美日自由贸易协定、美韩自由贸易协定等推广和开辟新的双边或多边规则，并与这些国家一起推行其数据流动主张。以新加坡、英国、日本等为代表的国家试图兼顾高水平数据保护和数据自由流动。发展中国家在治理规则构建上相对滞后，大多数发展中国家执行数据开放流动的政策并非有意为之，而是暂未出台数据治理的相关政策。对于监管能力不足的发展中国家，由于国内隐私和安全相关法规不完善，互联网用户的利益很容易受到损害。

国际机构积极推进数据治理，但仍面临较大局限。世界贸易组织、二十国集团、亚太经合组织等国际组织已针对数据贸易出台部分治理规则和议程，但各框架尚未达成一致，缺乏全球性的统一规则。例如，世界贸易组织框架尚未对数据跨境进行专项规制，目前在世界贸易组织框架下讨论数据贸易一般参考《服务贸易总协定》（GATS）、2019 年通过的《关于电子商务的联合声明》等现有规则。数据贸易的范围远超出电子商务等服务产业，也将涉及大量实体产业，现有规则存在一定局限性。缺乏数字治理的全球共识带来了很大程度的治理失灵，将不利于包括最不发达国家在内的发展中国家。分散的数字治理也减少了各国国内中小微企业进入全球市场的机会，从而可能局限于一些本地或区域市场。缺乏数据共享和国际合作减少了数字创新的机会，包括错失各种包容性发展机会。某些成熟的数字经济体由于其有利的市场规模和技术实力可能成为赢家，但大多数小型发展中经济体将失去提高数字竞争力的机会（UNCTAD，2023a）。

二、多重因素影响全球数字化进程

（一）支撑数字化变革的创新环境仍不完善

数字化转型是新一轮科技革命和产业变革的核心特征，但加速这一轮技术变革的创新基础条件仍面临一些限制。

实现重大技术突破的成本越来越高，新

知识发现难度加大。10 多年来，全球主要经济体的生产率增长放缓。例如，从 20 世纪 70 年代后期至 21 世纪初，经济合作与发展组织成员国整体的人均 GDP 年均增长率约 2.1%，而 2010—2021 年该指标降至 1.2%，降幅超过 40%（WIPO，2022）。但过去 10 余年全球范围的创新投入仍在加大。全球研发总投入由 2009 年 1.2 万亿美元增长到 2018 年 2.1 万亿美元，增幅 75%。投入的活跃与增长的低迷同时存在，这与研发的生产效率下滑密切相关，尤其在大量"低垂的果实"被摘取的背景下（Bloom et al.，2020）。许多重大基础领域的技术进步速度放缓、教育程度的增长持续放缓等多种"逆风"因素在叠加。半个多世纪以来，尽管科学研究范式发生了根本性改变，但多数研究主要致力于提升现有知识的扩展性，具有重大突破性的源头技术创新数量在下降（Park M et al.，2023）。比如，半导体迭代速度、电动电池价格、可再生能源成本和新药审批等反映技术进步的典型指标均出现了放缓迹象（WIPO，2022）。以集成电路领域为例，全球半导体和电子技术成熟度曲线显示，摩尔定律可能逐步失效，芯片技术的升级或明显放缓。当前很多人将希望寄托于 ChatGPT 带来的人工智能新突破，但也存在较大不确定性。

适应数字化转型的创新环境尚不健全，且受各种不利因素冲击较大。不少国家的创新资源流动性和可用性程度偏低，不利于企业满足数字时代主体多元、开源开放、自下而上的创新诉求。尤其对中小企业和初创企业而言，获取高质量创新要素的难度较高，跨部门、跨行业、跨国界的深度数字连接远未成形。调查研究发现，近年来约 80% 的企业数字化转型均遭遇了挫折（麦肯锡全球研究院，2019）。同时，支持高风险创新活动的资本供给也在放缓。受二级市场中数字经济概念股市值下跌等影响，全球数字经济领域的创业投资也出现下滑，首次公开募股持续缩水。2022 年全球风险投资筹资额较 2021 年下降 35%，数字健康、金融科技等领域筹资额分别下降 57%、18%。更重要的是，科技全球化受地缘政治等重大影响，国际科技合作严重受阻，导致数字技术创新的影响力受到较大限制。部分国家在科技领域泛化国家安全概念，技术保护主义、技术性贸易壁垒有扩大化和滥用趋势，这对国际科技合作造成了较大冲击，降低了各国科研人员间的信任，加剧"寒蝉效应"的扩散。这不仅会让全球创新网络的扩张严重受限，也将阻碍新兴数字技术的进步和扩散。

（二）发展中国家数字化基础条件薄弱

发展中国家的数字基础设施建设水平整体偏低。这既缘于自身能力不足，也缘于有效用户规模小，因而网络效应、规模经济难以形成。其中，数字基础设施薄弱、网络成本高昂是阻碍发展中国家民众享受数字技术红利的最关键因素。发展中国家不仅互联网用户规模有限，且通常存在网络速度慢、上网资费高等问题。有数据显示，发达国家的移动宽带速度约为最不发达国家的 3 倍。对低收入经济体而言，普通消费者最便宜的移动宽带支出占其收入的 9% 以上，是全球平均水平的 6 倍多；固定宽带服务成本占收入比重超过 30%，是高收入国家的 15 倍多。对于发展中国家的许多人来说，移动设备通常是电话和互联网连接的唯一选择（UNCTAD，2022）。2022 年，低收入经济体纯数据移动宽带一揽子价格占月人均国民总收入的百分比仍高于 2% 的可负担性目标[①]

（见图 10-7）（ITU，2022）。同时，全球极端贫困的现象仍然存在，巨大的收入差距叠加教育、交通、性别方面的不平等，导致发展中国家采用数字技术面临更多的不确定性。

数字人才短缺、数字素养不高、数字无形资产较少是发展中国家普遍存在的短板。有研究表明，多数发展中国家民众的数字技能水平较低，是实现普遍和有意义的互联互通的关键障碍。这包括使用手机、互联网和社交媒体的能力，数据分析、应用程序开发和网络管理等方面的高级技能，以及沟通与协作、安全、内容生成和数据素养等方面的综合能力。许多低收入国家的整体教育水平

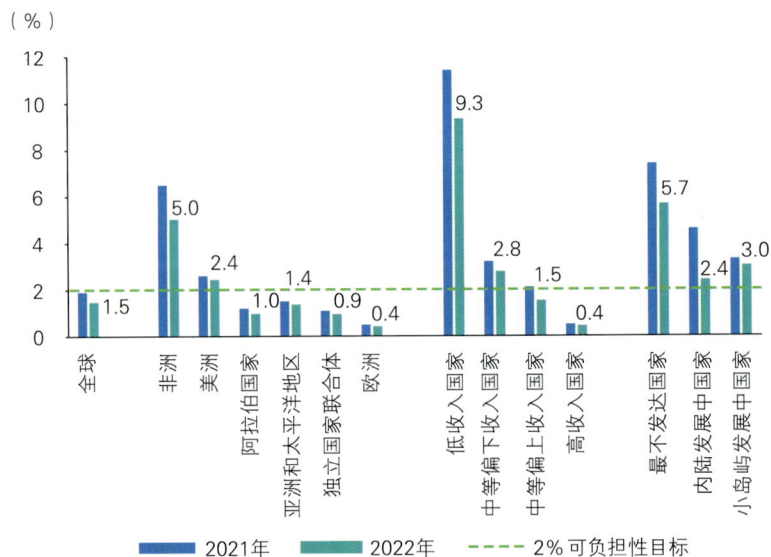

图 10-7　2021—2022 年纯数据移动宽带（2GB）价格占每月人均国民总收入比重

资料来源：国际电信联盟。

[①] 联合国宽带可持续发展委员会的目标是到 2025 年使发展中国家的宽带价格能够被普通居民负担得起，可负担性被定义为宽带接入的可用性低于每月人均国民总收入的 2%。

也偏低，导致数字技能的发展受阻，进一步限制了人们获取数字服务以及从事数字相关工作的可能性。比如，只有2%的肯尼亚人使用互联网找工作和申请工作，而全球平均水平为17%；在苏丹和津巴布韦，只有4%的成年人能够复制和粘贴文件。同时，很多发展中国家也缺乏必要的数字技能培训体系，特别是对妇女、低收入群体、少数族裔等弱势群体而言。数字化人才的差距进一步加重了国家间数字发展的不平衡现象，形成日益扩大的数字鸿沟，进而影响新兴数字技术的生产与扩散。研究表明，截至2020年，仅10个发达经济体就拥有全球先进数字技术相关专利的90%，占据与这些技术相关出口的70%；而发展中经济体参与的技术创造和应用十分有限（UNIDO，2021）。人工智能、大数据、物联网、先进机器人和增材制造等数字化制造技术刚刚开始在发展中国家的工业企业传播。

全球数字化生态高度集中，发展中国家的地位长期落后。目前，全球数字化发展集中于以美欧发达国家国际化数字大平台为中心的生态网络，发展中国家更多提供应用场景和基础数据，获得数字化服务还要付出高额成本。发达国家几乎垄断了主要的数字平台、产业集群以及人才资源。以GAFA[①]等为代表的大型科技企业渗入全球数据价值链的各个环节：通过面向用户的平台服

务收集数据，利用海底电缆和卫星进行数据传输，在数据中心进行数据储存、分析、处理和使用等。这些公司已具备全球意义上的数据资源优势，拥有巨大的资本、技术和市场力量，甚至是一定程度上的"数字地缘权力"。中小企业与大企业之间的数字鸿沟也日益扩大。同时，尽管全球数据流动规模不断扩大，但不平衡问题尤为突出。2004—2020年全球数据流动主要集中在北美洲、欧洲和亚洲之间，其他地区的份额十分有限（UNCTAD，2021）。新冠疫情发生以来，数据跨境流动在地理上也主要集中在"北美—欧洲"和"北美—亚洲"两条线路上。

（三）各国对全球数字治理规则分歧较大

国家间的利益诉求分化明显加剧。当前，不同国家在数字领域的资源禀赋、比较优势均存在较大差异，对参与全球数字化的利益诉求分化严重，且这种分化随着技术进步和国际竞争加速也在持续加剧。处在数字技术创新前沿的国家和地区倾向于选择更多自由、更少规制、更加灵活的治理模式，以巩固其技术和市场优势地位。相比之下，处在后发追赶或明显落后位置的国家和地区更注重发展的安全考量和本土产业的竞争力培

---

① 即美国四大科技企业：Google、Amazon、Facebook（现为Meta）和Apple。

育，担心潜在的巨大不确定性会冲击或损害自身的经济和社会秩序。有研究认为，发展中国家在数据驱动的新经济形态中处于从属地位，很可能沦为少数几个全球性数字平台的原始数据提供方，而要获得数字智能则必须付费，尽管构建起这些智能的数据很多是由这些国家自己提供的（UNCTAD，2021）。同时，由于数字经济与国际政治、意识形态、科技竞争等问题密切交织，数字领域的制度博弈已大大超越经济范畴，国家安全利益的潜在冲突进一步加剧了数字领域的规则博弈。很多国家的政府机构以安全审查为由对非本国数字企业的限制乃至打压不断升级，调和不同国家间的利益诉求难度剧增。

治理理念的差异长期存在，难以有效协调。比如，在数据跨境流动治理方面，有的国家强调私营部门对数据的控制，有的强调公民个人基于基本权利直接控制数据，还有的重视公共部门对数据的安全管理。不同的治理理念在国际规则谈判中被不断放大，叠加地缘政治影响，规则"碎片化"加剧，即便在部分价值观相近的地区间也存在较大差异。比如，欧美国家均非常注重公民的隐私权保护，但欧洲国家强调基于"人格尊严"的隐私权保护，强调这种权利的绝对优先性；美国则更注重自由表达的权利，也倾向于获得市场自由与隐私保护的平衡。

治理边界不断扩大，治理重点难以聚焦。

全球数字治理的复杂度甚至高于减贫、防核扩散、公共卫生等很多传统领域的全球治理，其涉及的利益相关主体众多。除了各国政府和国际组织外，越来越多的数字跨国企业、中小型企业或组织、数字消费者、科研机构、行业组织以及大量非政府利益团体都开始参与其中，治理主体的高度分散化加大了国际规则协调的难度。比如，全球范围内的数字消费者虽然名义上处于弱势地位，但由于数字产品同质性高、服务转换成本低，消费者群体的谈判权也成为全球数字治理博弈的重要筹码。同时，由于数字技术的渗透性日益强化，全球数字治理的重点领域也不断扩张，已远超传统意义上的互联网治理领域。从网络基础设施到电子商务、数字贸易，从人工智能治理到新兴技术伦理规范，从数据跨境流动到数据主权安全，从弱势群体保护、灵活就业保障到更广泛的数字普惠，从网络黑客、网络安全威胁到数字恐怖主义防治，从数字自由化、便利化营商到数字服务税收、数字货币制度，技术发展让纷繁复杂的治理难题加速涌现，治理议程的盲点空白不断暴露，很多都超出现有国际法律和规则的规制范畴。

现行全球治理体系难以对数字全球化的新挑战作出及时有效的回应。近年来以跨境数据流动监管为代表的国际辩论不少已陷入僵局，这让很多国家对能否及时形成超越国家和地区层面的通用数字规则的担忧加剧（UNCTAD，2021）。受多重因素影响，全球数字治理的共识缺乏、信任削减问题加重，不少国家和地区依据自身的治理偏好输出最大化自身利益的规则主张，也进一步加剧了规则、规制和标准的冲突。现行的一些局部或区域性的规则谈判在向全球性扩展方面存在较大阻力。在这种情况下，国际上现有的机构框架不适合全球数据治理对应的具体需求，迫切需要一个新的全球机构框架，并适当地整合多边、多利益相关方和多学科参与（UNCTAD，2021）。另外由于数字化的关键基础技术多数掌握在发达国家手中，全球数字治理长期被忽视的重要目标就是提升发展中国家尤其是最不发达国家的数字化能力。少数发达国家推行的技术保护主义、排他主义和泛安全化政策，严重阻碍了数字领域技术、服务、人才、知识等要素资源的自由流动。这些国家致力于建立双边和诸边"小圈子"，进而让现有的国际组织和多边机构在全球数字治理中难以发挥作用。

三、合力推动全球数字化更加普惠包容

（一）在平衡发展与监管中拓展数字化新空间

在全球经济增长面临衰退风险之际，数字技术和数字经济应该发挥引领创新、拉动增长的积极作用。破解所谓"增长困境"的关键点在于让数字技术向更多的行业扩散，提高全社会的劳动生产率，这需要各行各业激发数字化再创新的活力，需要降低数字化的市场监管门槛。

为更多行业的数字化转型提供便利，扩大数字技术的应用空间和范围。预计到2026年全球数字化转型支出将达到3.4万亿美元，未来几年复合年增长率为16.3%（IDC，2022）。金融领域的数字化转型发展较快，信息技术投资不断增长，数据征信、移动支付、数字货币等应用已经遍布世界各地，在带来效率提升的同时也对各国传统金融体系产生了一定的冲击，需要决策者们为数字化创新提供更多的试验机会。医疗、教育等领域的数字化转型也很有前景和想象空间，人工智能的快速发展在病情诊断、知识教育等方面带来更多的机会，但这需要各国在政策上降低技术准入门槛，开放足够的应用场景。此外，还包括聚焦提升制造业生产率的工业互联网等新模式，这已经成为许多制造业大国的政策重点关注领域。

激发颠覆性技术、新商业模式，重新激活数字经济领域的创业投资。数字经济领域的大量创新都是由风险资本驱动的，投资主体既有专业的投资机构，也包括大型科技企业。硅谷银行等部分发达国家银行的破产风波为全球创业投资发展蒙上了一层阴影，需要一定的政策措施来恢复风险投资者的信心。通过政府引导基金支持创业投资的做法发源

于以色列，现在已经成为很多国家的政策实践，对促进风险投资发展具有积极作用。尊重市场规律的机制设计至关重要，自上而下的创业扶持工程难以成功的常见原因在于机制设计和执行方面的问题。

制定新的监管规则，建立平衡发展与规范的最优监管体系。主要数字经济大国的监管目的和着力点并不完全相同，但共同点是都关注平台企业垄断、广大用户的隐私保护以及数据跨境流动风险等主题，经济性规制和社会性规制同样重要。数据成为数字时代重要的创新资源，大型数字企业在创新链条中的地位在上升。为了激发数字化带动增长的潜力，未来应更多关注如何实现包容创新、鼓励探索的弹性监管，这在全球经济增长乏力的背景下可能成为更多经济体的政策趋势。

（二）促进数字红利惠及更多国家和群体

数字化的风潮正在向全球各国特别是发展中国家扩散。数字化是巨大的机遇"平衡器"，对数字教育、基础设施建设和数字服务的投资可以改善性别不均等，建立应对气候变化的能力，并帮助实现许多联合国2030年可持续发展目标。但正如本章所展示的数据，发生在世界范围的数字进程并不会自动地惠及地球的每一个角落，即便是在一个国家内部，也会有一些被数字化遗忘的人群。

破解"普惠困境"还需要数字化领先国家和相对滞后国家共同努力。

加快解决中等偏下收入国家、地区和弱势群体获取数字服务的可负担性问题。数字技术领先、数字经济国际化程度高的国家为相对落后的国家提供了很多数字化产品和服务，加快了后者的数字化进程。但对很多中等偏下收入国家而言，这种方式的数字化往往成本较高、负担较重。同一国家内部的低收入群体也面临同样的问题。全球数字化龙头企业应该挖掘更多的低成本数字化的创新机会，领先国家应通过一些鼓励政策促进这一行动。低收入群体的总和购买力很高，其中蕴含着较大的增长潜力和创新空间。从中国等国家的实践来看，较低成本的数字化是可以通过商业模式创新来实现的，这一经验值得向更多发展中国家推广。

改善中等偏下收入国家的数字基础设施。通信网络、数据中心等基础设施既带有一定的公共服务性质，也有较强的商业性。在帮助发展中国家建设数字设施的时候，最重要的是建立公私合作中的长期和短期利益平衡分配机制，以及政府、企业与国际组织之间的友好合作关系。这方面有很多成功案例，比如中国的华为技术有限公司、中兴通讯股份有限公司为非洲国家数字基础设施建设发挥了重要的促进作用，为数亿非洲人提供了网络连接服务。即使是在新冠疫情期间，中兴通讯股份有限公司仍克服困难免费为非洲客户升级站点 1500 多个，保障了网络通信安全和质量。

多渠道为中等偏下收入国家提供数字化技能培训。为了弥补数字化所需的巨大技能人才缺口，国际组织、各国政府、企业应该携起手来共同努力。2021 年，尼日利亚政府与微软公司合作，计划未来 3 年内为 500 万人提供数字技能培训，并创造超过 2.7 万个新的数字就业机会。吉布提政府与中国招商局集团合作建立了非洲青年创新创业中心，并举办了"数字创新和跨境电商"训练营，来自吉布提、埃塞俄比亚、肯尼亚和乌干达的非洲青年企业家入营学习数字技术和创业运营等知识。这些案例都值得借鉴和推广。

（三）推进完善全球数字治理

数字化作为一种新事物，必然要求建立与之相适应的新规则，以实现良性治理。各国的数字化模式都有其自身特点，因此数据治理规则不可能完全一致。但从全球数字治理的角度来看，寻求合作基础上的共同规则对加快世界整体数字化进程显得至关重要。

坚决反对数字化时代的技术和规则保护主义。一方面，数字技术的不断进步需要全球范围内的开放合作和良性竞争，这对激发数字领域的持续创新至关重要。开源已经成为全球数字技术创新的重要基石之一。调查显示，77% 的受访者表示过去的一年中在其所在机构中增加了对开源软件的使用（Open Logic and Open Source Initiative，2022）。技术保护主义与数字技术创新的内在规律背道而驰，最终也不利于本国技术发展。另一方面，数字经济本身带有规模经济和范围经济等报酬递增特性，数字化的收益与全球各国之间数字网络的互联互通息息相关。搞数据治理规则"小圈子"不利于全球数字化进程的推进，也不符合包括发展中国家在内的全球各国的共同利益。

支持公平合理、合作共赢的数字贸易规则或倡议在全球范围内推广。比如，中国在 2022 年 11 月提出了《二十国集团数字创新合作行动计划》，旨在推动数字技术创新应用，实现创新成果普惠共享。中国政府还于 2020 年发起《全球数据安全倡议》，提出了全球数字治理应遵循秉持多边主义、兼顾安全发展、坚守公平正义三原则以及八项具体主张，也得到了国际社会的普遍关注。新加坡、智利、新西兰三国于 2020 年 6 月共同提出的《数字经济伙伴关系协定》，旨在为全球数字贸易建立共同的框架和规则，促进各国数字经济合作，已经有多国提出加入申请或者有相关意向。

参考文献

[1] 国务院发展研究中心对外经济研究部 , 中国信息通信研究院 . 数字贸易发展与合作报告 2022[R]. 2022.

[2] 麦肯锡全球研究院 . 中国与世界：理解变化中的经济联系 [R]. 2019.

[3] 中国信息通信研究院 . 全球数字经济白皮书（2022 年）[R]. 2022.

[4] Bloom N., C.I. Jones, J. Van Reenen and M. Webb. Are ideas getting harder to find?[J]. American Economic Review, 2020, 110(4): 1104-1144.

[5] GSMA (Global System for Mobile communications Association). The Mobile Economy 2023[R]. 2023.

[6] IDC (International Data Corporation). Worldwide Digital Transformation Spending Guide (V1 2022)[R]. 2022.

[7] ITU (International Telecommunication Union). Measuring Digital Development Facts and Figures[R]. 2022.

[8] Open Logic and Open Source Initiative. The 2022 State of Open Source Report[R]. 2022.

[9] Park M., Leahey E., Funk R. J.. Papers and patents are becoming less disruptive over time[J]. Nature，2023, 613 (7942): 138-144.

[10] UNIDO (United Nations Industrial Development Organization). Industrial Development Report 2020—Industrializing in the Digital Age[R]. 2020.

[11] UNCTAD (United Nations Conference on Trade and Development). Digital Economy Report 2021 Cross-border Data Flows and Development: For whom the data flow[R]. 2021.

[12] UNCTAD (United Nations Conference on Trade and Development). World Investment Report 2022—International Tax Reforms and Sustainable Investment[R]. 2022.

[13] UNCTAD (United Nations Conference on Trade and Development). SDG Pulse 2022 UNCTAD Takes the Pulse of the Sustainable Development Goals[R]. 2023a.

[14] UNCTAD (United Nations Conference on Trade and Developments). 2023b. Data Protection and Privacy Legislation Worldwide[EB/OL]. [2023-07-30].https://unctad.org/page/data-protection-and-privacy-legislation-worldwide.

[15] UNIDO (United Nations Industrial Development Organization). Industrial Development Report 2020: Industrializing in the digital age[R]. 2021.

[16] World Bank. Digital Development[R]. 2023.

[17] World Bank. World Development Report 2021: Data for Better Lives[R]. 2021.

[18] WIPO (World Intellectual Property Organization). Global Innovation Index 2022—What is the Future of Innovation-driven Growth[R]. 2022.

附录　缩略词表

简称	英文全称	中文全称
ASEAN	Association of Southeast Asian Nations	东南亚国家联盟
ADB	Asian Development Bank	亚洲开发银行
CBAS	International Research Center of Big Data for Sustainable Development Goals	可持续发展大数据国际研究中心
CDP	Carbon Disclosure Project	碳披露项目
CPI	Consumer Price Index	居民消费价格指数
DAC	Development Assistance Committee	发展援助委员会
DF	Development Finance	发展融资
DFI	Development Finance Institution	发展融资机构
DSA	Debt Sustainability Analysis	债务可持续性分析
eLMIS	Electronic Logistics Management Information System	电子物流管理信息系统
EFPIA	European Federation of Pharmaceutical Industries and Associations	欧洲制药工业协会联合会
ESG	Environmental, Social and Governance	环境、社会责任和公司治理
ETC	Energy Transitions Commission	能源转型委员会
FAO	Food and Agriculture Organization of the United Nations	联合国粮食及农业组织
GATS	General Agreement on Trade in Services	《服务贸易总协定》
GDP	Gross Domestic Product	国内生产总值
GIH	Global Infrastructure Hub	全球基础设施中心
GSMA	Global System for Mobile Communications Association	全球移动通信系统协会
ICN	International Council of Nurses	国际护士理事会
ICT	Information and Communications Technology	信息与通信技术

续表

简称	英文全称	中文全称
IDC	International Data Corporation	国际数据公司
IEA	International Energy Agency	国际能源署
IFAD	International Fund for Agricultural Development	国际农业发展基金
IFPRI	International Food Policy Research Institute	国际食物政策研究所
ILO	International Labour Organization	国际劳工组织
IMF	International Monetary Fund	国际货币基金组织
IPCC	Intergovernmental Panel on Climate Change	联合国政府间气候变化专门委员会
IRENA	International Renewable Energy Agency	国际可再生能源署
ITFFD	Inter-Agency Task Force on Financing for Development	发展筹资问题机构间工作队
ITU	International Telecommunication Union	国际电信联盟
IUCN	International Union for Conservation of Nature	世界自然保护联盟
LCOE	Levelized Cost of Energy	平准化度电成本
MDBs	Multilateral Development Banks	多边开发银行
MDRI	Multilateral Debt Relief Initiative	多边减债倡议
MPI	Multidimensional Poverty Index	多维贫困指数
NDC	Nationally Determined Contribution	国家自主贡献
NTR	Net Transfer of Resources	净资金转移
ODA	Official Development Assistance	官方发展援助
OECD	Organization for Economic Cooperation and Development	经济合作与发展组织
OOF	Other Official Flows	其他官方资金流动
PPP	Public-Private-Partnership	政府和社会资本合作
PPR	Prevent-Prepare-Respond	防范、准备和应对
PWF	Public Wealth Fund	公共财富基金
SDGs	Sustainable Development Goals	可持续发展目标
SDR	Special Drawing Right	特别提款权
SWF	Sovereign Wealth Fund	主权财富基金
UN	United Nations	联合国

续表

简称	英文全称	中文全称
UNAIDS	Joint United Nations Programme on HIV/AIDS	联合国艾滋病毒／艾滋病联合规划署
UNCCD	United Nations Convention to Combat Desertification	《联合国防治沙漠化公约》
UNCTAD	United Nations Conference on Trade and Development	联合国贸易和发展会议
UNDESA	United Nations Department of Economic and Social Affairs	联合国经济和社会事务部
UNDP	United Nations Development Programme	联合国开发计划署
UNEP	United Nations Environment Programme	联合国环境规划署
UNICEF	United Nations International Children's Emergency Fund	联合国儿童基金会
UNIDO	United Nations Industrial Development Organization	联合国工业发展组织
USDA	United States Department of Agriculture	美国农业部
USMCA	United States-Mexico-Canada Agreement	《美墨加协定》
WEF	World Economic Forum	世界经济论坛
WFP	World Food Programme	世界粮食计划署
WHO	World Health Organization	世界卫生组织
WIPO	World Intellectual Property Organization	世界知识产权组织
WMO	World Meteorological Organization	世界气象组织
WTO	World Trade Organization	世界贸易组织

后 记

2022年6月，习近平主席主持召开全球发展高层对话会。发布《全球发展报告》是对话会主席声明和成果清单明确列出的事项，由国务院发展研究中心指导、中国国际发展知识中心承担。《全球发展报告2023》以"处在历史十字路口的全球发展"为主题，诠释全球发展的基本特征、主要趋势、机遇挑战及前瞻性思考，重点分析减贫、粮食安全、卫生健康、发展融资、能源转型、工业化、数字化七个领域面临的突出问题并提出建议。

本报告是在国务院发展研究中心主任、中国国际发展知识中心主任陆昊同志，国务院发展研究中心副主任、中国国际发展知识中心第一副主任张来明同志的直接领导和指导下完成的，国务院发展研究中心副主任隆国强同志、余斌同志、陈昌盛同志也对报告提出重要修改意见。

本报告撰写工作由中国国际发展知识中心原常务副主任赵昌文具体领导，副主任周太东负责协调，各章节由多位专家执笔。总论部分：前言，赵昌文、朱鸿鸣；第一章，周雨、华若筠；第二章，卓贤、张友谊、吴越；第三章，周太东、罗雨泽。分论部分：第四章，张瑾、梁晓敏；第五章，韩杨、余璐；第六章，董丹丹、马天月；第七章，王燕、钱鹰、李苍舒；第八章，蒋希蘅、朱清逸、马露露；第九章，许召元、陈笑；第十章，田杰棠、熊鸿儒、刘常瑜。报告由周太东、周雨、张友谊统稿，赵昌文、中国国际发展知识中心常务副主任王金照修改定稿。

为更好地反映国际学术界对全球发展的思考与认识，本报告在撰写过程中，成立了由国际著名学者专家组成的国际咨询委员会，他们是（按姓氏英文首字母排序）：新加坡国立大学东亚研究所所长，世界银行原东亚与太平洋地区中国、蒙古和韩国局局长郝福满（Bert Hofman）；剑桥大学发展研究中心创始主任、剑桥大学崇华中国发展荣休讲席教授彼得·诺兰（Peter Nolan）；埃塞俄比亚原总理特别顾问阿尔卡贝·奥克贝（Arkebe Oqubay）；挪威 BI 商学院荣休教授、罗马俱乐部资深成员乔根·兰德斯（Jorgen Randers）；知名未来学家、美国经济趋势基金会创始人杰里米·里夫金（Jeremy Rifkin）；联合国可持续发展解决方案网络主席、哥伦比亚大学可持续发展中心主任、联合国秘书长原特别顾问杰弗里·萨克斯（Jeffrey Sachs）；斯坦福大学商学院 Frank E. Buck 金融学荣休教授、1997 年诺贝尔经济学奖得主迈伦·斯科尔斯（Myron Scholes）；印度尼西亚战略与国际研究中心联合创始人尤素夫·瓦南迪（Jusuf Wanandi）；马来西亚双威大学研究教授、加州大学戴维斯分校经济系教授胡永泰（Wing Thye Woo）；牛津大学布拉瓦尼克政府学院创始院长、全球经济治理教授林奈莉（Ngaire Woods），他们对报告撰写提出了许多宝贵意见。在本报告出版之际，我们对国际咨询委员会专家表示衷心感谢！

中国国际发展知识中心将继续聚焦全球发展倡议和其他全球发展重大战略问题，深入开展研究，分年度推出《全球发展报告》，不断为推动世界各国共同和可持续发展、构建全球发展共同体贡献自己的力量。

中国国际发展知识中心

2023 年 11 月 29 日